Elogios para
Empreendedorismo Disciplinado

"O empreendedorismo não é apenas uma mentalidade, mas um conjunto de habilidades. As 24 Etapas apresentam um processo prático, passo a passo, para canalizar o espírito criativo, maximizar as chances de sucesso e causar um impacto incontestável."

— *Mitch Kapor, fundador da Lotus Development Corporation*

"Embora eu não seja um grande fã dos planos de negócios, sou um entusiasta do seu processo de planejamento. Este livro explicita uma estrutura completa e valiosa para os empreendedores voltados à inovação, para que coloquem em prática o processo de planejamento de negócios."

— *Brad Fled, diretor-gerente do Foundry Group, cofundador da TechStars e criador da série de livros* Startup Revolution

"Bill trabalhou com empreendedores na Escócia nos últimos três anos usando as 24 Etapas, e ficamos encantados com os resultados. O modo como o livro foi estruturado, além de se constituir em um roteiro extremamente útil, também conferiu aos empreendedores a confiança para seguir na jornada e elevar o patamar de seus negócios. É uma abordagem muito valiosa que pensa fora da caixa."

— *Alex Paterson, CEO da Highlands and Islands Enterprise Scotland*

"Este é o livro que eu gostaria de ter lido quando estava começando — conciso, ótimos exemplos, em linguagem clara, combinando a teoria clássica do empreendedorismo com o que está acontecendo no mundo da startup de hoje. Se você for um empreendedor sério, leia-o com atenção e mantenha-o à mão em sua jornada futura."

— *Frederic Kerrest, cofundador da Okta, e Patrick J. McGovern Jr. do MIT, Prêmio de Empreendedorismo*

"O empreendedorismo é uma habilidade adquirida que pode ser aprimorada aplicando-a com afinco. Este livro ajuda todo empreendedor a aumentar drasticamente a possibilidade de sucesso através de uma orientação esmiuçada sobre como abordar o começo de um novo negócio. Recomendo a todos os empreendedores ambiciosos."

— *Doug Leone, sócio-gerente da Sequoia Capital*

"Inestimável. Este livro resume de modo soberbo as lições ensinadas a nós no MIT. É o livro que eu gostaria de ter lido quando estava iniciando a HubSpot seis anos atrás."

— *Brian Halligan, cofundador e CEO da HubSpot e autor do Inbound Marketing*

"Bill e eu tivemos muitas conversas sobre empreendedorismo, e eu realmente respeito seus pontos de vista sobre o assunto. Embora o espírito do empreendedorismo, com frequência, relacione-se ao acaso, sua vivência não. Este livro o conduz por uma abordagem sistemática para ampliar suas chances de sucesso ao construir uma empresa sustentável e com potencial de mudar o mundo. Adorei o conteúdo e a natureza simples do livro."

— *Joi Ito, diretor do MIT Media Lab*

"Ideias há aos montes, mas os bons empreendedores criam valor a partir delas. Eles precisam ser apaixonados e habilidosos. Talvez a paixão não possa ser ensinada, mas a aplicação sim, e este livro faz um trabalho maravilhoso fornecendo, em cada etapa, a estrutura e a sabedoria para ajudar os empreendedores a ser mais bem-sucedidos. Recomendo, e muito."

— *Paul Maeder, sócio-fundador da Highland Capital e presidente em 2012 da National Venture Capital Association*

"O conceito de Bill, de uma equipe criando um empreendedor, é intrigante, mas também valioso pela pesquisa e experiência. Essa lista de etapas disciplinadas para criar um empreendimento de risco não só ajuda os empreendedores a aumentar sua probabilidade de sucesso, como também identifica as habilidades e as pessoas necessárias na equipe nas primeiras e cruciais etapas da vida de uma empresa, e para criar uma linguagem comum que a equipe possa compartilhar ao conversar sobre as tarefas diante dela. Poderia sugerir que ele chamasse o livro de *Empreendedor Holístico*."

— *Thomas A. McDonnell, presidente e CEO da Ewing Marion Kauffman Foundation*

"Os empreendedores sociais devem desenvolver modelos de negócio que equilibrem o impacto social com a sustentabilidade do empreendimento. A Soko foca construir um modelo de negócio bem-sucedido e escalável, que levará a um impacto social ampliado nas comunidades em que trabalhamos. O processo de 24 Etapas descrito por Bill Aulet é um norteador muito útil para qualquer tipo de negócio voltado à plena realização de seus objetivos."

— *Ella Peinovich e Gwen Floyd, fundadores da ShopSoko.com, o primeiro mercado móvel da África*

"Tive o grande prazer de trabalhar com Bill e ver como sua mente metódica reduz problemas complexos à essência e, então, os resolve logicamente para construir uma empresa excelente. Este livro será uma grande ajuda para os empreendedores em todo o mundo, o que é muito importante, porque o mundo precisa de mais empreendedores como Bill."

— *Thomas Massie, atual membro do Congresso e fundador da SensAble Devices e SensAble Technologies*

"A cada dia que passa, o empreendedorismo fica mais e mais técnico conforme o escopo de conhecimento e pesquisa aumenta. Este livro é uma contribuição valiosa no sentido que fornece um guia completo para o processo de marketing de produto em variados setores econômicos. É o que você esperaria do MIT."

— *David Skok, parceiro, Matrix Partners*

"Treinar nossos jovens engenheiros para empreender é fundamental para o futuro, e este livro ajudará nessa tarefa. Ele fornece um roteiro para ajustar o produto ao mercado o máximo possível. Há muitas considerações em tal processo, e este livro as captura bem e fornece uma orientação prática sobre como resolvê-las."

— *Tom Byers, presidente da cadeira do Empreendedorismo na Escola de Engenharia de Stanford; diretor do Programa de Empreendimentos de Tecnologia de Stanford*

"Este é um excelente guia prático para os empreendedores, que lhes proporciona ver o processo inteiro e não perder as etapas críticas quando colocam seus produtos no mercado. Desenvolvido a partir de uma experiência real de ensino aos alunos do MIT, ele se junta ao crescente corpo de Literatura Reflexiva na área, que permite esperar um desenvolvimento consistente dos jovens empreendedores."

— *Joe Lassiter, professor da cadeira de Innovation Lab de Harvard e professor Heinz de Prática de Gerenciamento na Escola de Negócios de Harvard*

"Estou muito entusiasmado em ver que, agora, os empreendedores em todos os cantos estão conseguindo ter o que tive no MIT para ajudar a aprimorar minhas habilidades empreendedoras. São anos de conhecimento e sabedoria reunidos em um livro que todo empreendedor deve ler, mesmo que já tenha um negócio."

— Sal Lupoli, fundador das Empresas Sal's Pizza e Lupoli

"Sendo um empreendedor intuitivo, prefiro menos estrutura. Dito isso, depois de ter trabalhado as etapas neste livro para iniciar a Lark, percebo que a estrutura é muito valiosa. Este livro fornece bastante orientação para ajudar a ter sucesso, mas não demais a ponto de reprimir a criatividade. É uma obrigação que os empreendedores leiam pela primeira vez, mas também como uma referência."

— Julia Hu, fundadora e CEO da Lark Technologies

"*Empreendedorismo Disciplinado* é altamente relevante e está em minha lista de leituras recomendadas para os alunos do empreendedorismo e empreendedores. Ele conduz adiante o leitor nas etapas práticas e importantes que ele poderia não ver em sua jornada inicial orientada por inovações."

— Professor Gregory B. Vit, diretor do Centro Dobson para Estudos do Empreendedorismo da MacGill University

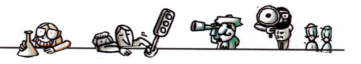

EMPREENDEDORISMO DISCIPLINADO

24 ETAPAS PARA UMA STARTUP BEM-SUCEDIDA

BILL AULET

Ilustrações de
Marius Ursache

ALTA BOOKS
E D I T O R A
Rio de Janeiro, 2018

EMPREENDEDORISMO DISCIPLINADO — 24 Etapas para uma startup bem-sucedida

Copyright © 2018 da Starlin Alta Editora e Consultoria Eireli. ISBN: 978-85-508-0215-2

Translated from original Mapping Experiences Copyright © 2013 by Bill Aulet. ISBN 978-1-118-69228-8. This translation is published and sold by permission of John Wiley & Sons, Inc., the owner of all rights to publish and sell the same. PORTUGUESE language edition published by Starlin Alta Editora e Consultoria Eireli, Copyright © 2018 by Starlin Alta Editora e Consultoria Eireli.

Todos os direitos estão reservados e protegidos por Lei. Nenhuma parte deste livro, sem autorização prévia por escrito da editora, poderá ser reproduzida ou transmitida. A violação dos Direitos Autorais é crime estabelecido na Lei nº 9.610/98 e com punição de acordo com o artigo 184 do Código Penal.

A editora não se responsabiliza pelo conteúdo da obra, formulada exclusivamente pelo(s) autor(es).

Marcas Registradas: Todos os termos mencionados e reconhecidos como Marca Registrada e/ou Comercial são de responsabilidade de seus proprietários. A editora informa não estar associada a nenhum produto e/ou fornecedor apresentado no livro.

Impresso no Brasil — 1ª Edição, 2018. Edição revisada conforme o Acordo Ortográfico da Língua Portuguesa de 2009.

Publique seu livro com a Alta Books. Para mais informações envie um e-mail para autoria@altabooks.com.br

Obra disponível para venda corporativa e/ou personalizada. Para mais informações, fale com projetos@altabooks.com.br

Produção Editorial Editora Alta Books **Produtor Editorial** Thiê Alves	**Gerência Editorial** Anderson Vieira	**Produtor Editorial (Design)** Aurélio Corrêa **Editor de Aquisição** José Rugeri j.rugeri@altabooks.com.br	**Marketing Editorial** Silas Amaro marketing@altabooks.com.br **Vendas Corporativas** Sandro Souza sandro@altabooks.com.br	**Vendas Atacado e Varejo** Daniele Fonseca Viviane Paiva comercial@altabooks.com.br **Ouvidoria** ouvidoria@altabooks.com.br
Equipe Editorial	Bianca Teodoro Ian Verçosa	Illysabelle Trajano Juliana de Oliveira	Renan Castro	
Tradução Eveline Machado	**Copidesque** Wendy Campos	**Revisão Gramatical** Carolina Gaio Marina Boscato	**Revisão Técnica** Carlos Bacci Economista e empresário do setor de serviços	**Diagramação** Daniel Vargas

Dados Internacionais de Catalogação na Publicação (CIP)
Vagner Rodolfo CRB-8/9410

A924e Aulet, Bill
  Empreendedorismo disciplinado / Bill Aulet ; traduzido por Eveline Vieira Machado. - Rio de Janeiro : Alta Books, 2018.
  288 p. : il. ; 17cm x 24cm.

  Tradução de: Disciplined Entrepreneurship
  Inclui índice.
  ISBN: 978-85-508-0215-2

  1. Administração. 2. Empreendedorismo. 3. Disciplina. I. Machado, Eveline Vieira. II. Título.

CDD 658.421
CDU 65.016

Erratas e arquivos de apoio: No site da editora relatamos, com a devida correção, qualquer erro encontrado em nossos livros, bem como disponibilizamos arquivos de apoio se aplicáveis à obra em questão.
Acesse o site www.altabooks.com.br e procure pelo título do livro desejado para ter acesso às erratas, aos arquivos de apoio e/ou a outros conteúdos aplicáveis à obra.

Suporte Técnico: A obra é comercializada na forma em que está, sem direito a suporte técnico ou orientação pessoal/exclusiva ao leitor.

Rua Viúva Cláudio, 291 — Bairro Industrial do Jacaré
CEP: 20970-031 — Rio de Janeiro
Tels.: 21 3278-8069/8419 Fax: 21 3277-1253
www.altabooks.com.br — e-mail: altabooks@altabooks.com.br
www.facebook.com/altabooks — www.twitter.com/alta_books

AO LONGO DE MINHA CARREIRA EMPREENDEDORA, MINHA FAMÍLIA TEM SIDO O
ROCHEDO DE GIBRALTAR COM O QUAL SEMPRE PUDE CONTAR PARA TER APOIO INCONDICIONAL E AMOR, E
DEDICO ESTE LIVRO A ELA. PARA COMEÇAR, TIVE EM BECKY E HERB AULET, JÁ FALECIDOS, OS MELHORES PAIS
QUE UM FILHO PODERIA TER. FUI ABENÇOADO COM QUATRO FILHOS MARAVILHOSOS,
KENNY, TOMMY, KYLE E CHRIS, QUE SE PERGUNTAVAM POR QUE O PAI DELES NÃO
PODIA SER COMO OS OUTROS, MAS SUPORTARAM...
E SE DESTACARAM APESAR DISSO.

MAIS QUE TUDO, DEDICO ESTE LIVRO A LISA, HÁ 30 ANOS MINHA ESPOSA MARAVILHOSA E PACIENTE,
QUE SE CASOU COM UM JOVEM SOLDADO CORPORATIVO MUITOS ANOS ATRÁS E ACABOU COM UM VELHO
EMPREENDEDOR, E CONTINUOU COMIGO O TEMPO TODO.
ESTE LIVRO É PARA VOCÊ.

SUMÁRIO

PREFÁCIO

XIII

AGRADECIMENTOS

XVII

INTRODUÇÃO

I

ETAPA 0
Começando   15

ETAPA I
Segmentação do Mercado   23

ETAPA 2
Selecione um Mercado "Cabeça de Praia"   41

ETAPA 3
Construa um Perfil do Usuário Final   49

ETAPA 4

Calcule o Tamanho Total do Mercado Alcançável (TAM) para o Mercado "Cabeça de Praia"   57

ETAPA 5

Trace o Perfil da Persona (Cliente Arquetípico) para o Mercado "Cabeça de Praia"   69

ETAPA 6

Caso de Uso do Ciclo de Vida Completo   81

ETAPA 7

Especificação de Alto Nível do Produto   89

ETAPA 8

Quantifique a Proposta de Valor   101

ETAPA 9

Identifique Seus Próximos 10 Clientes   109

ETAPA 10

Defina Sua Essência   117

ETAPA 11

Faça o Gráfico de Sua Posição Competitiva   127

ETAPA 12

Determine a Unidade de Tomada de Decisão (DMU) do Cliente   135

ETAPA 13

Mapeie o Processo para Adquirir um Cliente Pagante   145

ETAPA 14

Calcule o Tamanho do Mercado Alcançável Total para os Mercados Subsequentes   155

ETAPA 15

Desenhe um Modelo de Negócio   161

ETAPA 16

Defina Sua Estrutura de Preços   171

ETAPA 17

Calcule o Valor do Ciclo de Vida (LTV) de um Cliente Adquirido   179

ETAPA 18

Mapeie o Processo de Vendas para Adquirir um Cliente   193

ETAPA 19

Calcule o Custo de Aquisição do Cliente (COCA)   203

ETAPA 20
Identifique os Pressupostos-chave   219

ETAPA 21
Teste os Pressupostos-chave   225

ETAPA 22
Defina o Produto Comercial Viável Mínimo (MVBP)   233

ETAPA 23
Mostre que "Os Cães Comerão a Ração"   243

ETAPA 24
Desenvolva um Plano do Produto   251

POSLÚDIO: UM NEGÓCIO É MAIS QUE 24 ETAPAS
259

GLOSSÁRIO
261

SOBRE O AUTOR
263

ÍNDICE
265

PREFÁCIO

ESTE LIVRO FOI ELABORADO como uma caixa de ferramentas integrada para uso tanto dos empreendedores de primeira viagem quanto dos já experientes, para que possam desenvolver ótimos empreendimentos com base em produtos inovadores. Os empreendedores em série, com profundo conhecimento em determinada área ou setor de atividade econômica, acharão útil este guia de 24 etapas para colocar os produtos no mercado com mais eficiência.

Como empreendedor, encontrei muitas fontes úteis, desde livros até mentores e, em grande parte, em minhas experiências pessoais. Contudo, não encontrei uma fonte única que reunisse tudo e funcionasse bem.

Muitos dos livros que encontrei são excelentes e têm um ótimo material, entre eles: *Crossing the Chasm*, de Geoffrey Moore [sem tradução em português], *Estratégia do Oceano Azul*, de W. Chan Kim e Renée Mauborgne [Editora Elsevier], *Inbound Marketing*, de Brian Halligan e Dharmesh Shah [Editora Alta Books], *Do Sonho à Realização em Quatro Passos*, de Steve Blank [Editora Évora], *A Startup Enxuta*, de Eric Ries [Editora Leya], *Running Lean*, de Ash Maurya [sem tradução em português] e *Business Model Generation — Inovação em Modelos de Negócios*, de Alex Osterwalder e Yves Pigneur [Editora Alta Books]. São obras valiosas, e farei referência a muitas delas neste livro. Porém, são focadas profundamente em alguns pontos principais, sem fornecer o roteiro mais abundante que achei adequado quando dei aulas para meus alunos no Instituto de Tecnologia de Massachusetts (MIT) e em meus próprios workshops. Acredito que cada um seja uma ferramenta importante no momento certo durante a concepção, desenvolvimento e lançamento do produto, mas era necessário uma caixa de ferramentas que contivesse isto e muito mais.

Usando a analogia de uma caixa de ferramentas, uma chave de fenda é ótima para determinadas situações, mas não funciona tão bem quanto um martelo em outras. Igualmente, para escolher um exemplo, as ideias e técnicas no livro *Inbound Marketing* são extremamente valiosas, mas são ainda mais úteis como parte de um contexto mais amplo usado no momento certo.

O objetivo deste livro, então, é fornecer uma orientação em um processo complicado e, algumas vezes, confuso, no qual você, o *empreendedor*, está tentando fazer algo que nunca foi feito antes. Trata-se de uma tarefa terrivelmente difícil de assumir, mas que é incrivelmente importante. Este livro surgiu de meus workshops feitos pelo mundo e dos cursos do MIT, nos quais criei e aprimorei a abordagem com o passar dos anos com centenas de empreendedores versados.

Certamente, há outros elementos a se considerar ao trabalhar em um novo empreendimento bem-sucedido, começando pela cultura e formação da equipe e indo até vendas, financiamento e liderança. Mas a base de uma iniciativa empresarial voltada à inovação é o produto criado e, portanto, é esse o foco deste livro.

Tal processo não será necessariamente sequencial por natureza. Tentei criar um processo linear lógico de 24 Etapas para começar, mas deve-se perceber que quando você obtiver o conhecimento amplo de uma etapa, poderá precisar reavaliar as anteriores e aprimorar, ou até refazer seu trabalho. Esse processo iterativo em "espiral" em direção a uma resposta ideal é importante, porque o tempo para aperfeiçoar a tarefa em determinada etapa é limitado. Você precisará fazer estimativas da primeira etapa com base em pesquisa, e elas precisarão de revisão frequente.

Cada uma dessas etapas avaliou, rigorosamente, se um cliente aproveitaria seu produto, independentemente de um analista, investidor em potencial ou técnico poder enxergar seu valor. Como alguém me disse certa vez: "Na teoria, conceito e realidade são a mesma coisa, mas, na prática, conceito e realidade não são iguais."

Este livro também fornece uma linguagem comum para analisar os principais aspectos da criação do empreendimento de risco para que você possa analisar com mais eficiência seu novo negócio com consultores, mentores e colegas empreendedores. Configurei com cuidado cada etapa para referi-la como uma parte separada do processo. Lembro meu pai ficando muito frustrado quando pedia um alicate e eu lhe entregava uma chave-inglesa. Agora, sinto o mesmo que ele quando pergunto aos meus alunos qual é seu "modelo de negócio" e eles falam sobre Mercado Alcançável Total ou Precificação.

O resultado desta caixa de ferramentas, integrada com uma linguagem comum, é o que nós, no MIT, gostamos de chamar de "empreendedorismo disciplinado". Algumas pessoas dizem que empreendedorismo não é algo que deva ser disciplinado, mas caótico e imprevisível — e é isso mesmo. Mas é precisamente por isso que uma estrutura para atacar os problemas de uma maneira sistemática é extremamente valiosa. Você já tem risco suficiente com os fatores que estão além de seu controle, portanto, a estrutura fornecida pelo empreendedorismo disciplinado ajuda a ter sucesso reduzindo o risco nos fatores que podem ser controlados. O processo pode ajudá-lo a ser bem-sucedido ou a fracassar mais rapidamente, caso a falha seja inevitável no caminho no qual está. Seja lá como for, o processo vai auxiliá-lo.

Este é o livro que eu gostaria de ter lido 20 anos atrás, quando me tornei empreendedor.

Nota sobre os exemplos neste livro: Incluo, no livro, vários exemplos das equipes de alunos do MIT que fizeram o curso 15.390 Novas Empresas durante os programas de graduação. Esses exemplos nem sempre são muito detalhados por causa dos limites de tempo dos alunos. Forneço-os neste livro como amostras que ilustram os conceitos básicos das etapas. Alterei alguns deles para mostrar melhor as práticas recomendadas e as armadilhas das várias etapas, mas mantive a essência das situações. Os exemplos são todos consistentes com minhas experiências ao fundar empresas. Os projetos descritos podem não ter se transformado em empresas completas, dependendo das decisões que as equipes de alunos tomaram depois de terminar o trabalho do curso; mas, a despeito disso, seus exemplos são elucidativos.

AGRADECIMENTOS

UM ENORME OBRIGADO ao meu editor-chefe, Chris Snyder, e à consultora editorial, Nancy Nichols: sem vocês, este livro ainda estaria em minha cabeça e, talvez, em meu computador. Um agradecimento especial ao empreendedor romeno e amigo, Marius Ursache, que fez as ilustrações do livro de um modo tão encantador que eu sempre ficava como uma criança no dia de Natal quando via seus e-mails chegarem com novos desenhos, porque ficava muito entusiasmado em vê-los, e ele nunca me decepcionou. E obrigado à minha equipe na John Wiley & Sons, chefiada por Shannon Vargo, que colocou este livro em produção em tempo recorde e com o máximo de profissionalismo.

Lauren Abda, Yevgeniy Alexeyev, Greg Backstrom, Christina Birch, Michael Bishop, Adam Blake, Young Joon Cha, Vishal Chaturvedi, Ryan Choi, Kevin Clough, Yazan Damiri, Charles Deguire, Deepak Dugar, Max Faingezicht, Daniel Fisberg, Patrick Flynn, Tim Fu, Pierre Fuller, Megan Glendon, David Gordon, Melinda Hale, Katy Hartman, Kendall Herbst, Nick Holda, Julia Hu, Max Hurd, Ricardo Jasinski, Max Kanter, Freddy Kerrest, Mustafa Khalifeh, Zach LaBry, Jake Levine, Michael Lo, Dulcie Madden, Vasco Mendes de Campos, Aditya Nag, Madeline Ng, Inigo De Pascual Basterra, Ella Peinovich, Giorgi Razmadze, Adam Rein, Izak van Rensburg, Miriam Reyes, Sophia Scipio, Colin Sidoti, Sam Telleen, Jocelyn Trigg, Pedro Valencia, Eduard Viladesau e Leo Weitzenhoff, todos precisam ser reconhecidos por suas contribuições e/ou revisões das seções deste livro. Obrigado também a 3D Systems e Dollar Shave Club por sua permissão para incluir certas imagens.

Este livro aconteceu porque pude trabalhar no MIT nos últimos anos e interagir com o melhor corpo docente de empreendedorismo do mundo. Sinto-me honrado por trabalhar com eles. Dos muitos que fizeram enormes contribuições intelectuais, um agradecimento especial deve ir para Fiona Murray (coautora do documento sobre empreendedorismo orientado à inovação, a que faço referência e parafraseio na introdução, e que forneceu horas de comentários sobre este livro), Ed Roberts, Scott Stern, Charlie Cooney, Matt Marx, Catherine Tucker, Eric von Hippel, Jim Dougherty, Katie Rae, Reed Sturtevant, Elaine Chen, Peter Levine, Brian Halligan e, claro, meu colega ao ensinar este material por muitos anos, o lendário Howard Anderson. Também sou grato a David Skok, Thomas Massie, Tom Ellery, Andrew Hally, Bernard Bailey, Marc Dulude, Jim Baum, Bill Warner, Dan Schwinn, Bob Coleman, Ken Morse, Jon Hirshtick, Chuck Kane, Brad Feld, Marty Trust, Sal Lupoli, Joi Ito, Sanjay Sarma e aos muitos mentores e colaboradores que tive a sorte de ter esses anos. Todos contribuíram muito com o conteúdo intelectual do livro, mas assumo a responsabilidade das interpretações sobre como aplicar e integrar para ter uma implementação prática, que é o objetivo aqui. Qualquer erro cometido neste documento é meu e de nenhuma outra pessoa.

A Fundação Kauffman para Empreendedorismo, especificamente Wendy Torrance, Lesa Mitchell e Dane Stangler, foi muito útil neste processo, e me instaram a fazer este livro por algum tempo. Finalmente ouvi vocês e fiz o trabalho. Obrigado pelo encorajamento.

Um capacitador-chave deste livro também foi a fabulosa equipe de piratas que tenho no Martin Trust Center do Empreendedorismo MIT, inclusive Colin Kennedy, Christina Chase, Ben Israelite, Adam Cragg, Vanessa Marcoux, Allison Munichiello, Pat Fuligni, Justin Adelson e Liz DeWolf. Deles recebi encorajamento, perspectiva e uma checagem de conteúdo todos os dias em que estive no centro.

Por último, quero dar meu reconhecimento aos milhares de alunos e empreendedores com quem tive o privilégio de trabalhar; vocês me deram energia e esperança todos os dias. Todos nós queremos ajudá-los muito, pois vocês são a esperança do nosso futuro.

INTRODUÇÃO

NOTÍCIAS DE ÚLTIMA HORA — EMPREENDEDORISMO PODE SER ENSINADO!

Geralmente, uma das primeiras perguntas que faço quando inicio um workshop ou aula é: "Você acha que o empreendedorismo pode ser ensinado?" Invariavelmente o grupo fica em silêncio. As pessoas se mexem, inquietas. Algumas respondem, educadamente, que sim, dizendo que vieram para a aula, em primeiro lugar, justamente por isso. Após um vai e vem educado, alguém acaba dizendo o que todos na sala estão pensando: "Não, você é ou não um empreendedor." Essa pessoa, assim que lhe é concedida a palavra, começa a debater o caso com paixão.

Preciso dizer que costumo gostar dessa pessoa, em grande parte porque ela teria sido eu 15 anos atrás. Mas, agora, eu sei que o empreendedorismo pode ser ensinado. Vivencio isso quase toda semana nos cursos que dou no Instituto de Tecnologia de Massachusetts (MIT) e no mundo todo.

Quando olhamos para Richard Branson, Steve Jobs, Bill Gates, Larry Ellison e todos os outros empreendedores de igual renome, eles parecem ser diferentes de nós. Parecem extraordinários. Mas cada um de seus sucessos é resultado de ótimos produtos que os tornaram bem-sucedidos, não de um gene especial.

Ser um empreendedor bem-sucedido requer ter produtos excelentes e inovadores. Os produtos podem ser físicos, mas também podem ser serviços ou de caráter informativo. Todos os outros fatores que influenciam o sucesso não são nada sem um produto impecável. E o processo de criá-lo pode ser ensinado. Este livro ensinará a melhorar sistematicamente suas chances de criar um produto arrojado.

Neste livro, apresento uma abordagem disciplinada passo a passo para criar um empreendimento. Este roteiro é útil tanto em salas de aula quanto para aqueles que desejam criar uma nova empresa que atende a um novo mercado. Porém, antes de começar, devo cuidar de três mitos comuns sobre o empreendedor que que costumam atrapalhar as pessoas que querem iniciar empresas ou ensinar aos alunos como fazê-lo.

Três Mitos Comuns que Devem Acabar

Há muitas concepções erradas sobre o que é empreendedorismo e o que é preciso para ser um empreendedor. O primeiro mito é que pessoas iniciam empresas. Embora o empreendedor como herói solitário seja uma narrativa comum, uma leitura atenta das pesquisas conta uma história diferente. Equipes começam empresas. E, o mais importante, uma equipe maior realmente aumenta as chances de êxito. *Mais fundadores = melhores chances de sucesso.*[1]

---

[1] Edward B. Roberts. *Entrepreneurs in High Technology: Lessons from MIT and Beyond* (New York: Oxford University Press, 1991), 258.

O segundo mito é que todos os empreendedores são carismáticos, e que seu carisma é um fator-chave no sucesso. Na verdade, embora ele possa ser eficiente por um curto período de tempo, é difícil de ser mantido. Em vez disso, a pesquisa mostra que mais do que carismáticos, os empreendedores precisam ser comunicadores, recrutadores e vendedores eficientes.

O terceiro mito é que existe um gene do empreendedorismo e que certas pessoas são geneticamente predispostas a ter êxito ao iniciar um empreendimento. Como o desenho no início deste capítulo sugere, tal gene não foi e não será encontrado. Alguns acreditam que traços de personalidade, como exibicionismo ou ousadia, estão correlacionados ao empreendedorismo bem-sucedido, mas essa linha de pensamento está equivocada. Alternativamente, há habilidades reais que aumentam as chances de sucesso, como gerenciamento de pessoas, habilidades de vendas e o assunto deste livro, concepção e entrega de produto. Estas habilidades podem ser ensinadas. Elas não são dadas geneticamente a algumas almas sortudas. As pessoas podem adaptar-se e aprender novos comportamentos; portanto, o empreendedorismo pode ser dividido em comportamentos separados e processos que podem ser ensinados.

Como evidência disso, não precisamos procurar além do perímetro mágico de terreno ocupado pelo MIT. Os alunos que frequentam o MIT fundam empresas de modo absolutamente prolífico. De fato, desde 2006, foram mais de 25 mil, e 900 novas são iniciadas todo ano. Essas empresas empregam mais de 3 milhões de pessoas, cujas rendas anuais agregadas somam aproximadamente $2 trilhões. Para colocar em perspectiva, a renda anual total das empresas fundadas pelos ex-alunos do MIT se tornaria a 11ª maior economia do mundo.[2]

O que Explica o Sucesso do MIT no Empreendedorismo?

Por que o MIT é tão bem-sucedido em produzir empreendedores? A primeira resposta que as pessoas geralmente têm é que os alunos do MIT são extremamente inteligentes. Eles não são mais espertos que aqueles de outras instituições de alto nível de ensino superior no mundo (Caltech, Harvard e outras), mas nenhuma delas, exceto Stanford, chega perto de produzir ex-alunos empreendedores como o MIT. Portanto, o sucesso do MIT deve ser atribuído a alguma outra coisa.

A segunda resposta é que esse sucesso ocorre porque os alunos do MIT têm acesso a tecnologias de ponta nos laboratórios e, assim, é fácil para eles iniciarem empresas. Novamente, é uma hipótese limitada. Graças ao excelente Escritório de Licenças de Tecnologia (TLO) do MIT, existem estatísticas sobre quantas empresas foram iniciadas a cada ano com a tecnologia dos laboratórios porque precisam ser licenciadas por esse escritório. O número é de 20 a 30 empresas por ano, o que é muito impressionante quando comparado com os resultados de outras universidades. Contudo, essa quantidade parece pequena quando consideramos que todos os ex-alunos do MIT iniciaram 900 empresas por

---

[2] Edward B. Roberts e Charles E. Eesley. "Entrepreneurial Impact: The Role of MIT — An Updated Report". *Foundations and Trends® in Entrepreneurship 7*, nº 1–2 (2011): 1–149. http://dx.doi.org/10.1561/0300000030.

ano.[3] Embora as empresas iniciadas com a tecnologia licenciada do MIT tenham uma grande importância estratégica e possam ser muito impactantes (por exemplo, Akamai),[4] elas são apenas uma pequena parte do motivo do MIT ser tão bem-sucedido no empreendedorismo. Bem mais de 90% das empresas fundadas por ex-alunos do MIT são iniciadas sem a tecnologia produzida pelo laboratório do MIT.

O motivo real do êxito do MIT em criar novas empresas é uma combinação de mentalidade e habilidades. No MIT, há uma cultura que encoraja as pessoas a iniciarem empreendimentos o tempo inteiro e em todo lugar, algo muito semelhante ao Vale do Silício, Israel, Tech City, em Londres e Berlim, hoje. Empresários modelo estão em todo lugar e não são ícones abstratos, mas pessoas muito reais iguais a você. Uma aura de possibilidade e colaboração permeia o ar no MIT, com os alunos adotando rapidamente o pensamento de "sim, posso iniciar uma empresa também". Eles são contaminados pelo "vírus empreendedor", acreditando nas vantagens de lançarem uma nova empresa.

Os alunos são animados pela atmosfera de ambição e colaboração. O desenvolvimento das habilidades empreendedoras é proveniente de aulas, competições, eventos extracurriculares e programas de relacionamento nas redes sociais, e os ensinamentos disponíveis dentro e fora da sala de aula são extremamente relevantes e de valor prático para os alunos, de modo que, nesse ambiente, eles estudam as matérias com um nível maior de interesse e comprometimento. Isso também é amplificado porque todo aluno na aula está totalmente comprometido. Uma aula dada em tal ambiente engajador é bem mais produtiva para alunos e instrutores.

Uma das maiores colaborações para esse ciclo virtuoso é a mentalidade de grupo social. Quando os alunos estão aprendendo e trabalhando no empreendedorismo, também colaboram com os colegas. Eles conversam sobre seu trabalho quando envolvidos socialmente e é natural começarem a instigar uns aos outros com uma competição sutil ou mais explícita. Eles não só aprendem uns com os outros, como também o aprendizado se torna parte de sua identidade individual e de grupo.

São esse fatores que criam o ambiente em que o empreendedorismo é bem "ensinado" com muito sucesso no MIT. É um ciclo de feedback positivo (veja a Figura I.1).

---

[3] Edward B. Roberts e Charles E. Eesley. "Entrepreneurial Impact: The Role of MIT — An Updated Report". *Foundations and Trends® in Entrepreneurship* 7, nº 1–2 (2011): 1–149. http://dx.doi.org/10.1561/0300000030.

[4] "Success Stories". MIT Technology Licensing Office, http://web.mit.edu/tlo/www/about/success_stories.html.

ÍNTRODUÇÃO • 5

INICIAR AQUI

Sucessos visíveis e modelos de papel na comunidade

Espírito do empreendedor "aluno" em potencial
... acreditar que "Sim, posso e quero ser um empreendedor bem-sucedido."

Desejo de aprender
... mais sobre as habilidades do empreendedorismo para perceber seu potencial

Aplicação nas aulas e programas
... com muito mais intensidade e finalidade com outros alunos totalmente engajados e predispostos

Aprender mais
... os alunos aprendem muito mais e pressionam os instrutores

Instrutores têm que melhorar
... e eles fazem isso com grande alegria para acompanhar os alunos orientados

Os cursos ficam cada vez
... melhores

Os alunos experimentam o sucesso
... e se tornam parte da comunidade empreendedora vibrante, muito respeitada e orgulhosa

O loop de retorno positivo no MIT para o espírito e habilidades que criam o ecossistema empreendedor BEM-sucedido

Figura I.1 Ciclo de feedback positivo.

Distinguindo Dois Tipos de Empreendedorismo

Empreendedorismo é criar um novo negócio onde antes não existia um. Essa definição parecia clara até meus colegas e professores, Fiona Murray e Scott Stern, e eu, passarmos um bom tempo conversando com várias organizações sobre como promover o empreendedorismo em diferentes regiões do mundo. Descobrimos que quando dizemos "empreendedorismo" para as pessoas, pode significar pelo menos duas coisas muito diferentes — uma discrepância que teve ramificações importantes, porque cada tipo de empreendedorismo tem objetivos e necessidades muito diferentes.[5]

Empreendedorismo para Empresas Pequenas e Médias (SME, sigla em inglês)   O primeiro tipo de empreendedorismo é o SME. É o tipo de negócio que provavelmente é iniciado por uma pessoa para atender a um mercado local e cresce para ser um negócio pequeno ou médio que atende a esse mercado. Com muita frequência é mantido de perto, provavelmente como um negócio familiar, no qual o controle direto de um pequeno negócio é importante. As "recompensas" do negócio para os fundadores consistem basicamente em uma forma de independência pessoal e no usufruto do fluxo de caixa do negócio.

Essas empresas, em geral, não precisam ter muito dinheiro; portanto, quando o dinheiro é injetado nelas, o aumento resultante na renda e nos trabalhos criados é relativamente rápido. Tais empresas podem estar dispersas geograficamente, e os trabalhos criados são, na maior parte, "não negociáveis", no sentido que não podem ser terceirizados em algum outro lugar para reduzir os custos. Com frequência, trata-se de prestadoras de serviço ou varejistas dos produtos de outras empresas. O principal fator de diferenciação é o foco nos mercados locais.

Empreendedorismo de Empresas Voltadas à Inovação (IDE, sigla em inglês)   O empreendedorismo IDE é o mais arriscado e mais ambicioso dos dois. Os empreendedores IDE aspiram atender a mercados que vão além do local. Procuram vender o que produzem em um nível global ou, pelo menos, regional.

Esses empreendedores geralmente trabalham em equipes, que criam o negócio a partir de alguma tecnologia, processo, modelo de negócio ou uma inovação que lhes dará uma significativa vantagem competitiva em comparação com as empresas existentes. Estão mais interessados em criar riqueza do que controlá-la, e usualmente têm que vender participações na empresa para dar suporte a seus ambiciosos planos de crescimento.

Embora sejam geralmente mais lentos para começar, os empreendedores IDE tendem a ter um crescimento exponencial mais impressionante quando o mercado consumidor ganha tração (veja a Tabela I.1). Crescimento é o que buscam, com o risco de perder o controle de sua empresa e ter vários proprietários. Enquanto as empresas SME tendem a crescer e ficar relativamente pequenas (mas nem sempre), as IDEs

---

[5] Bill Aulet e Fiona Murray, "A Tale of Two Entrepreneurs: Understanding Differences in the Types of Entrepreneurship in the Economy". Ewing Marion Kauffman Foundation, maio de 2013, www.kauffman.org/uploadedfiles/downloadableresources/a-tale-of-two-entrepreneurs.pdf.

Tabela I.1 Tabela do Empreendedorismo SME vs. IDE

Empreendedorismo SME	Empreendedorismo IDE
Foco em atender aos mercados locais e regionais apenas.	Foco nos mercados globais/regionais.
A inovação não é necessária para o estabelecimento e crescimento do SME, nem é vantagem competitiva.	A empresa é baseada em algum tipo de inovação (tecnológica, processo comercial, modelo) e potencial vantagem competitiva.
"Trabalhos não negociáveis" — os trabalhos são realizados localmente (por exemplo, lavanderias e prestação de serviços).	"Trabalhos negociáveis" — os trabalhos que não precisam ser realizados no local.
Com frequência, negócios familiares ou com pouco capital externo.	Base de propriedade do negócio mais diversificada, incluindo um grande grupo de provedores de capital externos.
A empresa geralmente cresce em uma taxa linear. Quando se coloca dinheiro na empresa, o sistema (receita, fluxo de caixa, trabalhos etc.) responde rapidamente de uma maneira positiva.	A empresa começa perdendo dinheiro, mas se tiver sucesso, terá um crescimento exponencial. Requer investimento. Quando se coloca dinheiro na empresa, os números da receita/fluxo de caixa/trabalho não respondem rapidamente.

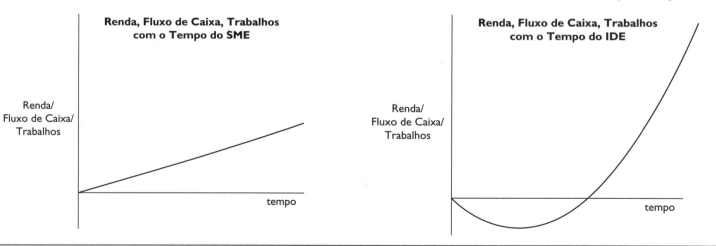

Fonte: Bill Aulet e Fiona Murray. "A Tale of Two Entrepreneurs: Understanding Differences in the Types of Entrepreneurship in the Economy". Ewing Marion Kauffman Foundation, maio de 2013, www.kauffman.org/uploadedfiles/downloadableresources/a-tale-of-two-entrepreneurs.pdf.

8 • EMPREENDEDORISMO DISCIPLINADO

estão mais interessadas em "crescer ou ceder". Para conseguir o que ambicionam, têm que se ampliar e se tornar grandes rapidamente para atender aos mercados globais.

O empreendedorismo IDE cria empresas que têm trabalhos "negociáveis" que podem ser terceirizados, caso torne o negócio como um todo mais competitivo. Essas empresas têm muito menos probabilidade de ser geograficamente diversificadas e são concentradas em torno de "clusters" de inovação (agrupamentos de empresas voltadas à inovação tecnológica). Nelas, normalmente, qualquer injeção de investimento ou dinheiro requer muito mais tempo para mostrar resultados em termos de novas receitas ou trabalhos.

A curto prazo, o modelo SME será mais responsivo, mas com paciência, os empreendimentos de risco IDE têm a capacidade de produzir resultados profundos como vimos em empresas como Apple, Google, Hewlett-Packard e outras companhias de capital aberto cujas ações são negociadas em bolsas de valores.

Nosso Foco É a Empresa Voltada à Inovação

Uma economia saudável consiste em ambos os tipos de empreendedorismo, e ambos têm pontos fortes e fracos. Nenhum é melhor que o outro. Mas são diferentes o suficiente a ponto de requererem diferentes mentalidades e conjuntos de habilidades para ter sucesso. Portanto, neste livro, em vez de ensinar "empreendedorismo", ensinarei o empreendedorismo IDE, porque é o que conheço melhor na condição de cofundador de duas empresas (Cambridge Decision Dynamics e SensAble Technologies) baseadas em inovação.

O que É Inovação?

Inovação tem se tornado um termo cada vez mais clichê, mas tem uma definição simples, que adaptei do professor Ed Roberts, do MIT:[6]

$$\text{Inovação} = \text{Invenção} * \text{Comercialização}$$

Modifico a definição de Robert, que envolvia a adição, porque a inovação não é uma soma da invenção e comercialização, mas um produto. Se houver comercialização, mas nenhuma invenção (invenção = 0), ou invenção e nenhuma comercialização (comercialização = 0), então não haverá inovação.

---

[6] Edward B. Roberts, "Managing Invention and Innovation". *Research Technology Management* 31, nº 1 (janeiro/fevereiro de 1988): 13, ABI/INFORM Completo.

A invenção (uma ideia, tecnologia ou algum tipo de propriedade intelectual) é importante, mas o empreendedor não precisa criá-la. Na verdade, as invenções que lastreiam as empresas voltadas à inovação geralmente vêm de outro lugar. Esse foi o caso de Steve Jobs, que identificou as invenções de outras pessoas (o mouse do computador criado pela Xerox PARC é o exemplo mais famoso) e as comercializou eficazmente através da Apple. E igualmente do Google, no qual a maior parte do faturamento é proveniente do AdWords, os anúncios baseados em textos vinculados a palavras-chave em suas páginas de pesquisa. Uma empresa diferente, a Overture, inventou tais anúncios, mas o Google foi bem-sucedido comercializando sua invenção.

Estes exemplos mostram que a capacidade de comercializar uma invenção é necessária para uma verdadeira inovação. Um empreendedor, assim, serve basicamente como um agente de comercialização.

Tenho muita consciência de não usar o termo empreendedorismo "voltado à tecnologia" porque a inovação não está limitada a ela. A inovação pode ter muitas variedades, inclusive tecnologia, processo, modelo de negócio, posicionamento e mais.

Algumas das inovações mais empolgantes de nosso tempo, como Google, iTunes, Salesforce.com, Netflix, Zipcar e outras mais, são, em essência, inovações do modelo de negócio. São viabilizadas pela tecnologia, sim — a Zipcar acharia difícil manter sua grande rede de carros sem a tecnologia de entrada sem chave para seus membros. Mas, fundamentalmente, a inovação da Zipcar é tratar o aluguel de automóveis como um substituto para a propriedade de um, em vez de se constituir no transporte temporário para os proprietários de carros e viajantes comerciais visitando áreas distantes. A Zipcar não tem que entender as complexidades de sua tecnologia para ser bem-sucedida, mas tem que compreender o que significa para seus clientes o "consumo compartilhado".

À medida que a tecnologia vai sendo cada vez mais comoditizada (ou seja, percebida pelo público como uma mercadoria em si mesma), você verá mais inovações de modelos de negócio alavancados nela. Ainda haverá muitas oportunidades para a inovação voltada à tecnologia em áreas como armazenamento de energia, eletrônica, comunicações sem fio e outras, mas essa não é a única definição de inovação.

Seis Temas de 24 Etapas

As 24 Etapas são separadas e podem ser agrupadas em seis temas. Cada etapa deve ser realizada em ordem numérica, dando-se por entendido que, em todas elas, você aprenderá coisas que irão inspirá-lo a aprimorar o trabalho feito nas anteriores. Esses temas apresentam uma descrição geral de como as 24 Etapas ajudam a criar um negócio sustentável e baseado em inovação.

QUEM É SEU CLIENTE?

1 Segmentação do mercado

2 Selecionar mercado de conquista

3 Criar perfil do usuário final

4 Calcular o tamanho do TAM do mercado de conquista

5 Fazer perfil da identidade para o mercado de conquista

9 Identificar próximos 10 clientes

O QUE VOCÊ PODE FAZER POR SEU CLIENTE?

6 Caso de uso do ciclo de vida completo

7 Especificação de alto nível do produto

8 Quantificar proposta de valor

10 Definir sua essência

11 Gráfico da posição competitiva

COMO O CLIENTE ADQUIRE SEU PRODUTO?

12 Determinar DMU (Unidade de Tomada de Decisão) do cliente

13 Mapear processo de aquisição de clientes

18 Mapear processo de vendas para adquirir um cliente

COMO VOCÊ GANHA DINHEIRO COM SEU PRODUTO?

15 Design do modelo comercial

16 Definir sua estrutura dos preços

17 Calcular o Valor da Vida Útil (LTV) de um cliente adquirido

19 Calcular o Custo da Aquisição do Cliente (COCA)

COM VOCÊ PROJETA E CRIA SEU PRODUTO?

20 Identificar as principais suposições

21 Testar as principais suposições

22 Definir o MVBP (Produto Comercial Viável Mínimo)

23 Mostrar que "os cães comerão ração"

COMO VOCÊ DIMENSIONA SEU NEGÓCIO?

14 Calcular o tamanho do TAM dos mercados de continuação

24 Desenvolver um plano do produto

ETAPA 0

Começando

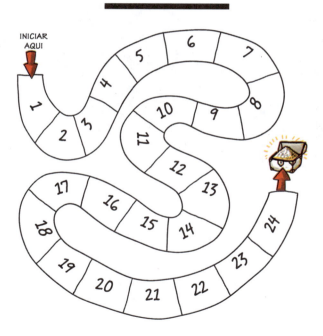

Três maneiras de iniciar um novo empreendimento

TRÊS MANEIRAS DE INICIAR UM NOVO EMPREENDIMENTO

Ao ouvir meus alunos, escuto uma ampla variedade de razões para estarem interessados no empreendedorismo. Alguns deles trabalharam em determinado setor por anos e querem mudar. Outros desejam levar suas habilidades ao máximo e ter maior representatividade no mundo. Outros ainda desejam ser os próprios chefes. Alguns têm patentes e estão interessados nas diferentes maneiras de comercializá-las. Têm uma ideia sobre como a própria vida poderia ser melhorada e imaginam se tal ideia é interessante para outras pessoas.

Todos esses motivos podem ser sintetizados em três categorias distintas (Tabela 0.1):

1. **Ter uma Ideia:** Você pensou em algo novo que pode mudar o mundo — ou uma pequena parte dele — de uma maneira positiva ou algo que pode melhorar um processo existente com o qual está familiarizado e deseja implementar.

2. **Ter uma Inovação Tecnológica:** Você a propôs e deseja capitalizá-la ou simplesmente promover sua implantação para ter um efeito positivo na sociedade, ou aprendeu uma inovação tecnológica e vê nela grande potencial para um negócio.

3. **Ter uma Paixão:** Você está confiante e sente-se confortável em desenvolver suas habilidades do modo mais completo possível. Também pode acreditar que ser um empreendedor é uma maneira de causar mais impacto no mundo. Você simplesmente pode saber que deseja trabalhar para si e controlar o próprio destino, mas não tem uma ideia ou inovação tecnológica ainda, portanto, gostaria de aprender sobre o empreendedorismo enquanto procura por criação, tecnologia e/ou parceria. (Leia para aprender como encontrar uma boa ideia ou inovação tecnológica com base em sua paixão.)

Com frequência, as pessoas dizem que um empreendedor não pode começar sem conhecer a "dor do cliente" — um problema que incomoda alguém o bastante a ponto de querer remunerar outro para resolvê-lo. Mas essa abordagem pode ser desencorajadora para alguém pouco familiarizado com o empreendedorismo. Além disso, desconsidera a importância de iniciar uma empresa de acordo com valores, interesses e especialização do empreendedor. Na hora certa, as pessoas encontrarão um cliente com uma dor, ou oportunidade, pela qual quer pagar por uma solução.

Não importa como ficou interessado no empreendedorismo, você precisa começar respondendo primeiro à pergunta: *O que posso fazer bem e que adoraria realizar por um período de tempo prolongado?*

EMPREENDEDORISMO DISCIPLINADO

Tabela 0.1 Ideia versus Inovação Tecnológica versus Paixão

Que tal ter uma ideia versus inovação tecnológica versus paixão?
Você deve ser capaz de resumi-la em uma frase sucinta.

Ideia:	**Inovação Tecnológica:**	**Paixão:**
"Desejo iniciar uma empresa na África que criará um modelo de negócio sustentável para melhorar a vida das pessoas de lá e capacitar seus trabalhos." Esta frase irradia potencial. Como alguém poderia aproveitar o fato de ter um objeto tridimensional em sua tela de computador e ainda ser capaz de senti-lo, de certo modo, no espaço físico? Fui cofundador da empresa SensAble Technologies em torno desta mesma tecnologia e, neste livro, compartilho a história dela.	*"Tenho um robô que permite sentir os objetos renderizados por um computador."* Aqui, a ideia é que um modelo de negócio sustentável reduzirá a pobreza na África com mais eficiência do que as contribuições de caridade para a pobreza. Esta declaração é suficiente para seguir para a próxima etapa, da Segmentação do Mercado, e como você verá, terá que ser muito mais específico antes de poder transformar a ideia em negócio.	*"Tenho mestrado em Engenharia Mecânica e posso fazer um protótipo rápido de praticamente qualquer peça tecnológica desejada... Agora quero colocar minhas habilidades em uso do modo mais impactante possível e ser meu próprio chefe."* Essa pessoa identificou uma vantagem comparativa pessoal, a habilidade de fazer rapidamente a prototipagem de um dispositivo, o que ajuda um negócio a passar com mais rapidez pelas iterações do produto. A pessoa pode querer considerar um negócio baseado em hardware, pois se alinharia bem à vantagem comparativa.

Assim que tiver respondido à pergunta, terá dado o primeiro passo em direção a descobrir a dor do cliente — uma dor que você quer aliviar porque está de acordo com aquilo em que está interessado e com sua especialização.

COMO IR DE "TENHO UMA PAIXÃO" PARA "TENHO UMA IDEIA OU INOVAÇÃO TECNOLÓGICA"

Muitos de meus alunos interessados no empreendedorismo não têm, ainda, uma ideia ou inovação tecnológica; assim, se este for seu caso, você não está sozinho. Refletir pela primeira vez sobre seus interesses pessoais, pontos fortes e habilidades, é possível identificar prontamente as boas oportunidades. Você pode fazer este exercício sozinho ou com um grupo de cofundadores em potencial.

Considere o seguinte:

- *Conhecimento:* Qual foi o foco de sua educação ou carreira?

- *Capacidades:* Em que você é mais proficiente?

- *Conexões:* Quem você conhece que tem especialização em diferentes setores de atividade? Você conhece outros empreendedores?
- *Ativos financeiros:* Você tem acesso a um capital financeiro significativo ou contará inicialmente com uma poupança escassa?
- *Reconhecimento do nome:* Pelo que você ou seus parceiros são reconhecidos? Habilidades em engenharia? Conhecimento de fibra ótica?
- *Experiência profissional anterior:* Em seus empregos anteriores, quais ineficiências ou pontos negativos existiam?
- *Paixão por um mercado em particular:* A ideia de melhorar os cuidados com a saúde o empolgam? E a educação? Energia? Transporte?
- *Comprometimento:* Você tem tempo e está empenhado em dar o melhor de seus esforços? Você está pronto para tornar um novo empreendimento seu foco primário (ou único)?

Caso você ou seu grupo de fundadores tenham fortes habilidades de codificação e gerenciamento de projetos, poderão ser mais inclinados a desenvolver um aplicativo da web. Se forem profissionais voltados à prototipagem rápida, considerem criar algum tipo de bem físico. Ou se sua experiência de trabalho no passado foi em educação ou medicina, pense em desenvolver algo para melhorar essas áreas.

Em geral, você descobrirá uma ideia ou inovação tecnológica que melhora algo para você particularmente, então perceberá que tem o potencial de ajudar muitas outras pessoas. Esse fenômeno é chamado de "empreendedorismo do usuário". A Fundação Kauffman descobriu que quase metade de todas as startups baseadas em inovação, que têm pelo menos cinco anos, foi fundada por empreendedores usuários.[1]

DESCOBRINDO UMA EQUIPE FUNDADORA: EMPREENDEDORISMO NÃO É UM ESPORTE INDIVIDUAL

No 15.390 Novas Empresas, o curso de empreendedorismo fundamental que leciono em outro curso do MIT, os alunos que realizaram as 24 Etapas devem formar equipes dentro de duas semanas devido aos limites de tempo do semestre acadêmico. Este não é o processo ideal, mas é suficiente para que os alunos ganhem experiência na formação de equipes e para estas implementarem (de um modo acelerado) as 24 Etapas durante o período letivo. A partir das ideias surgidas durante as aulas, que se transformam em negócios, algumas equipes permanecem intactas, mas com muito mais frequência passam, findo o semestre, por uma reconfiguração saudável de seus membros, nascendo daí uma equipe mais forte e unificada, apta para capturar uma oportunidade de longo prazo. É um processo evolutivo importante.

---

[1] Ewing Marion Kauffman Foundation. "Nearly Half of Innovative U.S. Startups Are Founded by 'User Entrepreneurs', According to Kauffman Foundation Study", março de 2012, www.kauffman.org/newsroom/nearly-half-of-innovative-startups-are-founded-by-user-entrepreneurs.aspx.

Sua escolha dos cofundadores é extremamente importante. A pesquisa no MIT sugere que os negócios com vários fundadores são mais bem-sucedidos do que os fundados por uma só pessoa.[2]

Não falta aonde ir para se aprofundar no tema de como encontrar bons cofundadores. Provavelmente, o melhor e mais exato livro sobre esse assunto é o do professor de Harvard Noam Wassermen, *The Founder's Dilemmas* [sem tradução em português]. Para ter outras perspectivas valiosas, aqui estão alguns artigos que podem ajudá-lo (conteúdo em inglês):

Paul Graham. "What We Look for in Founders". *PaulGraham.com*. Outubro de 2010, www.paulgraham.com/founders.html.

Margaret Heffernan. "Want to Start a Business? First, Find a Partner", *Inc.* 9 de maio de 2012, www.inc.com/margaret-heffernan/you-need-a-partner-to-start-a-business.html.

Pejman Pour-Moezzi. "How to Find That Special Someone: Your Co-Founder", *GeekWire*. 8 de abril de 2012, www.geekwire.com/2012/find-special-cofounder.

Helge Seetzen. "5 Rules for Cofounder Heaven". *The Tech Entrepreneurship Blog*, 27 de março de 2012, www.techentrepreneurship.com/2012/03/27/5-rules-for-cofounder-heaven.

AONDE IR A PARTIR DAQUI

Assim que você tiver identificado uma ideia ou inovação tecnológica como a base de seu negócio voltado à inovação, deverá testar e detalhar rigorosamente sua proposta com as 24 Etapas. Seu primeiro objetivo é avaliar as necessidades dos clientes em potencial, focando um cliente-alvo com o objetivo de conseguir a adequação do produto ao mercado — que corresponda àquilo que os clientes estão interessados em comprar em um mercado específico. O foco é muito importante porque os empreendedores têm tempo e recursos limitados e, portanto, devem ser extremamente eficientes. Ele é crucial para determinar o cliente-alvo, ao qual me refiro nas primeiras 5 das 24 Etapas — desde a Segmentação do Mercado até o Perfil da Persona — como "A Pesquisa do Santo Graal da Especificidade" (Figura 0.1).

---

[2] Edward B. Roberts. *Entrepreneurs in High Technology: Lessons from MIT and Beyond* (New York: Oxford University Press, 1991), 258.

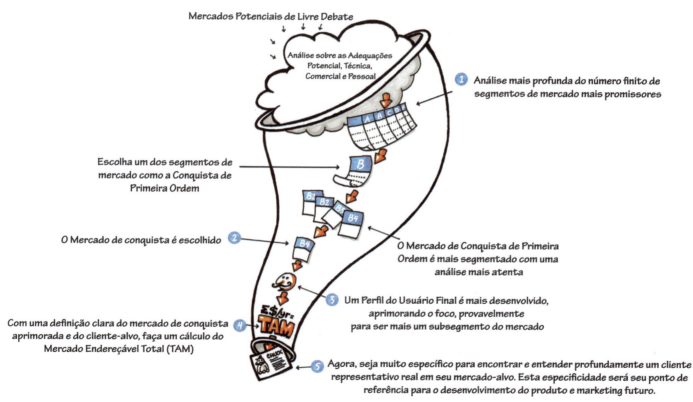

Figura 0.1 O Santo Graal da Especificidade.

ETAPA I

Segmentação do Mercado

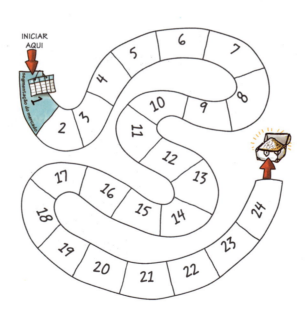

NESTA ETAPA, VOCÊ:

- Promoverá um brainstorming sobre um grande conjunto de clientes em potencial e mercados para seu negócio.
- Restringirá sua lista para 6 a 12 de seus principais mercados.
- Reunirá a pesquisa de mercado fundamental sobre os 6 a 12 principais mercados.

Vendo o mundo através dos olhos do cliente VS. Vendo o mundo através da perspectiva da empresa

*Para ter sucesso no empreendedorismo,
alguns óculos são melhores que outros para ver a situação.*

Tendo concluído a Etapa 0 — Começando —, você já deve ter uma ideia ou inovação tecnológica que responda à pergunta: "É algo que o mundo poderia aproveitar, que faço bem e adoraria realizar por um longo período de tempo?" Você também deve ter uma equipe de cofundadores (nas 24 Etapas, usarei "você" para me referir coletivamente à sua equipe).

Agora, você iniciará as 24 Etapas pegando essa ideia ou inovação tecnológica para promover uma discussão geral (um brainstorming) sobre o conjunto de consumidores em potencial que podem estar interessados em sua aplicação. Então, você escolherá de 6 a 12 principais oportunidades e fará uma pesquisa de mercado inicial profunda , na qual entrevistará diretamente os clientes em potencial para aprender mais sobre eles.

A ÚNICA CONDIÇÃO NECESSÁRIA E SUFICIENTE PARA UM NEGÓCIO

Independentemente do empreendimento, você deve perguntar a si mesmo: "Qual é a única condição necessária e suficiente para um negócio?" Não é produto, tecnologia, necessidade do cliente, plano de negócio, visão, equipe forte, CEO, dinheiro, investidores, vantagem competitiva nem valores da empresa. Embora todos sejam ótimos para um negócio, nenhum é a resposta certa.

A única condição necessária e suficiente para um negócio é um **cliente pagante**.

Você terá um negócio no dia que alguém pagar com dinheiro por seu produto ou serviço, não antes. Esta verdade simples irá mantê-lo focado no que é importante. Não se pode definir um negócio como um produto, porque se ninguém o compra, você simplesmente não tem um negócio. O mercado é o juiz final do sucesso.

Agora, só porque você tem um cliente pagante não significa que tem um *bom* negócio. Para ter um empreendimento bom e sustentável, precisará ganhar clientes pagando dinheiro suficiente em um período de tempo relativamente curto para não ficar sem capital e também obter lucro. E sendo uma startup, você tem poucos recursos, portanto, cada ação tomada deve ser hipereficiente.

Assim, você não começará criando um produto nem contratando desenvolvedores ou recrutando vendedores. Em vez disso, adotará uma abordagem centrada no cliente descobrindo uma necessidade não atendida e criando o negócio em torno dela.

CRIE UM NOVO MERCADO QUE VOCÊ DOMINARÁ

Idealizar um produto inovador onde nenhum mercado existe atualmente é essencial para o sucesso de uma startup. Criar um novo mercado lhe garante uma fatia muito grande dele, ou sua totalidade, que poderá ser a base para uma futura expansão. Ser uma empresa do tipo "eu também" em um mercado existente é uma proposta mais difícil, dados seus recursos limitados.

Para construir essa empresa em um espaço de mercado recém-definido, você focará um cliente-alvo. Essa figura é representativa de um grupo de clientes em potencial que compartilham muitas características e que teriam motivos parecidos para comprar determinado produto. O foco é a habilidade mais importante para um empreendedor e, como você descobrirá nas etapas, é difícil focar demais. Você deve trabalhar muito para identificar e entender os clientes através de uma pesquisa de mercado inicial, porque contar com "pressupostos razoáveis" ou com uma análise de terceiros é mera adivinhação ao projetar novos mercados.

Assim que tiver estabelecido uma posição segura em um grupo-alvo, significando que forneceu a esse grupo um produto muito superior que está sendo remunerado por ele, você terá recursos suficientes para expandir para um mercado adjacente. Em um mercado adjacente, algumas características do cliente serão as mesmas de seu mercado inicial, mas haverá diferenças suficientes para requerer um ajuste adequado da estratégia. Este processo é tratado nas Etapas 14 e 24.

QUANDO OS "CLIENTES PAGANTES" FAZEM VOCÊ SAIR DO CAMINHO

Embora os clientes pagantes basicamente determinem se seu produto é bem-sucedido, há duas armadilhas comuns que encontrará se não se focar em criar um novo mercado.

A primeira é "vender para alguém", que é a ideia de que você, como uma startup jovem com pouco ou nenhum recurso, pode fazer produtos que se adequam às necessidades de qualquer pessoa com quem se depara.

Digamos que você tenha inventado um novo polímero que impermeabiliza um tecido melhor que qualquer coisa no mercado. Primeiro, você ouve sua amiga Sally dizer que leu no jornal que equipamento para acampamentos é um mercado lucrativo, então, ela sugere que venda barracas. Aí seu primo Joe entra na conversa; ele deseja uma cueca impermeável. E um vizinho acha que bichinhos de pelúcia fáceis de limpar seriam ótimos.

Projetar e executar qualquer um desses produtos necessitará de tempo e recursos. Se iniciar a produção de um bem e achar que não há clientes suficientes para tornar o empreendimento lucrativo, certamente não terá recursos para continuar fazendo os produtos até encontrar um mercado lucrativo.

A segunda armadilha comum é a "Síndrome da China", também conhecida por meus alunos como "diversão com planilhas". O pensamento corrente é que, em vez de criar um novo mercado, alguém poderia escolher um existente e enorme, obter uma fração da fatia desse mercado e colher os frutos. Afinal, se você pudesse ter 10% do mercado de escovas de dentes na China (uma população de 1,3 bilhões), não ganharia muito dinheiro?

A lógica seria mais ou menos esta: "A internet informa que a China tem mais de 1,3 bilhões de pessoas. Se elas têm dentes, o tamanho do mercado é de 1,3 bilhões de clientes. Criarei uma escova para o mercado chinês e, talvez, conseguiremos 0,1% da fatia de mercado no primeiro ano. Se cada pessoa comprar três escovas de dente por ano, poderíamos vender 3,9 milhões de escovas por ano e, se vendermos a $1 cada, teremos $3,9 milhões em vendas no primeiro ano, com muito espaço para crescer."

Chamo tal análise de mercado de alto nível de "diversão com planilhas", porque não demonstramos de uma maneira convincente por que as pessoas comprariam seu produto ou por que sua fatia de mercado aumentaria com o tempo. Você também não validou nenhuma suposição aprendendo diretamente com os clientes — provavelmente nunca esteve na China. Afinal, se o empreendedorismo fosse fácil, todos venderiam escovas de dente na China.

As grandes empresas com muitos recursos conseguem trabalhar muito para obter uma participação complementar de mercado, mas os empreendedores não têm o luxo dos recursos. Não seja enganado pela "Síndrome da China".

Pegue seus recursos e aplique em um mercado novo, limitado e cuidadosamente definido, que você possa dominar.

CLIENTES PAGANTES COMPLEXOS: CLIENTES PRIMÁRIOS VERSUS SECUNDÁRIOS E MERCADOS BILATERAIS

Até agora tenho usado "cliente" para me referir à entidade — como uma família, organização ou pessoa — que paga, adquire e usa seu produto. Em uma definição mais ampla de cliente, há o usuário final, que basicamente usa seu produto, e o comprador econômico, aquele que decide, que "bate o martelo" sobre se deve adquirir o produto ou não. O usuário final e o comprador econômico podem ser a mesma pessoa, dependendo da situação. (Descrevo os vários papéis de um cliente com mais detalhes na Etapa 12, Determine a Unidade de Tomada de Decisão [DMU] do Cliente.)

Mas existem dois casos nos quais essa definição fica mais complexa. O primeiro é quando seu modelo de negócio requer clientes primários (usuários finais) e secundários (compradores econômicos) para ganhar dinheiro. Com frequência, esses negócios são estruturados onde o cliente primário é cobrado por um preço baixo ou obtém um produto gratuitamente, e um terceiro paga para acessar o cliente primário e/ou suas informações. Por exemplo, o mecanismo de pesquisa do Google é gratuito, mas o Google vende anúncios nas páginas dos resultados de pesquisa para ganhar dinheiro. A habilidade do Google em fornecer aos anunciantes a colocação de anúncios com palavras-chave e informações demográficas sobre os usuários das pesquisas melhora mais a proposta de valor do Google para os anunciantes.

Provavelmente você não terá um delineamento do cliente primário/secundário até ter concluído a Etapa 15, Desenhe um Modelo de Negócio; portanto, agora, foque o cliente primário quando concluir as primeiras etapas.

O segundo caso é chamado de mercado bilateral ou multilateral, no qual você precisa de vários clientes-alvo para seu negócio existir. O eBay é um bom exemplo, pois precisa de vendedores e compradores (oferta e procura) para que a participação nos leilões seja bem-sucedida.

Se você tiver um mercado multilateral, concluirá cada etapa para cada lado do mercado. Porém, provavelmente descobrirá através de sua pesquisa de mercado primária que um lado do mercado é mais crítico de conquistar para seu negócio ter sucesso; desse modo, desejará focá-lo. Por exemplo, dois ex-alunos meus, Kim Gordon e Shambhavi Kadam, iniciaram a Mediuum, uma plataforma do tipo iTunes para obras de arte digitais. Quando eles investigaram esse conceito, perceberam que conseguir o lado da demanda de clientes para se registrar e colocar a arte digital em seus telefones móveis, tablets, PC e TVs, não era o desafio. O trabalho difícil estava em registrar os artistas digitais que criam a arte e fazê-los concordar em torná-la disponível. Assim, embora a oferta e a procura fossem necessárias para o novo empreendimento ter sucesso, o foco primário estaria nos artistas digitais.

COMO FAZER UMA SEGMENTAÇÃO DO MERCADO

Etapa 1A: Brainstorm

Inicie levantando um grande conjunto de oportunidades de mercado. Inclua até as "ideias malucas" que você acha que são azarões, pois elas são úteis para expandir os limites das possibilidades de onde algumas das oportunidades mais interessantes podem existir.

Mesmo nesse estágio inicial, conversar sobre sua ideia ou inovação tecnológica com clientes em potencial dará um retorno claro e preciso da segmentação do mercado. Você irá encontrá-los em feiras de negócios, com conexões com alunos e professores (talvez alguns tenham sido clientes em potencial em seus trabalhos anteriores) ou, caso outras pessoas tenham ouvido falar sobre sua ideia ou inovação tecnológica, talvez entrem em contato sugerindo usos possíveis. O melhor cenário é quando você mesmo é o cliente em potencial e tem uma profunda compreensão do problema que está tentando resolver.

Se você tem uma ideia, pode pensar que já tem um mercado específico e uma aplicação específica em mente. Contudo, como um empreendedor de primeira viagem, desejará determinar com cuidado se suas percepções estão corretas. Provavelmente, seu mercado definido não é específico o bastante, mas você também pode achar que o mercado que tem em mente não corresponde bem à ideia inicial ou que outros mercados são melhores para iniciar um negócio. Tenha a mente aberta e seja criativo.

Por exemplo, se estiver expressando sua ideia como "Quero criar uma rede social online para pais e professores do ensino médio se comunicarem sobre o progresso dos adolescentes na escola", pode limitar-se a um caminho que não produz um negócio sustentável. Comece com "Quero melhorar a educação com tecnologia". Então, pergunte a si mesmo por que é apaixonado pela ideia. Se a tecnologia é sua paixão primária, é provável que você queira considerar uma faixa maior de áreas além apenas da educação. Ou, caso sua paixão seja a educação, você pode simplesmente segmentar o setor educacional, mas ficar aberto para outras soluções além da que envolve um alto grau de tecnologia.

Se você tem uma nova tecnologia, provavelmente pode achar que muitas atividades econômicas se beneficiariam com seu produto. Embora possa ter uma especialização dominante em certa área, essa, em particular, talvez não tenha nenhuma aplicação boa para sua tecnologia; consequentemente, fique aberto às demais áreas. Mais tarde, você filtrará suas ideias para levar suas paixões em conta.

Comece identificando os setores econômicos com potencial para sua ideia. Então, liste quem pode aproveitá-la em cada um deles. Foque os usuários finais, não os clientes, porque precisará de um grupo comprometido de usuários finais para ter um negócio sustentável. Uma escola não usa um livro ou quadro-negro, nem materiais pedagógicos, mas os professores sim.

Por exemplo, se a ideia for melhorar a educação com tecnologia, quem seria seu usuário final? Professores, administradores, pais e alunos são todos usuários finais em potencial. Cada categoria pode ser mais subdividida. Você está focando os usuários finais nas universidades ou no ensino fundamental? A quais diferentes tipos de escola esses usuários finais estão associados? Em quais países e regiões os usuários finais trabalham e vivem?

Para elaborar um exemplo, nos Estados Unidos, há na categoria do ensino fundamental para professores, as escolas públicas, as particulares, as paroquiais, além dos professores que ensinam em casa. Ainda, entre os professores da escola pública, são vários os níveis de ensino, dependendo do país e da região. Em cada categoria, há escolas urbanas, suburbanas e rurais. Na maioria das escolas dos ensinos médio e fundamental, há professores especializados em uma matéria específica. Mesmo em uma matéria, como Estudos Sociais, há subcategorias, como História e Geografia. Em numerosas escolas existem professores de Arte, Música e Educação Física, assim como assistentes e professores de educação especial. Veja a Figura 1.1 para ter um exemplo.

Em seguida, identifique as diferentes tarefas que seu usuário final realiza. Para um professor de Ciências do ensino médio em uma área interiorana, essas tarefas podem incluir ensinar, avaliar, preparar lições, treinar, disciplinar, lidar com os pais, pedir produtos químicos e mais. Um professor do ensino fundamental em uma grande cidade pode não precisar pedir produtos químicos, mas pode precisar comprar materiais de sala de aula, algumas vezes com recursos próprios. E mais, um professor do ensino fundamental provavelmente ensina várias matérias, portanto, você subdividiria "ensinar" por matérias diferentes.

É possível encontrar bastante semelhança entre certas subcategorias que você pode agrupar, dependendo de sua ideia, mas descobrirá isso durante sua pesquisa de mercado inicial. Não comece a combinar as categorias sem saber mais sobre seu cliente.

Algumas vezes, meus alunos têm facilidade em segmentar os usuários finais quando começam com um funcionário como um professor, mas têm problemas quando o usuário final é um cliente, comprando para uso pessoal ou doméstico. Uma pergunta útil a fazer é por que o cliente compraria um produto de determinado segmento. Para a segmentação da educação acima, por que um pai compraria um produto que melhora a educação?

Ou considere uma tecnologia como uma bateria de longa duração. Se estiver analisando o setor de transporte e segmentou os consumidores que compram um veículo para transporte pessoal, por que um consumidor usaria tal produto? Algumas possibilidades incluem consciência ambiental, alto desempenho, luxo, conveniência e valor. Mesmo no alto desempenho, você pode subdividir entre consumidores que procuram um veículo de baixo custo, mas com alto desempenho, e consumidores que não se importam com o preço e cujo objetivo primário é o alto desempenho.

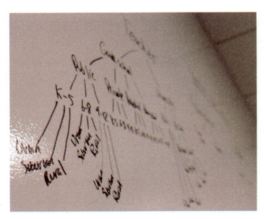

Figura 1.1   Quando você segmentar o mercado, descobrirá que há muitos setores e que as categorias aparentemente amplas têm muitas diferenças importantes. Segmente primeiro, então, determine se qualquer categoria é comum o bastante para ser mesclada.

Seja amplo e expansivo ao segmentar os usuários finais para seu novo produto. Você está debatendo livremente agora; mais tarde, limitará a lista quando começar a analisar cada segmento.

Etapa IB: Seleção

Você já identificou os usuários finais em potencial e as aplicações de sua ideia ou inovação tecnológica. Sua próxima tarefa é listar as principais 6 a 12 oportunidades de mercado particularmente interessantes, onde uma oportunidade de mercado consiste em um usuário final específico e uma ou muitas aplicações. Quando você faz uma pesquisa de mercado inicial, a aplicação específica que tem em mente pode não ser a que o usuário final está procurando, portanto, agora, é melhor focar os usuários finais.

No livro *Dentro do Furacão*, Geoffrey Moore identifica cinco critérios que a empresa Documentum usou para fazer sua seleção entre os 80 mercados em potencial. Expandi esse número para sete, dividindo o primeiro critério em duas partes e adicionando um meu para incorporar na análise as paixões de sua equipe de fundação.

1. **O cliente-alvo está bem capitalizado?** Se o cliente não tem dinheiro, o mercado não é atraente porque ele não será sustentável nem fornecerá um fluxo de caixa positivo para o novo empreendimento crescer.

2. **O cliente-alvo está prontamente acessível à equipe de vendas?** No começo, é preferível lidar diretamente com os clientes em vez de contar com terceiros para comercializar e vender seu produto, porque este passará por iterações de melhoria muito rapidamente, e o feedback do cliente é uma parte essencial do processo. E como seu produto é muito novo e nunca foi visto antes (e é potencialmente transformador), terceiros podem não saber como ser eficientes ao criar demanda para ele.

3. **O cliente-alvo tem um motivo consistente para comprar?** O cliente compraria seu produto em vez de outra solução parecida? Ou o cliente está contente com qualquer solução já usada? Lembre-se de que em muitas ocasiões sua concorrência principal será o cliente não fazer nada.

4. **Hoje, você pode entregar um produto completo com a ajuda de parceiros?** O exemplo que geralmente uso em sala de aula é que ninguém deseja comprar um novo alternador e instalá-lo no carro, mesmo que o alternador seja muito melhor que o atual. As pessoas desejam comprar um carro. Ou seja, precisam comprar uma solução funcional completa, não montar uma elas mesmas. Provavelmente você precisará trabalhar com outros revendedores para oferecer uma solução que incorpore seu produto, significando que precisará convencer os outros fabricantes e distribuidores de que vale a pena integrar seu produto em seus fluxos de trabalho.

5. **Há uma concorrência bem estabelecida que seria um obstáculo para você?** Raros são os casos em que nenhum outro concorrente disputa para convencer um cliente a gastar seu orçamento em algum produto que atenda à necessidade identificada. O quanto esse concorrente

é forte do ponto de vista do cliente (não de uma perspectiva pessoal ou técnica)? A concorrência pode impedir que você inicie uma relação comercial com um cliente? E como você se destaca em relação àquilo que o cliente percebe como alternativa?

6. **Se você conquistar esse segmento, poderá aproveitá-lo para entrar em setores adicionais?** Se dominar essa oportunidade de mercado, haverá possibilidades adjacentes para vender seu produto com apenas pequenas modificações em sua estratégia de produto ou de vendas? Ou terá que rever radicalmente esta estratégia para aproveitar as oportunidades adicionais do mercado? Embora seja preferível focar seu mercado cabeça de praia, não queira escolher um mercado inicial a partir do qual terá problemas para ampliar seu negócio. Geoffrey Moore usa a metáfora de uma pista de boliche, em que o mercado de conquista é o pino e dominá-lo significa derrubar o pino, que derruba os outros pinos, que representam as oportunidades do mercado adjacente ou as diferentes aplicações para vender para o cliente em seu mercado de conquista.

7. **O mercado é condizente com os valores, paixões e objetivos da equipe fundadora?** Você deseja assegurar que os objetivos pessoais dos fundadores não fiquem em último lugar em relação aos outros critérios apresentados aqui. No caso de uma empresa que cofundei, SensAble Technologies, queríamos "ser líquidos" (ser uma S/A de capital aberto ou ser comprados) em quatro a cinco anos, um horizonte de tempo relativamente curto para o tipo de tecnologia que criamos, porque os cofundadores, Thomas e Rhonda Massie, queriam se mudar para Kentucky, sua terra natal. Portanto, um fator importante para nós era saber se poderíamos mostrar resultados em um intervalo de tempo aceitável em qualquer mercado escolhido.

Comece fazendo essas perguntas considerando apenas o setor de atividade. Então, pondere sobre quais seriam as respostas do usuário final de seu produto. No setor, se você segmentou seus usuários finais em potencial dividindo-os em muitas categorias, como no exemplo da Educação acima, faça perguntas em cada nível de divisão. Por exemplo, considere o exemplo anterior dos professores vs. pais vs. administradores vs. alunos; a seguir, educação do ensino médio vs. escola de graduação; depois, nacional, pública, particular etc.

Seu fator limitante é o tempo — você pesquisará cada um desses mercados profundamente e não terá tempo para considerar um número indiscriminado de opções. Seis a doze oportunidades de mercado são mais do que suficientes — com um número real ficando muito mais perto de seis do que de doze.

Etapa IC: Pesquisa de Mercado Inicial

Agora que você restringiu suas oportunidades de mercado, é hora da pesquisa de mercado inicial. Falar diretamente com os clientes e observá-los ajudará a ter uma ideia mais clara de qual oportunidade de mercado é a melhor.

Como você está identificando uma nova oportunidade de mercado para um produto que ainda não existe, não será capaz de contar com as pesquisas do Google nem com os relatórios das empresas de pesquisa. *Se já houver um relatório de pesquisa de mercado com todas as informações necessárias, provavelmente será tarde demais para seu novo empreendimento.* Você perdeu a oportunidade — alguém o venceu no mercado.

Caso contrário, você reunirá muitas informações através da interação direta com potenciais clientes reais sobre suas situações, pontos nevrálgicos, oportunidades e informações do mercado. Infelizmente, há poucos atalhos no processo. Embora você deva descobrir o que puder sobre os clientes e mercados antes de conversar com os clientes em potencial, é impossível exagerar a importância de fazer uma pesquisa direta do cliente, pois qualquer outra fonte de informação e conhecimento é normalmente superficial e provavelmente tem um valor mínimo.

Como Conversar com os Clientes em Potencial   Ao conversar com os clientes em potencial encoraje o fluxo de ideias; não os constranja nem tente conseguir um comprometimento. Se o cliente em potencial sentir que você está tentando vender algo, mudará de comportamento; falará pouco ou dirá coisas que estão relacionadas com a oportunidade de mercado que você parece estar apresentando, em vez de fornecer ideias inovadoras para os mercados. Como resultado, você obterá menos dados do mercado e o que conseguir será tendencioso.

Do mesmo modo, você não deve contar com seu cliente para projetar seu produto ou dar a resposta para seus problemas. O objetivo da pesquisa é entender os pontos nevrálgicos e, depois, projetar uma solução que terá um ótimo valor para eles. Para tanto, você precisará entender totalmente os problemas subjacentes e as fontes de oportunidade, falando com eles ou, ainda melhor, observando-os enquanto trabalham ("pesquisa observacional inicial"). As ações são mais importantes que as palavras porque, algumas vezes, as pessoas dizem coisas que são contrárias às ações reais.

Você deverá conversar com o máximo de clientes possível, mas as pessoas que não são usuários finais também poderão dar um conselho valioso ou apontar a direção certa. Você pode até descobrir que identificou mal o usuário final em sua segmentação.

Há alguns fatores-chave essenciais para coletar informações precisas:

- Você deve ter um alto nível de curiosidade intelectual;
- Você deve ser corajoso ao pegar o telefone, entrar no carro ou em um avião para buscar suas informações;
- Você deve ter a habilidade de ouvir e fazer as pessoas falarem;
- Você deve ter uma mente aberta e não ser tendencioso, e nunca pressupor uma solução (investigar, não defender);
- Você deve ter a capacidade de explicar como pode ser a essência da oferta proposta enquanto também é flexível;
- Você deve ter tempo e paciência para se dedicar a esta importante etapa.

Há três avisos importantes ao conduzir sua pesquisa de mercado inicial:

1. Você não tem "a resposta" para seus clientes em potencial e suas necessidades.
2. Seus clientes em potencial não têm "a resposta" para você.
3. Converse com os clientes em potencial no modo "investigação", não no modo "defesa/vendas". Ouça o que eles têm a dizer e não tente fazê-los comprar nada.

Organize Sua Pesquisa   As principais categorias sobre as quais você está tentando obter informações para cada mercado são:

1. **Usuário Final:** Quem especificamente usaria seu produto? O usuário final é geralmente o "campeão", quem você precisa ter a bordo para que seu produto seja adotado com sucesso. De algum modo você já restringiu o usuário final, mas quando fizer a pesquisa de mercado primária talvez descubra que a categoria pode ser ainda mais segmentada. (O usuário final não é necessariamente a pessoa que decide comprar o produto, como analisaremos mais tarde na Etapa 12. Se estiver fazendo um videogame infantil, a criança que joga é seu campeão, porque tenta influenciar seus pais, os compradores econômicos, a adquiri-lo.)
2. **Aplicação:** Para que o usuário final estaria usando seu produto? Qual é a tarefa que seria drasticamente melhorada pelo novo empreendimento?
3. **Benefícios:** Qual é o valor real que o usuário ganharia usando seu novo produto? O que, especificamente, o usuário final ganha com seu produto (não se trata, aqui, de descrever recursos nem funções)? Economia de tempo? Economia de custos? Lucro adicional?
4. **Clientes Principais:** Quem são os clientes mais influentes, aqueles que passam confiança para as outras pessoas adotarem a nova tecnologia? Algumas vezes são chamados de "lighthouse customers" (algo como "clientes farol", em português), porque são tão respeitados que, quando compram, os outros os olham e seguem, dando a você uma credibilidade instantânea. Algumas pessoas chamam esses clientes de "visionários" (em inglês, "early adopters"), mas os clientes principais não são entusiastas tecnológicos. Eles devem ser respeitados pelas outras pessoas como clientes inovadores e bem-sucedidos que compram porque o produto lhes fornece um valor real, e não simplesmente para se exibir.
5. **Características do Mercado:** Como o mercado ajudaria ou atrapalharia a adoção da nova tecnologia?
6. **Parceiros/Participantes:** Com quais empresas você precisará trabalhar para fornecer uma solução que integre o fluxo de trabalho do cliente? Algumas vezes, esta será ligada à categoria "Bens Complementares Requeridos", abaixo.
7. **Tamanho do Mercado:** Em termos gerais, quantos clientes em potencial existirão se você conseguir 100% de penetração no mercado?

8. **Concorrência:** Quem, se houver alguém, está fabricando produtos parecidos? Lembre-se, a partir da perspectiva do cliente, não apenas da sua.

9. **Bens Complementares Necessários:** O que mais seu cliente precisa para conseguir a "solução completa", ou seja, ter a total funcionalidade de seu produto? Provavelmente, você precisará montá-lo com produtos de outros fabricantes para que os clientes possam comprá-lo facilmente e ter sua total funcionalidade. Ao menos você precisará identificar quais outros produtos seu cliente precisará comprar para usar o seu. Por exemplo, se estiver desenvolvendo um jogo para o console de videogame Sega Dreamcast, seus clientes precisarão comprar o console também. Como o console não é mais vendido, essa necessidade limitará a capacidade do cliente em adquirir o produto.

É mais fácil organizar essas informações em uma matriz, na qual cada oportunidade em potencial de mercado é um cabeçalho da coluna e cada categoria de informação, uma linha. O exemplo SensAble mais adiante mostra como tal matriz poderia ser organizada.

Pode haver outras categorias relevantes para sua situação. Algumas linhas na matriz de exemplo podem ser desnecessárias para sua situação; mas esse formato geral é um bom ponto de partida para você personalizar como quiser. Essa matriz mostrou-se útil para centenas de empresas; algumas também adicionaram e removeram as categorias de informações, que tornam a matriz mais valiosa em seu contexto específico.

QUANTO TEMPO DEVO GASTAR NA SEGMENTAÇÃO DO MERCADO?

Dê total atenção a essa pesquisa por pelo menos algumas semanas (e talvez muito mais se a situação permitir). Também verifique se você está conversando com os clientes no mercado-alvo para obter bons dados. A quantidade de tempo usado dependerá muito da eficiência de sua equipe em obter a pesquisa de mercado inicial. Deve haver tempo suficiente para que você possa preencher a matriz para todos os principais segmentos com certa precisão. Não pesquise apenas na internet e debata em seu escritório.

Provavelmente você não encontrará uma oportunidade de mercado ideal, mas raramente há uma "perfeita". Não se deixe vencer pela "paralisia da análise".

Não permita que a segmentação do mercado seja um processo sem fim. O objetivo é apenas conseguir uma avaliação precisa das oportunidades de mercado para que possa ir para a próxima etapa. Afinal, esta é a Etapa 1 — você tem mais 23 Etapas pela frente! É provável que reveja esta etapa quando obtiver mais informações nas etapas seguintes. Embora, para simplificar, elas sejam apresentadas de uma maneira sequencial, em geral são etapas iterativas por natureza, como a ilustração da visão geral mostra no início do livro (Seis Temas de 24 Etapas).

EXEMPLO

SensAble Technologies

Originariamente, a SensAble Technologies era uma tecnologia poderosa, porém bruta, que permitia às pessoas sentirem os objetos tridimensionais (3D) apresentados por um computador. Com base no Laboratório de Inteligência Artificial do MIT, e especificamente no Laboratório de Robótica supervisionado pelo lendário professor Rodney Brooks, o então aluno do MIT, Thomas Massie, criou, trabalhando com seu professor Ken Salisbury, um novo dispositivo que daria ao usuário a sensação de tocar nos objetos virtuais usando uma interface do tipo caneta eletrônica. O dispositivo, chamado PHANToM, simularia formas, movimento, peso e muitas outras propriedades físicas aumentando ou diminuindo a resistência ou a força sentida por um usuário ao mover o dedo ou a caneta, como mostra a Figura 1.2.

Quando outras pessoas ouviram falar sobre esta ideia inovadora e a implementação tecnológica subsequente, Massie foi consultado por pessoas em todo o mundo sobre os potenciais usos da tecnologia. Ele começou a vender versões de laboratório do produto. Contudo, seus "early adopters" consistiam, principalmente, em universidades e laboratórios de pesquisa — os "entusiastas tecnológicos", que compram praticamente qualquer produto inovador. (O livro de Geoffrey Moore *Crossing the Chasm* entra em mais detalhes sobre os entusiastas tecnológicos e informa que esses clientes podem ser uma primeira ponte para o mercado mais amplo e desejável, chamado de "maioria inicial".)

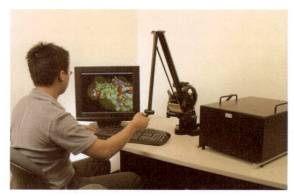

Figura 1.2 O SensAble PHANToM.

Quando encontrei Thomas pela primeira vez, ele estava vendendo esses dispositivos a pesquisadores através de uma empresa que chamou de SensAble Devices. Estava interessado em criar um negócio orientado a causar um grande impacto mundial e, assim, juntamos forças para criar a SensAble Technologies.

Trabalhamos muito para encontrar uma oportunidade de mercado escalável que permitisse ao negócio atingir os objetivos que tínhamos definido: ser uma empresa que valesse dezenas de milhões de dólares em um prazo relativamente curto de cinco anos ou menos. Trabalhei com nosso gerente de desenvolvimento comercial, John Ranta, que tinha experiência com startups anteriores, identificando tais oportunidades de mercado e fazendo o trabalho pesado da pesquisa de mercado primária com clientes para descobrir suas reais necessidades. Passamos semanas criando uma lista de mercados em potencial, usando nossos clientes atuais, feedbacks de feiras de negócios, pesquisas de produtos de entrada e nossa própria imaginação como fonte de ideias.

Até então, nenhuma ideia era maluca demais: um canal de boxe, consertar estações espaciais, mouses de computador que vibravam, ajudar a realizar uma cirurgia, pornografia, novos jogos de computador, oportunidades educacionais, análise de dados, simuladores de voo, mundos virtuais, museus, treinamento de esportes, computadores para cegos. Não prejulgávamos nenhuma ideia; ao contrário, queríamos abrir o leque o máximo possível.

Analisávamos as ideias semanalmente, algumas vezes à noite, e discutíamos sobre os principais valores e paixões pessoais que tornavam certos mercados pouco atraentes (por exemplo, pornografia). Outro resultado de nosso livre debate era que vimos onde estava o valor real de nosso produto — aplicações que usavam dados em 3D, não as que usavam dados bidimensionais (2D).

Uma vez dispondo de uma lista completa de possibilidades, restringimos sistematicamente o campo a oito indústrias, fizemos o esboço de um gráfico de segmentação do mercado (Tabela 1.1) e passamos semanas fazendo a pesquisa de mercado primária para preencher a matriz. Em torno de 90% dos dados no gráfico vieram de interação direta e conversas com clientes potenciais reais em tais segmentos sobre suas situações, pontos negativos, oportunidades e características do mercado. Pouquíssimos dados vieram dos relatórios da pesquisa feitos por empresas de pesquisa conhecidas ou descobrindo dados na internet.

Cada um desses segmentos do mercado era um candidato legítimo para nosso mercado inicial e cada um era distinto, com conjuntos diferentes de clientes, usuários finais e aplicações. Por exemplo, "Entretenimento" foi escolhido como um mercado em potencial por causa do forte interesse que recebemos dos animadores de computador fazendo filmes em 3D, como *Toy Story*. Nossa ferramenta facilitaria desenhar no computador sem comprometer o design deles. Eles poderiam fazer isso de um modo muito mais produtivo do que estava disponível no momento.

À semelhança do que aprendemos na indústria de entretenimento digital de um ponto de vista da aplicação, o setor de "Design Industrial" foi selecionado com base no feedback de que os designers de produtos queriam criar formas em 3D no computador de um modo que fosse tão fácil quanto trabalhar com argila física.

Tabela 1.1 Gráfico da Segmentação de Mercado da SensAble

Indústria	Entretenimento	Design Industrial	Visualização Médica	Simulação Cirúrgica	Microcirurgia	Visualização Geofísica	C.H.I. Não Visual	Prototipagem
Usuário Final	•Animador	•Estilista •Designer	•Radiologia •Cirurgião	•Estudante de Medicina •Cirurgião	•Cirurgião	•Geofísico	Pessoa Cega	Engenheiro
Aplicação	•Escultura •Animação •Pintura	•Escultura •Pintura •Modelagem	•Segmentação •Navegação •Planejamento cirúrgico •Diagnóstico	•Treinamento •Planejamento cirúrgico	•Cirurgia oftalmológica •Neurocirurgia	•Aperfeiçoamento da visão •Plano de perfuração	H.U.I.	Revisão do design Avaliação do modelo
Benefícios	•Facilidade de uso •Reduzir ciclo	•Reduzir ciclo •Aumentar precisão	•Facilidade de uso •Aumentar precisão	•Aumentar uso da nova tecnologia. •Aumentar precisão	•Reduzir erros •Aumentar precisão	•Reduzir erros •Aumentar produção	Aumentar acesso, "tendência"	Reduzir ciclo Melhorar designs
Clientes Principais	•Disney •ILM •Dreamworks	•Toyota •Ford •Rollerblade	•Brighm & Women's •German Cancer Rsrch	•Univ. do Colorado •Penn •BDI	•Dr. Ohgami •Ottawa Eye	•BHP •WMC/CSIRO	Certec Univ. de Delaware	Volkswagem Stratasys Toyota
Características do Mercado	•"Early adopt" •Talento bem-remunerado •Alto crescimento	•Aversão pelo CAD e computadores •Talento bem-remunerado	•Tendência •Talento bem-remunerado •HMO	•Tendência •Talento bem-remunerado •HMO	•"Early adopt" •Talento bem-remunerado •HMO •Não automatizado	•Tendência posterior •Oligopólio	Tendência posterior Sem dinheiro Patrocinador do Governo	Tendência Pressão para reduzir ciclo de produção
Parceiros/ Participantes	•Alias •Soft Image •Discrete Logic	•PTC •Alias •Imageware	•GE •Siemens •Picker	•Smith & Neph •Heartport •Ethicon •US Surgical	•Toshiba •Hitachi	•Landmark •Fractal Graphics	•IBM •Apple •SUN •HP •Microsoft	•PTC •Solid Works
Tamanho do Mercado	40.000	X00.000	X0.000	X0.000	X.000	X.000	X.000.000	X00.000
Concorrência	Watcom	Nenhuma ainda	Nenhuma ainda	Immersion	Nenhuma ainda	Nenhuma ainda	—	Nenhuma ainda
Plataforma	•SGI •Windows	•SGI •SUN	•SGI •SUN	?	Nenhuma	•SGI SUN	•Windows	•SUN, HF
Bens Complementares Requeridos	•NURBS •Caneta eletrônica •Dynamics	•NURBS •Caneta eletrônica	•Voxels •Caneta eletrônica •VRML	•6 DOF •Dispositivos personalizados	•Dimensionamento com três dedos	•Voxels •Caneta eletrônica	•Windows I/F •P300	•NURBS •VRML •Dynamics

Algo parecido se deu em cada grupo — Visualização Médica (de dados em 3D), Simulação Cirúrgica (e treinamento), Microcirurgia (procedimentos na sala de operação controlados por robótica), Visualização Geofísica (análise de dados sísmicos em 3D), C.H.I. Não Visual (Interface Humana no Computador para cegos usarem computadores) e Prototipagem (protótipo virtual de arquivos CAD/CAM para ver como funcionariam juntos; por exemplo, verificar para saber a viabilidade da montagem) — tivemos bastante evidência para saber que o mercado correspondia bem às sete perguntas principais apresentadas anteriormente nesta etapa.

Para cada um desses segmentos, tivemos que fazer uma pesquisa de mercado primária para preencher a matriz.

Nos demos ao luxo de já vender para os entusiastas tecnológicos, o que nos deu um rendimento suficiente para poder passar três meses na análise da segmentação do mercado. Você desejará gastar pelo menos algumas semanas, mas é improvável que tenha a sorte de conseguir dispor de vários meses.

Nossa matriz incluiu uma linha para a "plataforma", que se referia ao sistema operacional do computador e hardware que nossa tecnologia necessitava para ser adotada por esse segmento de mercado em particular. Isso pode ou não ser relevante para você, mas foi para nós naquela ocasião, porque havia uma grande diferença entre ser executado em computadores gráficos dedicados (Silicon Graphics Incorporated — SGI — na época) e em computadores pessoais, de custo muito mais baixo.

Nossa linha "Bens Complementares Requeridos" dependia de qual segmento de mercado visaríamos. Para nós, a linha "Bens Complementares Requeridos" varia muito, dependendo do segmento visado. Para o animador no segmento do mercado de entretenimento, incluímos um mecanismo de geometria NURBS (que significa Non-Uniform Rational B-Splines), portanto, ele podia produzir arquivos de dados no conjunto de animação com apresentação visual Alias Wavefront. Este software era usado pelos animadores no mundo todo para criar imagens animadas tridimensionais apresentadas em cores, que formam as cenas cativantes vistas nos filmes animados de hoje. O dispositivo também teria que incluir uma caneta eletrônica, porque os animadores adoravam esboçar em 2D e estavam muito acostumados com isso. A última parte que precisávamos incluir era um mecanismo dinâmico para que a figura pudesse mover-se de um modo real. Todos os três itens geralmente estavam disponíveis em outros revendedores, portanto, não eram partes fundamentais. Contudo, era importante ter uma compreensão muito específica do que nossos usuários finais estavam usando, para saber o que mais era necessário para tornar nosso sistema complementar aos sistemas existentes e acessar essas informações ou tecnologia por meio de outros revendedores.

Para nossos parceiros e clientes, o NURBS era uma exigência muito específica a que precisávamos atender porque era o formato de dados requerido para adequação aos investimentos significativos já feitos. Em outras palavras, precisávamos entender quais dados eram anteriores em nossa solução, como os receberíamos, o que era posterior em nossa solução e como tínhamos que produzir os arquivos.

RESUMO

O processo de segmentação do mercado identifica várias oportunidades possíveis. Assim que tiver uma lista dos mercados em potencial, a análise baseada na pesquisa de mercado direta em um número finito de segmentos ajudará a determinar quais são melhores para sua ideia ou inovação tecnológica. O objetivo da pesquisa não é fornecer uma solução perfeita, mas apresentar uma visão ampla das oportunidades de mercado quando você começar a pensar sobre em que focará seu negócio. A pesquisa de mercado inicial, que envolve conversar diretamente com os clientes e observá-los, é de longe a melhor maneira de identificar as boas oportunidades de mercado. Esta pesquisa ajudará a selecionar uma estratégia de mercado cabeça de praia na próxima etapa.

ETAPA 2

Selecione um Mercado "Cabeça de Praia"

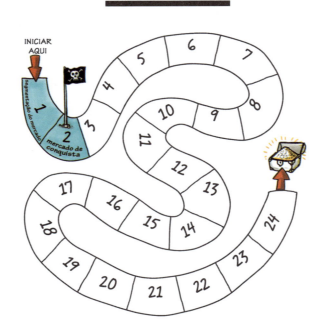

NESTA ETAPA, VOCÊ:

- Analisará suas principais 6 a 12 oportunidades de mercado e escolherá *uma* para seguir;
- Segmentará mais esse mercado para determinar seu mercado "cabeça de praia" (em inglês, Beachhead Market).

Selecionar um mercado cabeça de praia é parte do processo crítico de restringir seu foco e atenção a uma área importante de ataque.

Na etapa anterior, sobre a segmentação do mercado, você criou uma matriz com base em sua pesquisa de mercado inicial nos seus principais 6 a 12 mercados. Agora, selecione apenas uma na matriz para seguir como seu mercado cabeça de praia; ignore os outros.

Quase todos os empreendedores de primeira viagem acham que negligenciar oportunidades de mercado é difícil e até doloroso. Eles se agarram, obstinadamente, à ideia de que mais mercados aumentam suas chances de sucesso e que são melhores limitando suas apostas até que um mercado decole.

Na verdade tal pensamento diminuirá suas chances de sucesso porque você e seu novo empreendimento não terão o foco necessário para o sucesso. Um principal determinante de êxito para os empreendedores é sua capacidade de selecionar um mercado e ser disciplinado para não selecionar os outros.

O foco pode ser difícil, especialmente para os empreendedores. As pessoas mantêm as opções abertas mesmo quando não são de seu maior interesse, segundo o ex-professor do MIT Dan Ariely, que analisa o tópico em seu livro de 2008, *Previsivelmente Irracional* [Editora Alta Books]. Segundo sua pesquisa, quando as pessoas recebem o que parecem ser vários caminhos para o sucesso, tentam manter todos eles como opção, mesmo que selecionar um caminho específico garanta maior sucesso.

Escolhendo um único mercado para se destacar, sua startup pode estabelecer mais facilmente uma forte posição de mercado e, espera-se, uma situação de fluxo de caixa positivo antes de ficar sem recursos. Focando assim, você se posicionará para conseguir mais rapidamente o boca a boca (BAB) positivo e importante que pode ser a fonte de sucesso ou fracasso para os empreendedores.

COMO ESCOLHER SEU MERCADO CABEÇA DE PRAIA

Nas operações militares, se um exército deseja invadir o território inimigo com acesso pela água, pode empregar uma estratégia cabeça de praia, desembarcando suas forças armadas em uma faixa litorânea do território inimigo, controlando essa área como sua base para desembarcar mais tropas e suprimentos e para atacar outras regiões inimigas. A invasão de 1944 da Europa controlada pelos nazistas pelas Forças Aliadas é um dos exemplos mais famosos de uma estratégia cabeça de praia. As Forças Aliadas estabeleceram cabeças de praia nos litorais da Normandia, o que lhes permitiu capturar aos poucos todo o território controlado pelos nazistas no continente europeu. Sem conquistar o litoral, não teriam tido um ponto de partida para sua invasão.

44 • EMPREENDEDORISMO DISCIPLINADO

Do mesmo modo, seu mercado cabeça de praia é aquele que, assim que você abocanha uma fatia do mercado dominante, proporcionará a força necessária para atacar os mercados adjacentes com diferentes ofertas, criando uma empresa maior a cada nova investida.

Há, em muitos casos, vários caminhos para o sucesso; portanto, não é necessário escolher o melhor mercado absoluto. (A SensAble é um bom exemplo de tecnologia que poderia ter tido êxito em qualquer segmento.) Portanto, comece agindo, em vez de ficar preso na "paralisia da análise". Seu objetivo é iniciar uma empresa, não se tornar um analista de mercado profissional. A ação produzirá dados reais que informarão rapidamente se o mercado será viável ou não. Se o mercado selecionado for viável, ótimo. Se não, você ainda terá tempo e recursos, espera-se, porque agiu rapidamente e com eficiência, permitindo-lhe retornar à matriz e tentar um segundo mercado.

Os sete critérios mencionados na Etapa 1 para restringir suas oportunidades também são úteis ao escolher seu mercado cabeça de praia:

1. O cliente-alvo está bem capitalizado?
2. O cliente-alvo está prontamente acessível à equipe de vendas?
3. O cliente-alvo tem um motivo consistente para comprar?
4. Hoje, você pode entregar um produto completo com a ajuda de parceiros?
5. Há uma concorrência bem estabelecida que seria um obstáculo para você?
6. Se você conquistar esse segmento, poderá aproveitá-lo para entrar em setores adicionais?
7. O mercado é condizente com os valores, paixões e objetivos da equipe fundadora?

É melhor evitar a seleção de mercados maiores ou muito grandes, mesmo que pareçam ser os "melhores" segmentos. O primeiro mercado a atacar será uma experiência de aprendizado importante para você; assim, é melhor aprender em um mercado menor, no qual você pode ter uma alta e rápida exposição na base de clientes em potencial. Esse princípio é parecido com aprender um esporte — você aprenderá muito jogando com alguém um pouco melhor que você. Se começar jogando com um profissional, aprenderá apenas que ele é muito bom no esporte — você poderia estar lhe assistindo de fora. Escolha um mercado cabeça de praia menor — por exemplo, se mora em uma pequena região geográfica, comece nela antes de tentar iniciar em uma região maior. As grandes empresas fazem o mesmo; testam os novos produtos no mercado em países e regiões de menor exposição antes de os lançarem no mundo inteiro.

SEU MERCADO CABEÇA DE PRAIA AINDA PRECISA SER MAIS SEGMENTADO

Quando você focar o mercado cabeça de praia, logo reconhecerá que ele, certamente, poderá ser segmentado em mercados menores. É uma prática padrão. Você não deve se preocupar em ficar focado em um mercado pequeno demais (verificaremos o tamanho do Mercado Alcançável Total em uma etapa posterior), ainda estou para ver um empreendedor focar demais — é sempre o contrário, onde o empreendedor não foca o bastante. Você deve iniciar em um mercado no qual tem grande capacidade de dominar em um período de tempo relativamente curto; um mercado restrito e focado é a melhor maneira de fazer isso.

Como você sabe se seu mercado é visado o bastante? Você deve continuar segmentando até sua oportunidade coincidir com as três condições que definem um mercado. Essa definição expande aquela que Geoffrey Moore apresenta no livro *Dentro do Tornado*.

Três Condições que Definem um Mercado

1. Os clientes no mercado compram produtos similares.
2. Eles têm um ciclo de vendas parecido e esperam que os produtos forneçam valor de maneiras semelhantes. Seus vendedores podem vender de maneiras diferentes para cada cliente, ainda sendo muito eficientes com pouca ou nenhuma perda de produtividade.
3. Há um "boca a boca" entre os clientes no mercado, significando que eles podem servir como referências convincentes e de alto valor entre si ao fazer compras. Por exemplo, eles podem pertencer às mesmas organizações profissionais ou operar na mesma região. Se você descobrir uma oportunidade de mercado em potencial na qual os clientes não conversam entre si, será difícil sua startup progredir.

Estes três critérios para definir um mercado significam que você conseguirá ganhos de escala no mercado e que terá uma boa chance de fazer a mágica que todas as startups desejam: "se tornarem virais".

EXEMPLO

SensAble Technologies

Depois de muita deliberação, escolhemos o design industrial como nosso mercado cabeça de praia com base nos sete critérios acima, mas não segmentamos mais o mercado, portanto, depois de escolhermos um, descobrimos que os designers industriais podem e devem, para nossa situação, ser divididos em três grupos distintos. Um grupo lida com as formas retangulares com bordas finas, incorporando muita geometria simples. Um segundo grupo atua com formas altamente estilizadas com superfícies suaves, mais bem representadas por equações matemáticas. Um terceiro trabalha com formas altamente orgânicas e esculpidas, geralmente criando-as com argila.

Nosso produto era muito adequado para o design de forma livre, então, o terceiro grupo era o mercado ideal para focarmos. Os clientes nesse grupo eram, basicamente, empresas de brinquedos e calçados com grandes estúdios de argila e muitos escultores entre seus designers (Figura 2.1).

Para nossa grande surpresa, conseguimos agrupar as empresas de brinquedos e calçados como um mercado, porque os designers industriais nesses setores agiam de modo tão parecido que atendiam completamente às três condições de um mercado apresentado anteriormente nesta etapa. Eles usavam muita argila para esculpir formas em 3D altamente orgânicas, que eram enviadas para a China em um prazo muito apertado. As pressões enfrentadas eram as mesmas. Os processos de vendas e propostas de valor eram idênticos. E em um sinal muito revelador, os designers se moviam com frequência entre as empresas de brinquedos e sapatos para avançar em suas carreiras; eles até pertenciam ao mesmo subgrupo na Sociedade de Design Industrial da América.

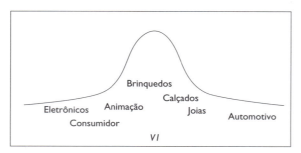

Figura 2.1   Os mercados de brinquedos e calçados eram nosso foco primário. Os próximos mercados adjacentes eram provavelmente de animação e joias, mas precisaríamos fazer mais pesquisas quando nos preparássemos para escalar (ampliar os segmentos de mercado em que atuar).

Cuidados Inteligentes com a Pele

Em uma de minhas aulas, um aluno de doutorado entrou com uma nova tecnologia promissora do laboratório do professor do MIT, Bob Langer. O aluno, Pedro Valencia, descobriu como sintetizar nanopartículas mais rapidamente para usos médicos. Uma aplicação em particular era uma cobertura de polímetro em nanoescala que gruda na pele e pode liberar a medicação em um período de 24 horas.

Pedro e sua equipe passaram semanas pesquisando as diferentes aplicações desse polímero, inclusive usos médicos em hospitais e serviços ambulatoriais, incluindo o tratamento do câncer. Outro segmento de mercado que consideraram foi o de protetor solar, usando o recurso com liberação temporizada para expelir lentamente o produto químico para bloquear os raios solares em um período de tempo maior. Depois de deliberarem, descobriram que um mercado consumidor como o do protetor solar requeria menos tempo e dinheiro do que os mercados médicos, que precisavam de uma análise completa do FDA. Em função disso, a equipe poderia trabalhar perto dos consumidores reais e obter um retorno contínuo para que pudessem desenvolver com mais eficiência a tecnologia envolvida.

Contudo, o mercado de protetor solar mostrou-se grande e diverso demais para a equipe, que continuou a segmentar ainda mais o mercado através da pesquisa de cliente inicial. Por fim, optaram por um dos segmentos, atletas radicais, na casa dos 30 anos de idade, que participam de triatlos. Esses atletas são extremamente competitivos e gastam muito em condicionamento físico. Quando a equipe abordou vários desses atletas com sua ideia, eles foram muito positivos em relação ao conceito (ou produto em potencial). A equipe também percebeu que se esses atletas radicais comprassem o produto, seria mais fácil entrar nos outros mercados. O atleta radical mostrou ser uma escolha adequada para um mercado cabeça de praia.

RESUMO

Escolha um único mercado para seguir. Então, continue segmentando-o até obter uma oportunidade de mercado bem definida e homogênea que atenda às três condições de um mercado. O foco é seu aliado.

ETAPA 3

Construa um Perfil do Usuário Final

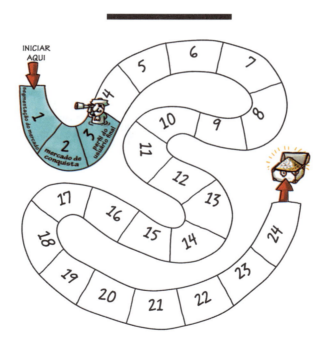

NESTA ETAPA, VOCÊ:

- Usará a pesquisa de mercado inicial para completar uma descrição detalhada do usuário final típico em seu segmento de mercado.

Inicie com a definição de seu cliente com um perfil do cliente-alvo.

Agora que você identificou um mercado cabeça de praia específico, precisará aprender sobre o cliente-alvo. É muito importante que você reconheça que, para ter sucesso, deve criar seu negócio com base no cliente que está atendendo, em vez de empurrar para o mercado o produto ou serviço que deseja vender.

Cada cliente realmente consiste em um *usuário final* e uma *unidade de tomada de decisão*. Muito provavelmente o usuário final é uma parte essencial da unidade de tomada de decisão, mas pode ou não ser a pessoa mais importante nela. Mais especificamente:

- **Usuário Final:** O indivíduo (uma pessoa real!) que usará seu produto. O usuário final geralmente é um membro da família ou organização que o compra.
- **Unidade de Tomada de Decisão:** O(s) indivíduo(s) que decide(m) se o cliente comprará seu produto, consistindo em:
  - *Campeão:* A pessoa que deseja que o cliente compre o produto; geralmente o usuário final.
  - *Comprador Econômico Primário:* A pessoa com a autoridade de gastar dinheiro para comprar o produto. Algumas vezes, é o usuário final.
  - *Influenciadores, Poder de Veto, Departamento de Compras etc.:* As pessoas que têm influência ou controle direto sobre as decisões do Comprador Econômico Primário.

Nesta etapa você criará um perfil do usuário final específico o bastante para calcular o tamanho do Mercado Alcançável Total de seu mercado cabeça de praia. Posteriormente, adicionará muito mais especificidade, identificando um usuário final que se encaixe no Perfil do Usuário Final para servir como sua Persona. Seu foco estará no usuário final, porque se ele não quiser seu produto, você não conseguirá atingir o cliente.

Você pode pensar que depois de escolher um mercado cabeça de praia, será fácil chegar ao Perfil do Usuário Final. No entanto, geralmente, isso requer muito tempo, consideração e mais pesquisa. Você descobrirá que até no restrito mercado cabeça de praia os usuários finais não são todos iguais. Primeiro, você precisará focar mais, escolhendo um grupo demográfico específico de usuários finais.

POR QUE VISAR UM GRUPO DEMOGRÁFICO ESPECÍFICO?

Mesmo que seu mercado cabeça de praia seja limitado, você descobrirá muita variedade entre os usuários-alvo finais. Eles podem ser jovens ou velhos, trabalhar e/ou viver em cenários urbanos, suburbanos ou rurais, podem ser cosmopolitas ou ter ficado na mesma cidade a vida inteira. O mais importante, eles podem ter objetivos, aspirações ou medos diferentes. Sendo uma startup, você terá que excluir muitos clientes em potencial para ficar focado em um grupo-chave de usuários finais relativamente homogêneo, que fornecerá o fluxo de caixa inicial tão necessário.

Como aponto ao longo de todo este livro, você deve conversar, observar e interagir continuamente com seu cliente-alvo para obter essas informações e confirmá-las de novo. A pesquisa de mercado primária é fundamental para seu sucesso. Esse é o único modo de coletar informações valiosas que não estão disponíveis em nenhum outro lugar, e você entenderá o que está por trás das informações. Assim que terminar a pesquisa de mercado primária, ela poderá ser a informação mais valiosa que terá. Uma boa pesquisa de cliente direta é fundamental para este processo; você não conseguirá simplesmente identificar o perfil sozinho.

Seu objetivo é criar uma descrição de um subconjunto definido e restrito de usuários finais com características e necessidades parecidas. Procure um subconjunto do mesmo modo como procurou um mercado cabeça de praia. Tentar vender um produto para uma grande variedade de usuários finais é tão sem foco quanto tentar vendê-lo para vários mercados. Sua estratégia de vendas pode não ser igualmente eficiente para pessoas com 25 ou 50 anos; seus conjuntos de recursos podem diferir dependendo das prioridades do usuário final. Então, você não tentará descrever cada um. Você não vai querer gastar tempo e recursos tentando ser tudo para todos.

CARACTERÍSTICAS EM POTENCIAL PARA INCLUIR NO PERFIL DO USUÁRIO FINAL

- Qual é seu gênero?
- Qual é sua faixa etária?
- Qual é sua faixa de renda?
- Qual é sua localização geográfica?
- O que o motiva?
- Do que ele tem mais medo?
- Quem é seu herói?
- Aonde ele vai nas férias? Para jantar? Antes de trabalhar?
- Qual jornal ele lê? E sites? A quais programas de TV ele assiste?
- Qual é o motivo geral para ele comprar este produto? Economia? Imagem? Pressão social?
- O que o torna especial e identificável?
- Qual é sua história?

Você pode não conseguir as respostas a muitas das perguntas acima; elas também podem não ser relevantes para sua situação — ou você pode pensar assim neste ponto. Você irá rever muitas dessas perguntas e outras mais específicas na Etapa 5, quando criar a Persona.

SUA EQUIPE DE FUNDAÇÃO INCLUI ALGUÉM NO PERFIL DO USUÁRIO FINAL?

Será uma grande vantagem se alguém que se encaixa no Perfil do Usuário Final estiver em sua equipe desde o início, pois essa compreensão profunda sobre o cliente será um fator crítico no sucesso. Como um usuário final está em sua equipe, você não terá que contar com suposições, que geralmente são imprecisas, sobre quem é seu usuário final e o que ele deseja. Caso não tenha alguém do grupo demográfico em sua equipe fundadora, deverá contratar um usuário-alvo final para sua equipe executiva.

EXEMPLOS

SensAble Technologies

No Perfil do Usuário Final para a SensAble, na Tabela 3.1, estamos começando a entender nosso cliente-alvo de um modo muito mais específico. Sim, há um grupo demográfico para nos ajudar a criar um tamanho de mercado na próxima etapa (o que é importante), mas também há um contexto rico que será de muita valia quando seguirmos adiante para tornar isso real, e provavelmente será o fator definitivo para seu sucesso.

Empresa de Compartilhamento de Carona, Rússia

Essa equipe de alunos queria criar um novo serviço de compartilhamento de carona para um grupo de clientes em Moscou que não tinha tal serviço. Eles focaram nos jovens motoristas com conhecimento tecnológico que achavam que teriam mais probabilidade de usar o serviço. Estavam interessados em usar uma nova infraestrutura de telefones móveis e mídia social para fazer isso de um modo eficiente em termos de capital que antes não havia sido possível.

Quando eles apresentaram o Perfil do Usuário Final, não tinham sido específicos o bastante quanto ao grupo demográfico. A empresa estava tentando ser inclusiva no perfil, mas o resultado foi a perda de foco.

Para o gênero e a idade do usuário final, eles especificaram masculino e feminino, com uma faixa etária de 17 a 40 anos. Esse grupo demográfico é geral demais. Todos os homens e mulheres com idades entre 17 e 40 têm os mesmos objetivos, aspirações e medos?

Para a ocupação do usuário final, eles ouviram estudantes, jovens profissionais, migrantes em Moscou vindos das áreas rurais da Rússia e a gerência de nível médio. Provavelmente o mercado cabeça de praia não foi segmentado o suficiente. Eles deveriam ter experimentado fazer a pergunta "Por que o usuário final desejaria usar meu produto?" para segmentar mais o mercado cabeça de praia.

Eles também ouviram uma categoria vaga chamada "nível social" e disseram que seus usuários finais estavam em um patamar "médio ou alto" dentro da categoria. O que "nível social" significa e como você pode ser mais específico ao descrever o nível social de seus usuários finais?

Tabela 3.1 Perfil do Usuário Final da SensAble

Designer Industrial nas Empresas de Brinquedos e Calçados	
Gênero	Masculino (90%), feminino (10%)
Idade	24 a 35, estimando que a média fica perto de 31
Nível na Empresa	Colaborador individual, e não gerente
Renda	$50/$60 mil por ano, dependendo da região
Educação	Escola de Design de Rhode Island, Escola de Artes de Pasadena ou outra escola de arte avançada
Histórico	Este não é o primeiro trabalho deles no setor, portanto, têm certa experiência. Porém, este também não é seu trabalho final. É algo que eles farão contanto que seja interessante e satisfatório. O ramo é difícil e eles percebem que podem ser dispensados se as coisas não correrem bem. Isso também leva a uma falta de ligação forte com o trabalho, consequentemente, se outro serviço aparecer, eles mudarão sem problemas.
Contexto	Os designers se veem como artistas, não propriamente como profissionais. Embora eles possam querer fazer trabalhos artísticos fora do mundo comercial, perceberam que precisam de um salário para sobreviver e honrar seu compromisso. Eles podem fazer arte, mas também são sérios quanto a querer criar produtos que mostrem suas habilidades artísticas e ficam frustrados com os produtos que não passam devidamente sua intenção de design bastante específica. Assim, eles não desistiram de usar estúdios de argila que transmitem muito melhor a intenção do design do que as novas ferramentas digitais que estão sendo forçados a usar. As novas ferramentas são de engenharia e foram modificadas para os designers, mas dificultam muito a transmissão da intenção do design. Embora os designers sejam competentes tecnologicamente e até habilidosos em relação às ferramentas criativas, isso nem sempre é sua essência. É um meio para um fim. Eles podem ter um computador Apple em casa e outro no departamento, mas no escritório, basicamente, estão trabalhando no PC com Windows.
Personalidade	Os designers gostam de socializar, mas nunca seriam confundidos com "festeiros". Eles não têm muito dinheiro e são cuidadosos em não perdê-lo. Bebem com cuidado e/ou usam drogas leves quando saem. Eles gostam de sentar e ouvir música tecnopop (como Thomas Dolby) e falar sobre arte. Geralmente usam preto e muitos deles têm piercings, e talvez até tatuagens feitas caprichosamente. Embora gostem de socializar, também podem ser calmos e introvertidos na maior parte do tempo.

Existem alguns fatores específicos, como usuários finais com smartphones, embora eles não tenham especificado o tipo de smartphone, o que pode ser importante, pois pode haver diferenças significativas entre os grupos que usam diferentes marcas de smartphones ou provedores de serviço. Eles também disseram que seus usuários são tecnologicamente avançados, adotam logo novos produtos tecnológicos e são usuários ativos de redes sociais. Todos podem ser mais especificados também (quais redes sociais?).

Essa equipe realmente precisava voltar, fazer mais pesquisa de mercado inicial e ser muito mais específica sobre o Perfil do Usuário Final. Restringir as categorias, como gênero, idade e ocupação fornecerá clareza quanto às prioridades específicas desse grupo demográfico, como eles posicionam o produto, quais recursos desenvolver, qual deve ser sua mensagem e como acelerar o boca a boca.

Bufê de Beisebol

Essa equipe estava procurando criar um site centralizador para os fãs de esporte (começando com os fãs de beisebol), onde eles pudessem obter informações sobre seu time favorito e interagir com os outros fãs. Seria um caso de uma Rádio de Esportes com reuniões da ESPN sem censura, porém muito mais interativa e multidimensional. O site também poderia integrar o interesse explosivo de participar das ligas de esportes virtuais.

A equipe decidiu focar seu produto em uma parte muito específica dos fãs do esporte — jovens online do sexo masculino com idades entre 18 e 34 anos. Esse segmento era um grupo muito atraente para capturar, porque as empresas de bebidas alcoólicas, automotivas e de eletrônicos estavam ansiosas para anunciar nesse grupo demográfico quando eles começassem a ter rendas significativas e formar hábitos de compra que pudessem durar uma vida inteira. A equipe fez a pesquisa de mercado primária e descobriu que havia receptividade. Eles também usaram uma pesquisa secundária para aprender sobre o grupo demográfico.

A Figura 3.1 mostra um componente-chave do Perfil do Usuário Final.

Os gráficos apresentados na figura indicam que eles eram capazes de usar certas métricas para restringir seu foco para homens de 25 a 34 anos de idade ganhando acima de $75 mil por ano. Implícita nessa escolha está que a equipe não selecionará os outros grupos demográficos e buscará apenas um grupo para começar. O critério "interesses do público-alvo" é um bom exemplo da necessidade de confrontar os fatos brutalmente honestos sobre o grupo demográfico em vez de ver o usuário final através de lentes cor-de-rosa. Na pesquisa secundária apresentada aqui, as duas principais escolhas de sites para um grupo demográfico maior com idade de 18 a 34 anos são sites para garotas (esperamos belos sites —, mas teremos que descobrir a realidade para entender realmente o usuário final) e sites de esportes.

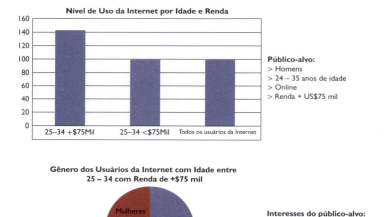

Figura 3.1   Perfil do usuário final do bufê de beisebol.

RESUMO

Sua análise do cliente-alvo está longe de terminar, mas o Perfil do Usuário Final aponta na direção certa para as futuras etapas. A jornada está apenas no início, mas você está começando com o foco certo — um cliente-alvo bem definido. Esta é uma etapa crítica em sua pesquisa de especificidade e o início para tornar seu cliente concreto e muito real. Também é uma parte importante do processo para ajudar a trabalhar a mentalidade de que você deve construir a empresa em torno das necessidades do cliente, e não com base em *seus* interesses e capacidades. O último importa, mas é secundário em relação a como você deve pensar sobre seu negócio.

ETAPA 4

Calcule o Tamanho Total do Mercado Alcançável (TAM) para o Mercado "Cabeça de Praia"

NESTA ETAPA, VOCÊ:

- Usará os grupos demográficos a partir do Perfil do Usuário Final para determinar quantitativamente o tamanho de seu mercado cabeça de praia.
- Usará o tamanho do mercado para determinar se precisa segmentá-lo mais para ter um mercado cabeça de praia com tamanho adequado.

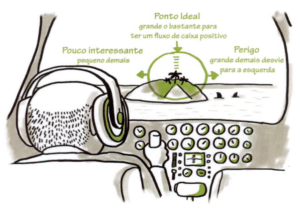

O cálculo do TAM de conquista é o teste fundamental de que você está indo na direção certa

É importante começar a entender o tamanho do mercado que você está visando logo no início; você modificará isso com o passar o tempo, mas é inteligente pensar sobre esse ponto no começo e desenvolver, pelo menos, um tamanho de mercado aproximado para saber que está indo na direção geral certa.

Definir seu mercado cabeça de praia e o Perfil do Usuário Final fornece bastante especificidade para fazer um primeiro cálculo do tamanho do Mercado Alcançável Total (TAM) para o mercado cabeça de praia. O TAM para seu mercado cabeça de praia é a quantidade de receita anual expressa em reais por ano que seu negócio ganharia se você atingisse 100% da fatia desse mercado.

Para calcular o TAM, primeiro, determine quantos usuários finais existem que se encaixam no Perfil do Usuário Final usando uma análise de baixo para cima com base na pesquisa de mercado inicial. Então, complemente isso com uma análise de cima para baixo para confirmar suas descobertas. Depois, determine quanta receita cada usuário final vale por ano. Multiplicar os dois números resulta no TAM.

Você está procurando um mercado que seja grande o bastante para você conseguir uma massa crítica, desenvolver as principais capacidades e obter um fluxo de caixa positivo no mercado. Contudo, se o mercado for grande demais, provavelmente você não terá recursos suficientes para competir e, como resultado, poderá ficar sobrecarregado e não terá sucesso ou terá que levantar dinheiro sem muito histórico para os potenciais investidores avaliarem.

Os empreendedores, em geral, tendem a inflar o TAM com um otimismo excessivo, mas um número grande não é necessariamente melhor. O objetivo deste exercício não é impressionar os outros, mas desenvolver um número TAM conservador e justificável no qual confie.

ANÁLISE DE BAIXO PARA CIMA

O melhor modo de calcular o número de usuários finais que se encaixam no Perfil do Usuário Final é realizar uma análise de baixo para cima, geralmente chamada de "contagem de cabeças". As listas de clientes, associações do ramo e outras fontes de informações sobre o cliente podem ajudar a identificar quantos clientes existem, assim como quantos usuários finais cada cliente tem. Algumas vezes, isso é chamado de "contagem de cabeças", porque você está sendo muito específico e sabe onde está cada cliente em potencial.

ANÁLISE DE CIMA PARA BAIXO

Uma análise de cima para baixo inicia usando a pesquisa de mercado secundária, como os relatórios de análise do mercado, para determinar quantos usuários finais atendem às diferentes características. Esses dados geralmente são expressos com uma pirâmide invertida que tem vários níveis horizontais, em que o nível mais baixo é o menor e contém todos os usuários finais que atendem ao Perfil do Usuário Final. Uma análise de cima para baixo deve ser complementar à análise de baixo para cima por dois motivos. Primeiro, na análise de cima para baixo, você geralmente irá superestimar o número de usuários finais no mercado, porque não está sendo muito específico em sua análise. Segundo, muita análise de cima para baixo irá levá-lo a focar em planilhas, não clientes; nunca vi um cliente real escondido em uma célula de planilha.

DE "QUANTOS USUÁRIOS FINAIS?" PARA "MOSTRE O DINHEIRO"

Assim que você tiver contado os usuários finais que se encaixam no Perfil do Usuário Final, determine o montante da receita anual que um usuário final individual vale. Multiplicar a receita por usuário final pelo número de usuários finais dará o TAM em reais por ano.

Você terá que fazer algumas suposições sobre quanto um cliente está disposto a pagar por usuário final. Na medida do possível, baseie o número nos orçamentos dos clientes em potencial que você identificou. Quanto eles estão gastando hoje para obter o que seu produto faz? Quanto eles pagaram no passado por outros produtos novos? Quanto valor seu produto cria para eles?

QUAL DEVE SER MEU TAM?

Se, neste ponto, o valor estimado do TAM for menor que $5 milhões por ano, é possível que seu novo empreendimento não tenha identificado um mercado cabeça de praia grande o bastante, especialmente porque é comum os empreendedores inflarem o tamanho de seu mercado e de sua fatia de mercado esperada. Em geral, o mercado será ainda menor do que pensa e você não será capaz de conseguir o nível de fatia de mercado que imaginou. Seus consultores, parceiros e investidores sabem essas coisas; portanto, se seu TAM for muito baixo para começar, eles irão supor que ele é ainda menor. Em tal mercado pequeno, provavelmente será muito difícil conseguir um fluxo de caixa positivo e conseguir uma massa crítica.

Normalmente, um TAM entre $20 milhões e $100 milhões por ano é um bom alvo. Qualquer coisa acima de $1 bilhão certamente gerará dúvidas. É possível que um TAM inicial de $5 milhões por ano possa ser um negócio bem-sucedido se você puder capturar o mercado de modo rápido e convincente, em especial se as margens brutas sobre seu produto forem muito altas (por exemplo, 90% para softwares, aplicativos móveis, modelos comerciais baseados em informações) e você não precisar de muitos funcionários. Isso poderia criar um fluxo de caixa positivo a partir do mercado, que seria uma realização significativa e um bom mercado cabeça de praia.

Nas etapas posteriores, conforme for aprendendo, provavelmente você irá voltar e rever esse cálculo tornando-o mais verossímil. Determinar o TAM é uma parte fundamental de criar um produto ou serviço bem-sucedido. Você também precisará ter uma clara compreensão de seu mercado ao apresentar sua ideia ou tecnologia para outras pessoas, como consultores e investidores, porque a expectativa deles é que você apresente um valor do TAM e explique sua lógica. Contudo, não gaste uma quantidade de tempo exagerada no cálculo do TAM, pois haverá outros fatores que influenciam seu sucesso também, como margem bruta, velocidade, potencial para uma fatia de mercado dominante e sustentável, e valor estratégico. Quando você ficar mais sofisticado, também estará muito interessado na taxa de crescimento do TAM. Na mensuração disso você poderia usar algo chamado de Taxa de Crescimento Anual Composta (CAGR, sigla em inglês).

EXEMPLOS

SensAble Technologies

Nosso foco, muito definido, permitiu que fizéssemos uma análise de baixo para cima em uma quantidade razoável de tempo, contando os clientes reais. Já falamos sobre algumas empresas de brinquedos, como a Hasbro, e fomos capazes de determinar facilmente quantas outras empresas de brinquedos maiores havia com os dados gratuitos geralmente disponíveis na biblioteca. Também fizemos amizade com os funcionários da Sociedade de Desenho Industrial da América que nos ajudaram a aprimorar essa lista.

LISTA DE CLIENTES DA INDÚSTRIA DE BRINQUEDOS

- Hasbro (Estados Unidos, Ásia, Europa)
- Mattel (Estados Unidos, Ásia, Europa)
- Fisher-Price (Estados Unidos)
- FP Brands (Estados Unidos)
- Creata (Estados Unidos, Ásia)
- Equity Marketing (Estados Unidos, Ásia)

- Marketing Store (Estados Unidos)
- Gemmy (Estados Unidos)
- Gentle Giant (Estados Unidos)
- Whitestone (Estados Unidos)
- Bandai (Ásia)
- Tomy (Ásia)
- Unitec (Ásia)
- Hermon Industries (Ásia)
- Luen Shing (Ásia)
- Synapse (Europa)
- Schleich (Europa)
- Playmobil (Europa)
- Disneyland (Europa)

Já de início percebemos que as empresas de brinquedos localizavam-se em três regiões geográficas diferentes — Estados Unidos, Ásia e Europa. Não havíamos segmentado adequadamente o mercado e precisávamos escolher uma dessas regiões demográficas.[1] Um modo melhor de exibir os clientes, então, era um gráfico com três colunas, como mostrado na Tabela 4.1.[1]

Então, calculamos quantos designers industriais estavam em cada empresa. Como dialogamos muito com a base de usuários e desenvolvemos confiança e segurança, fomos capazes de determinar facilmente quantos designers industriais estavam em um cliente, a Hasbro. Então, conversamos com nossos amigos na Mattel e na Fisher-Price, e determinamos com alta confiabilidade o número de designers industriais em cada uma.

Quando estabelecemos o número exato de designers em várias empresas, fomos capazes de começar a calcular um número que chamamos de "densidade de designer", que nos deu o número de designers por mil funcionários e o número de designers por milhão de dólares de renda. O cálculo nos ajudou a fazer suposições fundamentadas sobre as outras empresas nas quais não tivemos tempo nem conexão suficientes para "contar as cabeças".

Aplicamos o mesmo processo na indústria de calçados. Do mesmo modo, essa lista precisou ser segmentada por região.

---

[1] Na verdade, vendemos para todos os três mercados quando começamos porque não entendíamos ainda o valor de definir os mercados com especificidade.

Tabela 4.1   Lista de Clientes da SensAble para a Indústria de Brinquedos

Europa	Estados Unidos	Ásia
• Synapse	• Hasbro	• Bandai
• Hasbro	• Mattel	• Tomy
• Schleich	• Fisher-Price	• Unitec
• Playmobil	• FP Brands	• Creata
• Mattel	• Creata	• Hermon Industries
• Disneyland	• Equity Marketing	• Luen Shing
	• Marketing Store	• Mattel
	• Gemmy	• Hasbro
	• Gentle Giant	• Equity Marketing
	• Whitestone	

LISTA DE CLIENTES DA INDÚSTRIA DE CALÇADOS

- Adidas (Estados Unidos, Europa, Ásia)
- Nike (Estados Unidos, Ásia)
- New Balance (Estados Unidos)
- Reebok (Estados Unidos, Europa, Ásia)
- Fila (Estados Unidos, Europa)
- Ecco Design (Estados Unidos, Europa)
- Stride Rite (Estados Unidos)
- Spalding (Estados Unidos)
- Rockport (Estados Unidos)
- Timberland (Estados Unidos)

- Wolverine (Estados Unidos)
- Doc Martens (Europa)
- Alsa (Europa)
- Gabor (Europa)
- Kurt John (Europa)
- Clark (Europa)
- Regra Design (Europa)
- Pou Chen (Ásia)
- Feng Tay (Ásia)
- ASICS (Ásia)

O número de designers industriais era um dado de entrada-chave para o TAM. Assim, tivemos que determinar o orçamento por designer de cada cliente, o que exigiu números adicionais, assim como algumas suposições e cálculos. Começamos vendo quanto os clientes estavam gastando hoje em um produto digital similar, porém inferior, ou o que eles estavam gastando para simplesmente executar o trabalho sem um produto digital. Embora houvesse outros custos nos quais o cliente poderia incorrer, como enviar e escanear os produtos físicos, ciclos do produto prolongados e iterações adicionais, focamos quanto o cliente gasta por designer; esse foi um dado pontual mais fácil de colocar na tabela e pareceu representar melhor nosso potencial de mercado.

Cada cliente orçou uma bancada de argila para cada designer, que quando totalmente equipada custa aproximadamente $20 mil por unidade nos Estados Unidos e na Europa, com um ciclo de substituição de cinco anos. Cada cliente também orçou uma estação de trabalho digital e software para cada designer, custando cerca de $15 mil nos Estados Unidos e Europa, e tinha um ciclo de substituição de três anos. Ambos os custos seriam substituídos pelo produto da SensAble. (Descobrimos que esses dois itens geralmente custam menos para as empresas que compram para designers na Ásia, como mostra a Tabela 4.2.)

Também incluímos uma estimativa da taxa de crescimento anual com base em nossa pesquisa de mercado primária. Ainda que não tenha afetado diretamente o cálculo do TAM, foi um dado pontual, útil para as futuras etapas, que pudemos coletar facilmente durante essa rodada de pesquisa. E um número de crescimento positivo é um bom indicador de oportunidade de mercado saudável.

CALCULE O TAMANHO TOTAL DO MERCADO ALCANÇÁVEL (TAM) PARA O MERCADO "CABEÇA DE PRAIA" • 65

Tabela 4.2   Cálculo do TAM para o Mercado de Cabeça de Praia da SensAble Technologies

	Estados Unidos	Europa	Ásia
Designers/Escultores Industriais (Brinquedos)	1.500	1.000	1.000
Designers/Escultores Industriais (Calçados)	750	500	500
Taxa de Crescimento Anual Estimada	8%	8%	8%
Pesquisa de Mercado Inicial:			
Preço por bancada de argila	$20 mil	$20 mil	$15 mil
Preço por estação de trabalho digital	$15 mil	$15 mil	$10 mil
Vida útil das bancadas de argila físicas	5 anos	5 anos	5 anos
Vida útil das estações de trabalho digitais	3 anos	3 anos	3 anos
Despesa anual por designer (com base na suposição de que cada designer teria uma bancada de argila e uma digital, e que podemos substituí-las por nossa oferta)	$9 mil	$9 mil	$6.333
Cálculo do TAM:			
Designers/Escultores Industriais (Brinquedos)	$13.500.000	$9 milhões	$6.333.333
Designers/Escultores Industriais (Calçados)	$6.750.000	$4.500.000	$3.166.667
TAM Total para o Cabeça de Praia ($/anos)	$20.250.000	$13.500.000	$9.500.000

OnDemandKorea

Um grupo de alunos do MIT notou uma oportunidade de mercado muito simples. Um bom número de colegas e amigos que nasceram na Coreia e viviam nos Estados Unidos estava particularmente interessado em ficar atualizado com as notícias e programas de sua terra natal. Uma das melhores maneiras de fazer isso era assistir a novelas coreanas. Os alunos notaram que muitos visitavam sites nos quais podiam assistir a versões ilegais e de baixa qualidade desses programas. Com suas informações, habilidades técnicas e conexões, os alunos estavam confiantes de que poderiam criar um site que exibisse um vídeo com qualidade muito melhor e dentro da legalidade. A analogia seria o iTunes comparado com o Kazaa ou a versão original do Napster.

Então, a equipe construiu com zelo seu Perfil do Usuário Final, como pode ser visto na Figura 4.1. Eles pesquisaram vários coreanos nos Estados Unidos. O primeiro número descoberto foi um censo de 1,7 milhões de pessoas; mas era um número baixo, como acontece com muitos censos de imigrantes. Esses números não incluem os alunos internacionais e outros que não se registraram no censo. Uma pesquisa online, maior e mais profunda, revelou artigos sugerindo que haveria 2,5 milhões deles, contagem que os negócios que atendiam essa comunidade consideravam mais precisa. Embora o número fosse bom para conhecer e avaliar a longo prazo, a pergunta mais relevante para a equipe era: "Quantos desses coreanos realmente entram nos sites que viram seus amigos coreanos usarem?"

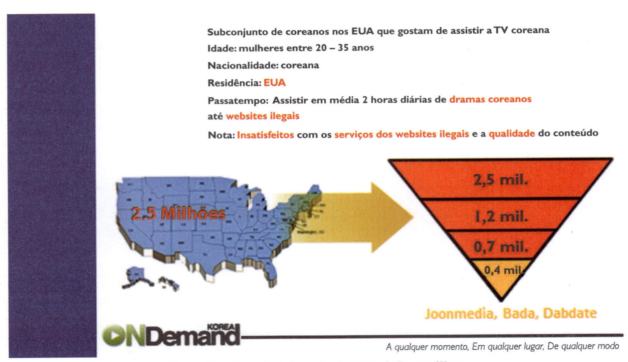

Figura 4.1   Exemplo de tamanho do TAM: OnDemandKorea.

Para resolver o problema, a equipe trabalhou para identificar os 89 sites (incluindo Joonmedia, Bada e Dabdate) que disponibilizavam ilegalmente novelas coreanas nos Estados Unidos. Depois, usaram o serviço de internet Compete para determinar a quantidade de tráfego que cada site recebia. O tráfego total para esses endereços eletrônicos era de 1,2 milhões de usuários exclusivos. Eles estavam validando que já havia um mercado aqui. Mas estavam longe de terminar!

Em seguida, a equipe fez testes para saber quantos usuários eram mulheres, em relação aos homens, pois o Perfil do Usuário Final era uma mulher com idade entre 20 e 35 anos. Depois de efetuarem muitos testes, a equipe começou a ter segurança de que a proporção era de 60:40 (percentual de usuários mulheres para homens nesses serviços). Isso restringiu a base para 720 mil usuários finais em potencial. Mais testes descobriram que cerca de 55% da base de usuários estava na faixa etária de 20 a 35 anos. Isso resultou em 400 mil usuários finais que se adequavam ao Perfil do Usuário Final da equipe.

Esse é um excelente ponto de partida para calcular o TAM, porém, a questão não termina aqui. O TAM não é um número de clientes, mas de dólares (ou reais) por ano. Portanto, para completar o cálculo do TAM, a equipe precisou determinar quanto os 400 mil clientes em potencial pagariam em um ano.

Com essa finalidade, a equipe decidiu utilizar um modelo de anúncios. Essa foi uma base de clientes tão bem definida e atraente que quando a OnDemandKorea fez o trabalho que sabia que podia fazer, a empresa atraiu uma clientela bastante fiel, que passava pelo menos uma hora por dia em seu site. Com essas informações, a equipe pesquisou as taxas de propaganda em potencial e estabeleceu $1,25 por mês, por usuário, como um alvo razoável. Eles não presumiram nenhuma outra receita para que a equipe pudesse adotar um posição conservadora. Isso se traduz em $15 por ano, por usuário. Quando multiplicado por 400 mil clientes primários, chega-se a um TAM para o cabeça de praia de $6 milhões por ano.

Embora possa não parecer um mercado muito estimulante para algumas pessoas, especialmente para as grandes empresas, em virtude dos baixos custos e altas margens da empresa, era um mercado cabeça de praia suficiente para eles conseguirem um fluxo de caixa positivo. Também era um modo de criar capacidades críticas e uma massa crítica para a empresa começar. Eles estavam confiantes de que assim que conquistassem esse mercado poderiam expandir e aumentar a receita por cliente com novas ofertas ou simplesmente expandir drasticamente seu mercado adicionando legendas em chinês com muito pouco custo. Assim que dispusessem das legendas em chinês teriam confiança em sua pesquisa de que os chineses que vivem nos EUA adotariam rapidamente as novelas coreanas também. Quando tivessem sua cabeça de praia, haveria muitos modos de crescer, mas o cabeça de praia tinha que ser grande o bastante para que eles obtivessem um fluxo de caixa positivo e conseguissem uma massa crítica.

Esse é um bom exemplo de como fazer um bom cálculo do TAM para um novo empreendimento de risco B2C (sigla em inglês para "business to customer", ou seja, transações comerciais efetuadas diretamente entre uma empresa e o consumidor final).

RESUMO

O TAM representa a receita anual que você acumularia se conseguisse 100% da fatia do mercado. Isso é usado apenas para seu primeiro mercado cabeça de praia. Uma análise de baixo para cima, na qual você pode mostrar quantos clientes em potencial foram identificados em sua pesquisa de mercado inicial e extrapolaram para um mercado mais amplo, dará uma imagem mais precisa de seu mercado. Complementando isso, porém muito menos convincente por si só, é uma análise de cima para baixo, na qual você está trabalhando com relatórios de análise do mercado e extrapolando sem interação e validação diretas. Com frequência, muitas sutilezas importantes são esquecidas nas análise de cima para baixo; portanto, você precisa de ambas.

ETAPA 5

Trace o Perfil da Persona (Cliente Arquetípico) para o Mercado "Cabeça de Praia"

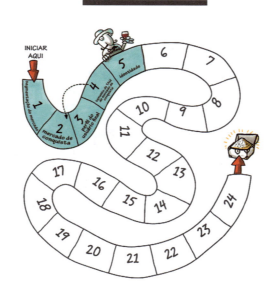

NESTA ETAPA, VOCÊ:

- Escolherá um usuário final a partir de um cliente em potencial para ser sua Persona;
- Criará uma descrição detalhada dessa pessoa real;
- Tornará a Persona visível para todos no novo empreendimento para que seja referenciada continuamente.

A Persona assegura que todos estejam claramente focados no mesmo alvo.

Uma das etapas mais divertidas e unificadoras do processo de 24 Etapas é desenvolver a Persona. Diferentemente do Perfil do Usuário Final na Etapa 3, que é composto por uma pessoa que representa seu cliente-alvo, a Persona é um construto arquetípico, uma representação aprimorada do cliente primário do mercado cabeça de praia. A Persona que você está criando é um usuário final de um cliente em potencial que exemplifica melhor seu Perfil do Usuário Final. É uma espécie de cliente ideal. O processo de definir uma Persona para seu mercado cabeça de praia torna tangível seu cliente-alvo para que todos os membros da equipe de fundação, e todos os funcionários, tenham absoluta clareza e foco sobre o objetivo de tornar seu cliente-alvo bem-sucedido e feliz. Em vez de adivinhar ou debater sobre o que seus clientes em potencial podem querer, a Persona responde essas perguntas definitivamente.

As pessoas com um conhecimento em marketing provavelmente estão familiarizadas com o conceito de Persona, usando um nome genérico como Maria ou João para compor o que a equipe de marketing acredita ser o cliente arquetípico. É o que as pessoas fazem na HubSpot, que foi extremamente útil. Não obstante, mesmo que uma Persona genérica possa ser útil, é melhor pressionar o processo ainda mais. A Persona deve ser uma pessoa real, não uma composição.

Ao escolher um usuário final real como sua Persona, ele se torna concreto, não deixando margem para dúvidas. Seu cliente-alvo está contente com o sistema de educação de sua região? O cliente-alvo estaria interessado em um filhote? O cliente-alvo prefere um ecossistema de software fechado, como aquele que o iPhone da Apple fornece, ou um ecossistema aberto, como o sistema operacional móvel Android? Ou seu cliente-alvo simplesmente deseja verificar o e-mail com segurança em qualquer lugar? Você pode debater essas perguntas internamente, mas se sua Persona for uma pessoa real, haverá apenas uma resposta certa.

Nenhum usuário final representa 100% das características de cada um em seu Perfil do Usuário Final. Mas quando você trabalhar para definir a Persona, conseguirá descobrir alguém que coincide muito bem com o perfil. Então, focará o desenvolvimento do produto em torno desse indivíduo, em vez do Perfil do Usuário Final mais geral.

COMO ESCOLHER E CRIAR O PERFIL DE SUA PERSONA

O processo de criação de uma Persona é importante, portanto, você deve envolver todos os principais membros de sua equipe, independentemente das funções no grupo. Os membros da equipe envolvidos nessa ação, mesmo que não pensem que têm muito para contribuir, acabarão desfrutando, adotando e extraindo muito valor do processo de criar a Persona. Eles sentirão ter controle e compreenderão as nuances da Persona que não podem ser escritas, e terão o reconhecimento dos outros membros da equipe e suas perspectivas.

Se você já tem vendas, uma análise dos clientes mais bem-sucedidos até o momento seria um dado muito valioso e um bom ponto de partida. Se não vendeu nenhum produto ainda, então, veja a pesquisa de mercado inicial já feita e analise alguns clientes que mostraram mais interesse em sua oferta em potencial. Verifique se eles realmente pagariam por ela e não estão "apenas interessados". Há uma grande diferença.

Você quer responder à pergunta: "Se eu tivesse apenas um usuário final para representar nosso Perfil do Usuário Final, quem seria?" O Perfil do Usuário Final se constitui em um bom início. A Persona deve estar em conformidade com esse perfil enquanto também fornece detalhes mais específicos.

Você e sua equipe devem considerar a pesquisa de mercado inicial obtida com alguns desses clientes, assim como o Perfil do Usuário Final, e discutir os prós e os contras de tornar cada cliente a Persona. Feita a análise, você escolherá um deles para ser a Persona, sabendo que pode mudar mais tarde quando obtiver mais informações. Não passe muito tempo se preocupando se tem a Persona perfeita; apenas faça o melhor e inicie o processo.

Depois, prepare uma ficha informativa sobre a Persona com base nas informações já colhidas. Inclua um desenho ou fotografia do indivíduo. Normalmente, você desejará incluir dados sobre a vida da pessoa — nascimento, criação, educação, família, idade etc. — , assim como a respeito do trabalho dela — qual empresa, quantos anos de casa, treinamento, gerentes, salário, análise de desempenho se for uma B2B (sigla em inglês para "business to business", ou seja, transações comerciais efetuadas entre empresas) e outras. Todas essas informações devem ser específicas — não apenas se ela tem um salário com cinco dígitos ou mora no nordeste do país, mas se ganha $65 mil por ano e mora em uma cidade específica. Ao preparar uma ficha informativa, sua equipe também identificará os principais fatos específicos do negócio que você desejará incluir para a Persona ser útil para você.

Na ficha informativa você usará o nome real do usuário final. Pode causar certo arrepio utilizar um nome real, portanto, se você não se sentir confortável, use um apelido. Em geral, assim que as pessoas compreendem a finalidade e a função da Persona, elas não têm problemas para usar um nome real, pelo menos para uso interno na empresa.

O mais importante: você deve listar os Critérios de Compras da Persona na Ordem de Prioridade, pois essas prioridades ditarão quais decisões de compra a Persona toma. A maior prioridade é a preocupação que tira o sono da Persona. É algo que ela tem mais medo ou fica mais entusiasmada. É o que fará com que seja demitida ou promovida e, geralmente, é a coisa mais visível que poderá dar certo ou errado. É fundamental entender como seu cliente prioriza suas necessidades e desejos. Você desenvolverá essa lista ao longo das 24 Etapas. Uma lista fornecida pelo usuário final fará você começar, mas ao entrevistar seus usuários finais você não pode acreditar necessariamente em tudo que contam; é necessário validar o que dizem. Normalmente, o usuário final realmente acredita no que está dizendo, mas na realidade tomará atitudes muito diferentes.

Agora que você identificou quais fatos tem e não tem, entreviste novamente o usuário final, que é a Persona (provavelmente você já encontrou o indivíduo pelo menos uma vez durante sua pesquisa de mercado inicial), e preencha as lacunas com o que sabe. Permita que a conversa seja franca, porque você aprenderá fatos extras que são relevantes para sua Persona. Adicione essas informações à ficha informativa em outra reunião de equipe para assegurar que todos estejam no mesmo ponto e que nenhum detalhe crítico tenha sido omitido nem negligenciado. Vá além do que sua Persona diz e observe com cuidado todos os detalhes sobre ela também. A mesa dela está organizada? Tem fotos no escritório? Quais roupas usa? Há características particularmente estranhas, como nossa Persona Pedro Silva (Tabela 5.1), que ainda usa um bipe? Esses detalhes geralmente são os mais informativos.

Assim que tiver concluído a ficha informativa, resuma algumas áreas-chave em uma folha de papel pardo ou outra folha de papel grande, e cole-a na parede para que sua equipe não se esqueça do objetivo (Figura 5.1). Algumas empresas fazem um recorte em papelão da Persona e o mantém no escritório. Outras empresas de ponta criam uma versão eletrônica da Persona ao tomar decisões importantes para discutirem sobre qual seria a perspectiva da Persona no assunto.

Figura 5.1 Tornar a Persona visual significa que todos em sua equipe estarão mais engajados no processo e manterão a Persona em mente.

Tabela 5.1 Persona Pedro Silva

Gerente de Recursos, Centro de Dados NE da IBM, em Littleton, MA

Ambiente	• Agora tem mais de 20 mil servidores Blade, crescendo 15% por trimestre nos últimos dois anos e em um futuro próximo.
Informações Pessoais	• É da segunda geração na América (os pais são da Irlanda).
	• Nasceu em Medford, Massachusetts.
	• Escola Medford até Faculdade Comunitária de Middlesex.
	• Mudou-se para Winchester.
	• Família com duas crianças (12, 15).
	• Fez 40 anos este ano.
Contexto da Carreira	• Metade da carreira, 18 anos, na IBM e não pretende sair.
	• É técnico, no sentido de ser especialista técnico, não no sentido do desenvolvimento da Engenharia.
	• É focado na manutenção e sua formação profissional é relevante.
	• Ele está no trabalho atual há cinco anos e teve três gerentes diferentes, mas espera continuar no trabalho nos próximos cinco anos, pelo menos.
	• O caminho de promoção é gerenciar mais instalações.
	• Ganha $65 mil por ano e tem potencial para um bônus de 5% no final do ano, com base no desempenho geral da unidade e em sua contribuição, como determinado por seu chefe, o gerente do centro de processamento de dados.
	• Qualificado para um aumento de salário a cada ano, com base em sua avaliação (pode ser entre 0 e 12%).
	• Tem sido classificado com 1 ou 2 (em uma escala de 1 a 5, na qual 1 é o melhor) em sua revisão de desempenho anual, com confiabilidade e apoio do crescimento da unidade comercial como duas métricas-chave com as quais é classificado.

Fontes de Informação	• Ele prefere pessoas a sites quando procura informações e respostas para as perguntas.
	• Pertence à AFCOM (Associação para Profissionais do Gerenciamento do Centro de Processamento de Dados) e consegue muitas informações com ela, gosta especialmente de ir à conferência Data Center World no início de outubro de cada ano, em Las Vegas.
	• A segunda maior influência é o Uptime Institute.
	• Começou a procurar a Green Grid, mas não ficou impressionado.
	• Também está enviando e-mails sobre um blog (Hamilton and Manos) que outros gerentes de recursos influentes estão começando a ler e recentemente foi marcado em favoritos.
Critérios de Compra na Ordem Priorizada	1. Confiabilidade (maior prioridade)
	2. Crescimento (alta prioridade)
	3. Custos (prioridade média)
	4. "Verde" (baixa prioridade — crédito extra)
Outros Itens Dignos de Nota	• Dirige uma picape Ford F-150 e sempre compra carros norte-americanos
	• Usa um bipe que está sempre ligado
	• Ouve música country
	• Costuma ser bombeiro voluntário e tem orgulho disso. Ele toma decisões equilibradas quando há uma crise, usando seu treinamento para agir rápido e apagar incêndios.

A PERSONA É MAIS DO QUE APENAS UM EXERCÍCIO

O valor da Persona persiste além da conclusão desta etapa. A Persona deve tornar-se um ponto de contato quando você pensa sobre as decisões que estão por vir. Quais recursos deve priorizar? Quais descartar? Como deve alocar os recursos? Quem você deve contratar para vender o produto? Qual deve ser sua mensagem? Com quem você deve fazer parceria? Aonde você vai para encontrar seus clientes? Quem está influenciando a mentalidade de seu cliente sobre seu produto?

O processo de responder a essas perguntas começa a fazer com que a equipe se alinhe e resolva os mal-entendidos ligados à ocorrência de comunicações imprecisas. Assim que a Persona é configurada, também é útil manter esse alinhamento avançando. Se feito com eficiência, ajudará a orientar todos os tipos de decisão e criará uma visão consistente na empresa.

Você pode descobrir que cometeu erros ao desenvolver a ficha informativa da Persona ou que esta não representa adequadamente o Perfil do Usuário Final e, portanto, pode precisar retroceder e rever a Persona de uma maneira iterativa nas etapas posteriores. Isso não só é bom, como também altamente recomendado, e é um exercício produtivo.

O ponto é que a Persona criada não é um evento único, mas deve ser visível ou, pelo menos, acessível para todos os membros da equipe quando vocês avançarem no negócio. Deve ser sua estrela-guia.

DEVO CRIAR VÁRIAS PERSONAS? EM CASO AFIRMATIVO, QUANDO?

Como analisamos na Etapa 1, ao falarmos sobre como definir "clientes", as empresas de natureza semelhante ao eBay e Google devem realmente começar com duas Personas. Isso não é devido à falta de foco, mas ao fato de que seus negócios centrais são mercados bilaterais; desse modo, precisam de uma Persona para cada mercado. Por exemplo, quando o eBay iniciou seu site de leilões, teria tido uma Persona para o comprador e uma completamente diferente para o vendedor. Igualmente, o Google, no início, deve ter tido uma Persona para seu usuário-alvo da pesquisa e outra para seu comprador-alvo dos anúncios.

O Google e o eBay são tão grandes hoje que têm muitas identidades para combinar com muitas áreas de seu negócio, e os empreendedores, algumas vezes, gostam de apontar as duas empresas como motivos pelos quais as startups podem ter várias Personas. Você não tem esse luxo, portanto, não se engane com o que as grandes empresas fazem com as Personas. Foque na sua Persona; ou se tiver um mercado multilateral, uma para cada lado dele.

A PERSONA AJUDA A FOCAR O QUE FAZER — E O QUE NÃO FAZER

O exercício da Persona pode ainda ser estendido para criar personas a que você decide não atender explicitamente. Tal exercício pode ajudar a focar e não se distrair de seus recursos preciosos. Você pode até conversar sobre como lidar com esses clientes e redirecioná-los com eficiência. É muito difícil e requer prática para que empreendedores recusem negócios, mas é exatamente esse tipo de foco que permitirá a você criar um negócio dimensionável e lucrativo. Geralmente, no empreendedorismo, seu sucesso é muito mais determinado por aquilo que você não faz do que por aquilo que faz.

EXEMPLOS

Persona dos Sistemas Mecânicos para Filtrar Água (B2B)

A equipe trabalhando nesse projeto idealizou um sistema de filtragem de água que pensou ser mais bem implantado em um mercado cabeça de praia de refrigeração dos centros de processamento de dados, especialmente nas grandes empresas ou em entidades de imóveis que gerenciam grandes centros de processamento compartilhados por vários clientes. O TAM foi calculado como sendo de $50 milhões por ano, com uma taxa de crescimento anual composta de 20%. Era, por esse motivo, um mercado atraente e devidamente dimensionado, mas que, por outro lado, também atrairia concorrentes muito rapidamente. Assim, a equipe precisava estar focada e conquistar logo o mercado.

No início, a equipe pensou que o usuário final fosse o gerente do centro de processamento de dados, mas sua pesquisa de mercado primária descobriu que o usuário final real era o gerente de manutenção, que se reporta ao gerente do centro de processamento. O gerente de manutenção também controlava o orçamento relativo à compra de um sistema para filtrar água. Depois de meia dúzia de entrevistas com os gerentes de manutenção nesses centros de processamento de dados, a equipe começou a ter uma ideia clara do usuário final.

Finalmente, a equipe decidiu que um dos usuários finais em potencial, Pedro Silva, representava melhor o gerente de recursos para quem ela estava tentando vender. (*Mudei seu nome e alguns detalhes para proteger sua identidade.*) A equipe o escolheu porque havia conversado com muitos clientes e sentiu que ele representava muito bem a base de clientes. Ele também era alguém a quem a equipe tinha pronto acesso para fazer perguntas continuamente. Depois de conversar com muitos clientes, pareceu ser um processo natural e fácil, porque um padrão tinha surgido e Pedro Silva se encaixava muito bem no tema recorrente. (Tabela 5.1.)

Observe como você pode visualizar bem Pedro Silva com esses detalhes.

As informações sobre Pedro Silva ajudam a equipe a entender pressões sociais e incentivos que ele enfrenta. (Havia, de fato, muito mais coisas que a equipe sabia sobre Pedro Silva, que forneceram uma compreensão muito mais profunda de sua psiquê, mas resumi os principais pontos aqui para abreviar.) As informações de sua carreira ajudam a compreender os incentivos de seu desempenho — promoções, salários e reconhecimento — e como ele está estabelecido na empresa. A equipe também entende onde ele consegue suas informações, o que é importante porque Pedro Silva examinará nessas fontes qualquer coisa que a equipe lhe contar.

Essas não são generalizações nem suposições baseadas em estereótipos. Elas são baseadas em conversas diretas com Pedro Silva e outros usuários finais que validaram as observações para o mercado cabeça de praia. Nem todo bombeiro voluntário se identificará com Pedro, mas muitos gerentes de centros de dados nesse mercado cabeça de praia terão uma mentalidade semelhante, mesmo que não tenham um bipe ou não sejam bombeiros voluntários (embora um número surpreendente deles o seja).

As prioridades de Pedro em tomar decisões de compra são especialmente importantes para a equipe. De início, a equipe acreditava que sua única proposta de venda era ser ecologicamente correto, mas sua pesquisa de mercado primária mostrou que Pedro Silva se importava mais, muito mais, em ser confiável do que reduzir sua pegadas de carbono. Com certeza, havia muito a conversar sobre os "centros de processamento de dados verdes", mas era do tipo "bom ter", não "precisa ter". A maior prioridade de Pedro Silva é impedir a inatividade do centro de processamento, porque seus clientes (líderes em suas próprias empresas) e os clientes dos clientes (os clientes finais pagantes) esperavam que o centro de processamento fosse tão confiável quanto a concessionária de energia elétrica. Se o sistema ficasse inativo, o telefone de Pedro Silva tocaria imediatamente e não seria agradável. Na verdade, poderia ser o CEO de sua unidade comercial, que geralmente era gentil, mas que ficava irado quando o sistema se tornava inativo. Esse era o maior medo de Pedro Silva na vida e ele faria o que fosse necessário para assegurar que não houvesse falhas.

Depois de evitar a inatividade do centro de processamento de dados, atender aos objetivos de crescimento da unidade comercial era a prioridade número dois, uma vez que o gerente geral da unidade era uma pessoa muito influente que queria aumentar os números e continuar sendo promovido. Isso poderia ser feito se o centro de processamento continuasse a crescer. Se Pedro Silva não atendesse a esses objetivos de crescimento, a pressão diminuiria no gerente da unidade comercial e iria para o gerente dele (o gerente do centro de processamento de dados), então, Pedro Silva correria o risco de ser substituído.

A terceira prioridade de Pedro era não ultrapassar o orçamento, algo que impactaria a revisão de seu desempenho. Muito provavelmente ele seria demitido por causa da confiabilidade abaixo do padrão ou por não atender aos objetivos de crescimento, mas ficar dentro do orçamento era importante também. Na verdade, se ele fizesse um ótimo trabalho com as duas prioridades anteriores, o nível de exigência seria menor na terceira.

Os problemas ambientais ficaram em quarto lugar em suas prioridades. Ele tinha que ser conservador nos problemas ecológicos e faria um e-mail anual para seu gerente e novo "guru verde" do centro sobre as etapas ecológicas que estava realizando, mas se sair bem nos problemas ambientais seria encarado do mesmo modo que um aluno que se depara com um problema valendo créditos extras em uma prova — é bom ter, mas não é o objetivo principal.

SensAble Technologies

Na SensAble, tivemos uma Persona, embora ela não se enquadrasse bem em nosso Perfil do Usuário Final. Chamaremos nossa Persona de Eduardo Cardoso (não era seu nome real), que era, na verdade, o gerente dos designers. Ele tinha 40 anos, aproximadamente 10 anos mais velho que o perfil-alvo, mas entendia e tinha empatia com os designers. Ele era jovem de espírito para sua idade, mas também tinha bastante perspectiva para nos dar respostas significativas quando fizemos perguntas. Como no exemplo anterior, ele não só tinha uma profunda especialização, como também entendia as considerações racionais, emocionais e sociais de nosso usuário final, porque era desse grupo e ainda vivia profundamente nesse território. Era fundamental, também, que tivéssemos uma ótima relação com ele. Quando tínhamos perguntas sobre o desenvolvimento do produto (por exemplo, a prioridade e o valor de recursos específicos) ou vendas e marketing (por exemplo, preço, mensagem, processo de tomada de decisão), e não conseguíamos descobrir as respostas com base na descrição de nossa Persona, simplesmente ligávamos para ele para perguntar.

O perfil de Eduardo Cardoso é mostrado na Tabela 5.2.

É interessante que, após todos esses anos, ainda posso ver a pessoa, seu cabelo branco e estrutura corporal. De fato, ao escrever este livro, fui capaz de fazer a descrição abaixo de cabeça, uma vez que ele, aparentemente, fazia parte de nossa família.

Tabela 5.2 Identidade de Eduardo Cardoso

Nome	Eduardo Cardoso
Função	Gerente de Escultura, P&D da Boy's Toys, Hasbro, Pawtucket, Rhode Island.
Idade	40 (ele é 10 anos mais velho que os desenvolvedores com os quais convive; mas se encaixa bem no grupo e é considerado um deles — eles são quase todos rapazes —, mesmo sendo o supervisor deles).
Renda	$73,5 mil (ele tem o salário mais alto no grupo, em uma boa margem, devido ao tempo de serviço; ele esteve na Hasbro por 14 anos, foi sempre um excelente funcionário e foi promovido gradualmente).
Escolaridade	Universidade Estadual do Missouri — bacharel em Belas-Artes e Ciências: Escultura e Anatomia (ele admira em segredo a Escola de Design de Rhode Island [RISD] — tem graduação, mas não é como chegou aqui).
Pessoal	Tem uma namorada, mas não fala em casamento; parece ser casado com o trabalho. Ele tem um filho de um relacionamento anterior, mas não mora com ele; muitos de seus amigos são homossexuais.
Promoção da Carreira	É pouco provável que ele seja mais promovido, porque não gosta de gerenciamento e esse não é seu ponto forte. Ele espera ganhar mais dinheiro para acompanhar a inflação; mas, em grande parte, simplesmente adora seu trabalho e mora em Rhode Island com pessoas criativas — e, em sua idade, ter segurança no trabalho é bom.
Associações da Indústria	É, acima de tudo, um membro muito forte e ativo da Sociedade de Desenho Industrial da América (IDSA). Há reuniões locais pelas quais aguarda ansioso. Podem ser épicas, em parte por causa do conteúdo relevante, mas ainda mais porque ele consegue passar o tempo com pessoas do RISD, da Faculdade de Desenho do Centro de Artes de Pasadena e afins, e conversar a noite toda sobre as últimas novidades de arte e design. Há reuniões nacionais também e, algumas vezes, ele vai para a grande conferência SIGGRAPH (geralmente realizada em Los Angeles), em que há ótimas festas.

Música	Seu grupo ouve artistas tecnopops, como Thomas Dolby; embora não adore, ele gosta.
Socialização	Sua vida social geralmente gira em torno do trabalho. Ele gosta de se encontrar com designers; mas como não têm muito dinheiro, quando vão a bares eles tomam vinho (não cerveja) e degustam a bebida para que dure. Eles têm pouca renda disponível, então precisam ter muito cuidado para não ficar sem dinheiro. O interessante é que eles provavelmente usam mais drogas sintéticas (por exemplo, ecstasy) do que perdem o controle ficando bêbados. Nos bares que frequentam em Providence, ele e seus amigos geralmente vestem preto. Também é comum usarem *piercings* e joias e terem tatuagens discretas. Mas, sempre, suas vidas giram em torno de arte e conversar sobre arte.
Heróis	Milton Glaser, John Lasseter (Disney e Pixar) e Steve Jobs.
O Que o Motiva	Criar ótimos produtos e vê-los no mercado com seu design.
Do que Tem Mais Medo	1. Ter que sair da Hasbro porque ela foi comprada ou algo pior. Isso não é igual para os outros designers, apenas para ele. 2. Lançar um produto que ele acha uma droga porque não teve tempo de fazer do jeito certo. 3. Ter seu design arruinado por engenheiros depois de enviar para eles.
Prioridades	1. Tempo de lançamento no mercado. 2. Ser capaz de expressar seu design. 3. Ter certeza de que seu design não será perdido quando os engenheiros se apoderarem dele.

RESUMO

O processo de desenvolver uma Persona fornece detalhes específicos sobre o cliente principal em seu mercado de conquista. Agora, você está vendendo não para um "perfil do usuário final", mas para um indivíduo específico. Sua equipe inteira deve estar envolvida no processo para assegurar que todos estejam no mesmo ponto e realmente entendam a Persona e, assim, possam manter um foco baseado no cliente. Um detalhe importante a entender sobre a Persona é seu Critério de Compra na Ordem Priorizada. Você realmente deve entender seu cliente e o que o faz vibrar, não apenas em um nível racional, mas nos níveis emocional e social também. Quanto mais você entende necessidades, comportamentos e motivações de sua Persona, mais bem-sucedido será ao criar um produto e um novo empreendimento para lhes atender. Assim que tiver uma imagem ou visual da Persona e completar a ficha informativa, deixe-a visível em sua empresa para que todos trabalhem voltados ao mesmo objetivo comum.

ETAPA 6

Caso de Uso do Ciclo de Vida Completo

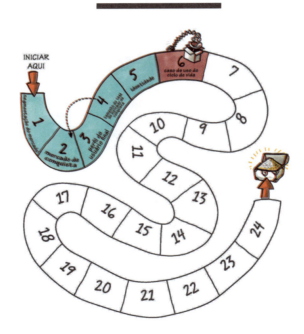

NESTA ETAPA, VOCÊ:

- Descreverá em detalhes como sua Persona descobre o produto, adquire-o, usa-o, obtém valor com ele, paga por ele e compra mais e/ou informa outras pessoas sobre ele;
- Entenderá por que este caso de uso expandido é importante para identificar e resolver problemas de modo mais oportuno e eficiente em relação ao custo;
- Ganhará esclarecimento e alinhamento extras com sua equipe detalhando os vários aspectos do Caso de Uso do Ciclo de Vida Completo.

Construir um Caso de Uso do Ciclo de Vida Completo foca mais a discussão no que especificamente seu produto fará para seu cliente... e o que seu cliente fará com ele.

Agora que você reuniu uma grande especificidade sobre o usuário final e está focado no cliente-alvo, terá que coletar detalhes igualmente específicos sobre como essa pessoa usará o produto. Você construirá um "caso de uso" (nome dado na engenharia de software a um texto que descreve uma unidade funcional), mas ele será mais extenso do que a definição tradicional.

Você deve determinar como seu produto se encaixa na cadeia de valor da Persona. Quais são os principais pontos de interação? Por que os clientes desejariam exatamente adquirir o produto? Quais barreiras podem surgir para a adoção? O Caso de Uso do Ciclo de Vida Completo deve incluir não apenas como o cliente usará o produto, mas também os processos de aquisição (inclusive o pagamento pelo produto) e de suporte após a instalação. Para concluir totalmente a análise, seria muito valioso entender se e quando o usuário compraria seu produto novamente.

Em vez de simplesmente descrever como sua Persona usará seu produto, você também deve detalhar como o usuário final conclui que ele precisa do produto. Então, determine como ele adquire o produto e, finalmente, como você será pago por ele. Você começará mapeando o processo do início ao fim para sua Persona, então checará se ele é consistente com outros clientes em potencial também. O modo mais fácil de começar é mapeando como sua Persona usa o produto assim que é adquirido. A partir daí, mapeie os casos de aquisição e de suporte após a aquisição.

Mais uma vez, você usará a pesquisa de mercado inicial. É fundamental, nesse processo, que você veja seu produto através dos olhos do cliente, e não dos seus. Quando empreendedores veem o Caso de Uso do Ciclo de Vida Completo através dos próprios olhos, tendem a superestimar muitas coisas. Em primeiro lugar, superestimam o entusiasmo que o cliente tem pelo produto. Além disso, eles geralmente têm uma confiança exagerada em relação àquilo que o cliente ganhará usando seu produto e a facilidade que será usá-lo. Esse tipo de Caso de Uso do Ciclo de Vida Completo é em geral fictício e não leva em conta o fato de que o usuário tem muitas prioridades conflitantes e pode não estar particularmente interessado em correr o risco de integrar um novo produto de uma nova empresa em sua cadeia de valor. Sem fazer um Caso de Uso do Ciclo de Vida Completo, você não notará qualquer problema até que o volume dos pedidos diminua e você fique lutando para conseguir clientes novos ou repetidos.

O QUE INCLUIR EM UM CASO DE USO DO CICLO DE VIDA COMPLETO

O Caso de Uso do Ciclo de Vida Completo primeiro deve explicar como a Persona determina que suas necessidades existentes não estão sendo atendidas pelos produtos disponíveis e como a Persona descobriria seu produto. Como você vem fazendo uma pesquisa de mercado inicial ampla, provavelmente sua Persona descobriu sobre o produto durante a pesquisa, portanto, você deve detalhar como a Persona teria ouvido falar sobre ele, caso seja um possível cliente completamente novo.

É útil delinear o fluxo de trabalho atual do cliente, porque conhecendo-o é mais fácil integrar seu produto na operação. Os clientes que geralmente estão satisfeitos com seu fluxo de trabalho raramente desejarão reformular radicalmente o processo, mesmo que seu produto forneça vantagens em relação ao sistema atual.

Os seguintes fatores são todos partes essenciais do Caso de Uso do Ciclo de Vida Completo:

1. Como os usuários finais determinarão que têm necessidade e/ou oportunidade para fazer algo diferente.
2. Como descobrirão seu produto.
3. Como o analisarão.
4. Como irão adquiri-lo.
5. Como instalarão seu produto.
6. Como o usarão (em detalhes: veja o exemplo Satisfação, posteriormente).
7. Como determinarão o valor ganho com seu produto.
8. Como pagarão por ele.
9. Como receberão suporte por seu produto.
10. Como comprarão mais produtos e/ou os divulgarão (espera-se, de modo positivo).

O Caso de Uso do Ciclo de Vida Completo deve ser visual, usando diagramas, fluxogramas ou outros métodos que mostrem uma sequência.

EXEMPLOS

A Seção "Como Usarão Seu Produto" de um Caso de Uso: Satisfação

A indústria da hospitalidade vive e morre pela qualidade do serviço ao cliente. Desde hotéis até restaurantes e salas de espetáculos, as vendas e o lucro de um local caem rapidamente se os clientes não estão satisfeitos quando saem. Os gerentes regionais com muitos locais para supervisionar têm os problemas aumentados porque precisam assegurar a satisfação de um grande número de clientes. Os gerentes regionais estão procurando constantemente ferramentas para medir com mais precisão e rapidez a satisfação do cliente para seus ambientes específicos.

Nesse sentido, uma equipe de alunos teve a ideia de aproveitar a presença cada vez mais generalizada dos smartphones para fornecer um feedback de pesquisa em tempo real para os negócios. Depois de sua pesquisa de mercado inicial, determinaram que a maneira mais rápida e financeiramente eficiente de fazer a empresa decolar seria visar um grupo específico de empresas de alimentos que atendiam a universidades. A ideia da equipe era criar cartazes com uma imagem das ofertas de alimentos disponíveis no dia e colocá-la na saída do estabelecimento. Sob cada imagem, havia dois códigos QR (do inglês Quick Response, que significa Resposta Rápida) que permitiam ao cliente registrar facilmente sua aprovação ou desaprovação de uma opção de comida. Em tal cenário, as empresas de alimentos poderiam ter um feedback instantâneo sobre seu menu. A equipe de alunos preparou um caso simplificado de uso (Figura 6.1), detalhando como o cliente usaria seu produto.

1) A gerência cria uma ou mais pesquisas no website da Pessoa que Satisfaz

2) O banner/panfleto é colocado em um local-chave

3) Os clientes classificam sua experiência usando smartphones

4) Os resultados ficam imediatamente disponíveis no website da Pessoa que Satisfaz

Figura 6.1 Caso de uso de satisfação.

Este é um recorte facilmente compreendido do Caso de Uso do Ciclo de Vida Completo que pode ser apresentado para os clientes finais em potencial para obtenção de feedback. A equipe pensou sobre como seu produto seria usado pelo cliente para criar valor. O exemplo a forçou a ser específica sobre muitas coisas que poderiam ser encobertas. A equipe incorporou não apenas o que era seu produto (na Etapa 7) e quem era a Persona (na Etapa 5), mas agora pôde detalhar como tudo interagia e como a história inteira terminaria. Houve um aprendizado sobre as principais pessoas e funções que era preciso considerar. Isso gerou compreensão e alinhamento comuns na equipe em relação ao problema sendo resolvido e como o produto o resolveria.

Tal caso de uso pode parecer óbvio, mas é muito mais difícil que as equipes antecipem, e é sempre um ponto de contato valioso quando você avança. Esse caso de uso, embora útil, é incompleto no sentido de que omite muitos elementos iniciais (Como seu cliente descobriu o produto e decidiu testá-lo?) e elementos finais (Como o cliente paga por seu produto, consegue atendimento para ele e, finalmente, ajuda a gerar uma continuação para seu negócio comprando mais produtos e/ou gerando o boca a boca para sua empresa?). Porém, é onde a maioria das empresas começa para depois construir o antes e o depois.

Um Caso de Uso Mais Robusto: FillBee

Outra equipe de alunos estava procurando revolucionar a experiência de compra de móveis possibilitando ver como ficaria qualquer combinação de mobília em sua casa antes de comprar. Com uma sofisticada plataforma de apresentação em 3D, que capta as dimensões de sua casa ou apartamento, um mundo seria criado, onde o usuário poderia utilizar um computador para experimentar as diferentes peças da mobília antes de comprá-las. Conceitualmente parecia ótimo, mas, em geral, o que funciona conceitualmente não funciona na realidade.

A FillBee iniciou o desenvolvimento de seu caso de uso mapeando a perspectiva da Persona sobre como as pessoas compram móveis atualmente.

Um ponto crítico fundamental no processo de aquisição de mobília — o fato de que, às vezes, o móvel não cabe na casa do usuário e precisa ser devolvido — é mostrado claramente na Figura 6.2. Para chegar a esse ponto, a equipe passou por muitas iterações visuais com uma equipe multidisciplinar. Trabalhando no sentido contrário, a FillBee identificou "pesquisar + planejar" como a etapa na qual as melhorias podem ser feitas em relação a medir os cômodos e o móvel. O produto da FillBee também condensa determinadas etapas, como "pesquisar + planejar", "procurar" e "comprar" em um processo online, em vez de uma combinação de processo presencial/online.

A FillBee também é um bom exemplo de produto que tem um mercado bilateral, no qual os compradores e vendedores de mobília são seus clientes. Portanto, a equipe criou um Caso de Uso do Ciclo de Vida Completo para cada lado do mercado. A equipe demonstrou, em sua etapa "como usarão seu produto" para a Persona do comprador, como ligar a Persona a cada etapa do processo usando muitos detalhes

CASO DE USO DO CICLO DE VIDA COMPLETO • 87

Figura 6.2   Pesadelo da FillBee na Rua de Decoração (exemplo do Caso de Uso do Ciclo de Vida Completo antes da nova solução ser implementada).

para mostrar detalhadamente como a Persona do comprador, Amanda Phillips, usaria o produto. Quanto mais detalhes fornecidos, mais fácil será encontrar pontos fracos ou falhas no plano, com base em seu conhecimento da Persona. Quanto mais profundo seu conhecimento da Persona, melhor será sua análise. Essa análise deve aumentar seu nível de confiança e será muito mais eficiente em relação ao custo do que tentar corrigir os problemas depois.

Como se pode ver na Figura 6.3, o caso de uso da FillBee é rico em detalhes. É claro que a equipe passou muito tempo com a Persona. Quando Amanda diz que gostaria de usar o sistema e está querendo pagar por ele, não se refere a termos conceituais, mas entende as particularidades do que está concordando em contratar.

88 • EMPREENDEDORISMO DISCIPLINADO

Várias Opções de Configuração Inicial para Facilitar o Uso
Para começar, os Consumidores podem:
1.) Iniciar com modelos com forma de cômodos padrão
2.) Inserir as dimensões do cômodo
3.) Iniciar com um layout de cômodo pré-carregado
4.) Transferir duas imagens do cômodo
5.) Transferir um vídeo de 360° do cômodo

Mobília de Vários Varejistas
Os consumidores não devem ficar limitados a um ou dois varejistas locais. Com o Mercado da FillBee, os Consumidores podem:
• selecionar a mobília pelo tipo
• arrastar e soltar o item escolhido
• repetir as etapas anteriores até terem criado
  o cômodo perfeito

Atrito Reduzido na Verificação
Na FillBee, os Consumidores podem:
• usar o Diagnóstico da FillBee para
  otimizar o gasto
• exibir descontos e cupons em uma
  tela agregada
• concluir uma compra por meio de
  um processo de verificação, ao invés
  de vários revendedores

Amanda Phillips

1 Design
2 Mobília
3 Colaborar
4 Aprender
5 Comprar

Design com o Grupo
Os recursos sociais e de colaboração da FillBee permitem que os Consumidores:
• compartilhem os processos de
  tomada de decisão e design com seus
  amigos e familiares
• acompanhem as últimas tendências
  em design e decoração
• consigam ajuda de um
  Designer Profissional

O Recurso de Retorno em Tempo Real Ajuda os Consumidores a Tomarem Decisões Mais Bem Informadas
O Diagnóstico da FillBee realizará um teste fundamental automatizado no layout que os Clientes criam, fornecendo-lhes:
• recomendações personalizadas com base no uso anterior do Cliente e histórico de compras
• alertas centrados no design automatizado, como recomendações de espaço entre itens da mobília
• um mecanismo de classificação automatizado que fornece classificações com base na
  métrica de design e dos custos

Figura 6.3   Caso de Uso Amanda Phillips da FillBee; bom, mas ainda faltam alguns elementos iniciais e finais.

RESUMO

Criar uma representação visual do ciclo de vida completo de seu produto permite ver de que modo o produto se encaixará na cadeia de valor do cliente e quais barreiras podem surgir para a aprovação. Apenas mostrar como o cliente usa o produto (a definição típica de "caso de uso") não fornecerá uma imagem precisa o bastante para entender totalmente quais obstáculos surgirão ao tentar vender seu produto para o cliente-alvo.

ETAPA 7

Especificação de Alto Nível do Produto

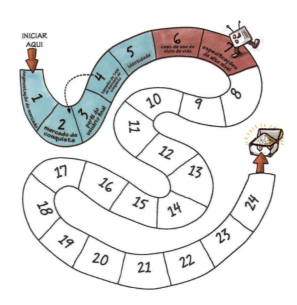

NESTA ETAPA, VOCÊ:

- Criará uma representação visual de seu produto;
- Focará nos benefícios de seu produto provenientes dos recursos, não apenas nos recursos em si.

Definir a Especificação de Alto Nível do Produto nesse momento assegura que ele seja mais focado no cliente-alvo e também que todos concordam com o que "ele" é.

Já estamos na Etapa 7 e só agora começamos a esboçar como será seu produto. Até agora, definimos completamente seu cliente, o que ele precisa e como usará o que você deseja vender para ele, mesmo que os detalhes reais do produto ainda estejam bem confusos. Tudo começa a mudar agora. Você começará criando uma definição geral do produto. E continuará a aprender mais e aprimorar a definição do produto ao longo das etapas restantes.

Os tradicionalistas argumentariam que esta etapa está vindo tarde demais no processo, entretanto, se você começar definindo o produto em vez de aprender sobre seu cliente, provavelmente o produto não se conectará com as necessidades dele. Mesmo que você acredite saber o que deve ser o produto, sempre comece com as necessidades do cliente e daí passe para o produto. Assim, você está ajustando seu produto ao mercado cabeça de praia específico no qual será capaz de conseguir uma fatia de mercado, em vez de tentar forçá-lo em um mercado e vê-lo ficar perdido em um contexto grande e geral.

CRIANDO UMA ESPECIFICAÇÃO DE ALTO NÍVEL DO PRODUTO

Uma Especificação de Alto Nível do Produto é, basicamente, um desenho. É uma representação visual do que será seu produto quando ele finalmente for desenvolvido com base no que você sabe neste ponto do processo. É algo que você desenha sem entender todos os detalhes subjacentes, mas que adquire consenso em sua equipe sobre aonde vocês estão indo.

É incrível o quanto o exercício de desenhar o que será seu produto força uma convergência na equipe e acaba com os mal-entendidos. Isso pode parecer fácil, mas com muita frequência os empreendedores acham mais difícil fazer do que pensavam inicialmente conforme os problemas e desacordos vão surgindo na equipe. Agora é hora de resolver qualquer problema, porque se você encontrá-los depois de ter criado seu novo empreendimento e não houver um total alinhamento quanto ao produto final, o custo será muito mais alto e muito tempo será perdido com ineficiências.

Se o produto for um software ou um site, esboços sequenciais deverão ser feitos mostrando o fluxo lógico do usuário de uma tela para outra. Se for um hardware, então, os diagramas serão úteis. O segredo aqui é ter algo concreto e específico o bastante para sua equipe entender completamente. Ao aprimorar o produto (com muitas iterações com o cliente-alvo), você terá uma compreensão comum do que é o produto.

Neste estágio, o produto não tem que, e quase certamente não deve, ser produzido, pois isso trará custos desnecessários e criará algo ao qual sua equipe ficará apegada demais. Mantenha-o em alto nível e não se distraia nesse ponto. Não só você terá mais gastos se criar o produto neste estágio como também isso resultará em uma distração imediata, e a equipe começará a focar as coisas erradas, como as particularidades da tecnologia.

Essa representação visual simples do produto pode, agora, também ser compartilhada com os clientes em potencial, gerando imediatamente uma compreensão clara de seu produto. Você não está vendendo o produto, mas apenas interagindo com os clientes para entender melhor os pontos fortes e fracos de sua especificação. Isso é muito importante. Ainda há muito para aprender antes de você ter certeza de que tem o produto certo e de que sabe como criá-lo, precificá-lo e distribuí-lo.

Essa especificação do produto mudará com o tempo e será aprimorada, como muitas outras etapas neste livro.

ENTÃO, FAÇA UMA BROCHURA DO PRODUTO

O processo de identificar e esboçar sua Especificação de Alto Nível do Produto é fortalecido através da descrição dos vários recursos do produto, explicando como esses recursos se traduzem em função e, o mais importante, esmiuçando os benefícios que o cliente obtém de cada um. Sempre seja específico sobre o que está oferecendo e como cada componente da oferta beneficia o cliente. Por que o cliente-alvo precisa do seu produto?

Algumas pessoas sugeriram que, a essa altura, fosse elaborado um breve comunicado, de não mais de uma página, sobre o produto. Embora isso possa ter vantagens parecidas, prefiro a abordagem de fazer uma brochura para seu produto. Vise a brochura na Persona e desenhe o trabalho feito nas etapas da Persona e do Caso de Uso do Ciclo de Vida Completo (Etapas 5 e 6), assim como a representação visual do produto que você já criou.

Fazer uma brochura ajuda a ver seu produto do ponto de vista do cliente, além de fornecer um referencial concreto para testar com o cliente (Figura 7.1). Em outras palavras, obriga você a ver seu novo empreendimento na perspectiva do cliente. Também permite validar suas ideias e descobrir se está no caminho certo. Em geral, quando os empreendedores começam a descrever as funcionalidades, ficam focados demais. Criar uma brochura ajuda a evitar essa armadilha.

EXEMPLOS

Altaeros Energies

Os alunos na Altaeros começaram com a ideia de criar uma turbina eólica, alta o bastante para ter um vento consistente e ancorada em uma plataforma no oceano. Conceitualmente, parecia simples, mas quando a equipe tentou explicar para as outras pessoas na sala, os instrutores e clientes em potencial, encontrou muitas perguntas em relação ao que isso significava exatamente em termos de implementação. Foi difícil ter uma conversa significativa. A equipe, então, criou uma imagem do que seria o produto e descobriu que mesmo dentro da equipe não havia concordância sobre como ele seria. Finalmente, a equipe propôs a imagem vista na Figura 7.2. No final do processo, tinham uma compreensão comum do produto e podiam usar facilmente sua especificação como base para uma pesquisa do cliente mais aprofundada.

Figura 7.1 O processo da inovação em espiral de um produto pode ser muito acelerado fazendo-se uma brochura —, mas não ficando preso demais a ela. É uma ferramenta para focar o processo de captura de conhecimento.

Bufê de Beisebol

Descrevi pela primeira vez este site com o tema de beisebol na Etapa 3, baseado na ideia de que os jovens com idades entre 25 e 34 anos ganhando mais de $75 mil eram um grupo demográfico muito atraente, que poderia ser conquistado durante horas por dia se tivessem um site focado em uma de suas paixões básicas — esportes virtuais. O conceito era legítimo e atraente em muitos níveis como um negócio em potencial. A equipe desenvolveu uma Persona clara, mas tinha um Caso de Uso do Ciclo de Vida Completo mais fraco, portanto, criou a Especificação de Alto Nível do Produto, em parte para fornecer clareza ao caso de uso.

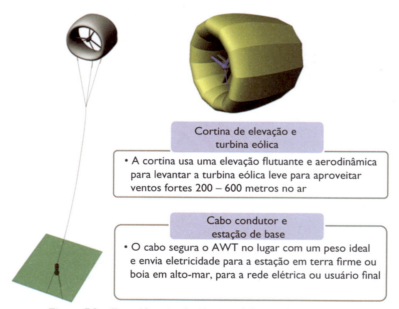

Figura 7.2   Especificação de Alto Nível do Produto: Altaeros.

Uma captura de tela do site da equipe é mostrada na Figura 7.3. A equipe planejou criar uma única fonte para todas as notícias sobre beisebol que seriam de interesse para um usuário específico. A "base nacional", como se pode ver, é apenas uma das três guias exibidas na homepage, que também tem uma "base local" e uma "base pessoal". A equipe desenvolveu apresentações das bases local e pessoal, então, usou-as para ensaiar sua ideia com os clientes em potencial, conseguindo um feedback muito específico sobre o que os clientes gostaram ou não.

Não havia nenhum código subjacente para essas telas naquele momento, porque isso não era necessário para alcançar seu objetivo de esclarecer a oferta do produto. Se a equipe tivesse usado tempo e dinheiro para codificar um site, a codificação teria gastado o dinheiro de forma pouco inteligente, uma vez que a equipe não tinha ainda uma definição clara do produto e tinha que ser flexível com o feedback do cliente. Para colocar em termos técnicos, ainda havia oscilações demais no sistema e ele não tinha atingido ainda uma condição estável na qual pudesse ocorrer um desenvolvimento eficiente.

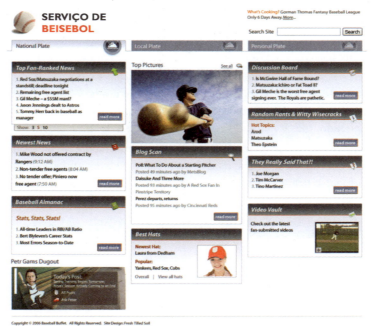

Figura 7.3   Base nacional do bufê de beisebol.

Minha colega Elaine Chen, professora assistente do MIT, argumentaria que o design do site tinha detalhes demais e que as pessoas se distrairiam com as imagens reais ou cores, em vez de focarem recursos, funções e benefícios do produto. Elaine recomendaria usar uma ferramenta visual, como o Balsamiq[(R)] Mockups, para focar o fluxo de trabalho, ficando no nível fundamental em vez de entrar nas minúcias como fez a equipe, porque isso pode distrair e ser contraproducente.

SensAble Technologies

Nossa solução de "argila digital", que chamamos de FreeForm, incluía hardware (o PHANToM físico) e software. Na nova bancada de modelagem de argila digital, o hardware não era o item fundamental, pois poderíamos imaginar o hardware ficando menor e mais estilizado. Até sentimos que poderíamos contratar a produção desse componente, se quiséssemos. Essa foi a parte relativamente fácil. A parte difícil seria projetar o software, então, foi isso que focamos.

Assim, o objetivo era fazer um produto que tivesse a facilidade de uso da argila, mas também os benefícios de ter arquivos digitais para que os desenhos pudessem ser salvos, modificados e enviados eletronicamente para o mundo inteiro; atualizações e aperfeiçoamentos também poderiam ser fornecidos aos usuários.

Começamos a desenvolver a Especificação de Alto Nível do Produto como um conjunto de slides do PowerPoint de um modo menos preciso do que o exemplo do Bufê de Beisebol anterior. Mostramos as ferramentas que os designers usavam na época, então, mostramos como o conjunto de ferramentas não só seria replicado, mas expandido com nossa bancada de modelagem de argila digital (Figura 7.4).

Também haveria menus suspensos que permitiriam ao usuário selecionar digitalmente os materiais, as ferramentas, o manipulador final (em inglês, "end effector": é o nome dado, em robótica, ao dispositivo conectado na extremidade de um braço robótico) e se um modelo seria usado (Figura 7.5). Isso facilitou muito focar e testar a viabilidade de algumas ideias concretas conosco mesmo, assim como com clientes em potencial.

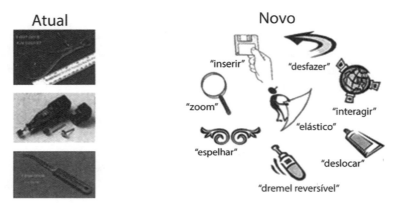

Figura 7.4 A SensAble substitui e expande o conjunto de ferramentas atual.

ESPECIFICAÇÃO DE ALTO NÍVEL DO PRODUTO • 97

Seleções do Usuário

Materiais:
- Argila Macia
- Argila Média
- Argila Dura
- Espuma Azul
- Resina
- Metal
- Outro

Ferramentas:
- Esculpir
- Faca Quente
- Empurrar/Puxar
- Deslocar
- Dremel
- Marcar
- Outra

Manipulador Final:
- Ponto
- Esfera
- Triângulo
- Quadrado
- Meia Elipse
- Grancho
- Outro

Modelo:
- Sim
- Não

Figura 7.5   Seleções do usuário SensAble.

Outra captura de tela mostrava um estúdio de argila, com um pedaço grande de argila no centro e menus suspensos acima, para mostrar aos designers a interface que eles usariam para moldar sua argila digital.

Nossa Especificação de Alto Nível do Produto nos permitiu ter um bom feedback de nossos clientes. Nosso produto final parecia muito diferente, mas a especificação ainda era bem-sucedida porque precisávamos de um ponto de partida para testar e iterar. Essa descrição de produto fácil de construir das principais partes de nossa solução não levou muito tempo, foi um ótimo exercício para construir e era uma ferramenta de comunicação maravilhosa quando terminada.

Exemplo de Brochura: Suprimento Vitalício

Nesse exemplo, havia dois programadores empreendedores, Max Kanter e Colin Sidoti, que estavam desenvolvendo um plano para um novo empreendimento, chamado "Suprimento Vitalício", segundo o qual os clientes poderiam adquirir um suprimento vitalício de qualquer produto oferecido. A ideia original era que um jovem próspero, Ivan, o Banqueiro Investidor, não queria fazer compras, mas sabia que precisaria de meias esportivas brancas para o resto de sua vida, e esse produto não mudaria. Assim, o novo empreendimento seria remunerado para fornecer a Ivan esse serviço eternamente.

Assim que eles começaram a pesquisar, rapidamente ficou claro que torná-lo um negócio de assinatura era uma ideia muito melhor, no qual os dois lados tinham a opção de renovar anualmente e o preço poderia ser ajustado. Com uma especialização inteligente de preços e logística, isso poderia ser um negócio real. Eles estavam confiantes de que poderiam criar um site e um aplicativo móvel. Era importante ser acessível pelo celular, porque em sua pesquisa de mercado inicial eles descobriram que a conveniência era a atração maior do serviço. Se os clientes pudessem simplesmente pedir com um toque no celular, esse conceito se tornaria muito mais valioso. Portanto, criar um site e um aplicativo era a parte fácil. O que exatamente criar e como fazer as pessoas comprarem o serviço era mais difícil.

Depois de alguma análise e de conversar com muitos clientes em potencial, eles escolheram os pais dos alunos como seu mercado cabeça de praia, pois eles tinham meios financeiros para comprar a assinatura e um grande interesse em apoiar e manter contato com seus filhos, especialmente nas áreas de higiene pessoal. Eles começaram a descrever seu produto para essa clientela-chave de uma maneira fácil e eficiente com uma brochura, mostrada nas Figuras 7.6 e 7.7.

A Figura 7.6 mostra a parte externa da brochura produzida.

A Figura 7.7 mostra a parte interna da brochura, que é um design desdobrado em três.

Você pode perceber que o exercício de criar essa brochura forçou a equipe a esclarecer muitas perguntas. Quais são os benefícios para o aluno? Quais sãos os benefícios para os pais? Quais são os produtos que o Suprimento Vitalício oferecerá? Como devemos começar a pensar no preço? Entretanto, ao escolher incluir o preço, a equipe criou um detalhe com o potencial de se distrair e atrair os clientes em potencial. Se os clientes discordarem dos preços apresentados poderão ficar menos propensos a dar um feedback sobre a ideia principal do empreendimento de risco, que é a de fornecer suprimentos para estudantes em uma base do tipo "tudo que você puder usar".

Como você notará, não há imagens do site ou do aplicativo Suprimento Vitalício real. Eles já tinham criado capturas de tela e esboços sequenciais de como as pessoas usam o produto, mas os detalhes sobre cada página web que o usuário veria não eram importantes nessa brochura. Na verdade, a brochura pode ter sido mais útil do que os esboços sequenciais ao determinar exatamente o que seria o produto. A oferta do produto final para o Suprimento Vitalício parece muito diferente do que a brochura mostra, porque ela iniciou um processo saudável de iteração para que a equipe chegasse à melhor oferta do produto.

Como Funciona

Assinar
Escolha o que você precisa e pague uma vez no semestre

Enviar e Reenviar
Solicite mais a qualquer momento sem custo extra

Envio Gratuito
Enviamos seus produtos para sua porta gratuitamente!

Por Que Comprar?

É superconveniente
- Parar de perder tempo indo à loja
- Focar em estudar mais e divertir-se

Fique abastecido
- Não se preocupe em ficar sem o que precisa
- Acesso ilimitado a qualquer produto em seu Suprimento

Ótimos produtos
- Oferecemos uma grande variedade das principais marcas
- Novos produtos adicionados ao Suprimento mensalmente.

Mais cinco motivos para os pais
1. Seu filho amará você
2. Enviamos lembretes pelo celular
3. A roupa íntima suja é repulsiva
4. Custa menos que a taxa de ensino
5. Um dia, você precisará ser cuidado

Figura 7.6   Brochura do Suprimento Vitalício, parte externa.

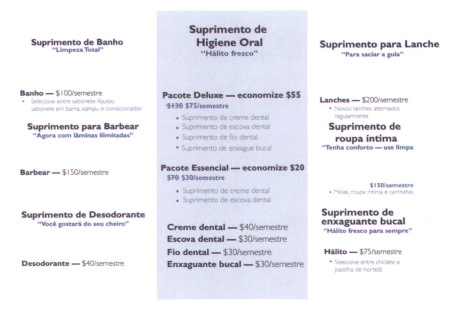

Figura 7.7 Brochura do Suprimento Vitalício, parte interna. A brochura original também incluía logotipos para marcas populares em cada uma das setes categorias de suprimento.

RESUMO

Fazer o layout visual do produto permitirá que sua equipe e clientes em potencial se concentrem em compreender o que é o produto e como ele beneficia os clientes. Ficar em um nível alto, sem detalhes demais nem um protótipo físico, permite uma revisão rápida sem investir muito tempo e recursos no início do processo de criação de seu novo empreendimento. Criar uma representação visual do produto provavelmente será mais difícil do que você pensa, mas colocará todos no mesmo ponto, o que provará ser extremamente valioso ao avançar. Uma brochura com recursos, função e benefícios para o cliente esclarece mais a oferta do produto e é um ótimo complemento para as imagens criadas.

ETAPA 8

Quantifique a Proposta de Valor

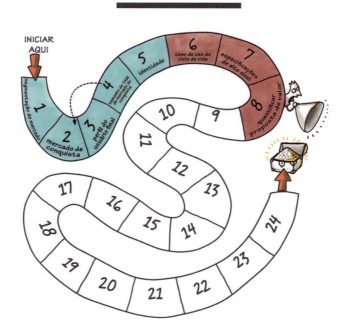

NESTA ETAPA, VOCÊ:

- Determinará como os benefícios de seu produto se transformam no valor que o cliente obtém do mesmo;
- Fará mensurações quantitativas (na maioria dos casos) para mostrar esse valor para o cliente.

A marcha implacável pela especificidade continua. A Proposta de Valor Quantificado fornece uma compreensão concreta dos benefícios mensuráveis que seu produto levará para os clientes-alvo.

"Quando você consegue mensurar o que está falando e expressá-lo em números, conhece alguma coisa sobre o assunto; mas quando não consegue exprimir em números... seu conhecimento é pobre e insatisfatório."

— *Lord Kelvin*

Sua Proposta de Valor Quantificado converte os benefícios que sua Persona obtém do produto em uma métrica tangível que se alinha com a maior prioridade da Persona, ou em algumas prioridades de casos.

Com frequência, os produtos têm muitos benefícios. Por exemplo, seu produto pode ajudar um cliente a simplificar um processo ou reduzir seu impacto ambiental, ou ajudar um negócio a vender mais os próprios produtos. Em uma visão simples do mundo, os benefícios ficam em três categorias: "melhor", "mais rápido" e "mais barato". O objetivo da Proposta de Valor Quantificado é expressar clara e concisamente como os benefícios de seu produto se alinham com o que seu cliente mais deseja melhorar.

A Proposta de Valor Quantificado foca o que os clientes em potencial desejam ganhar, em vez de entrar em detalhes sobre tecnologia, recursos e funções. Quando um cliente compra um produto, está se perguntando: "Que valor obtenho desse produto?" Os clientes devem justificar o investimento requerido para adquirir seu produto compensando isso com quanto dinheiro seu produto trará para ele ou como a vida dele vai melhorar de um modo que realmente importa.

ALINHANDO SUA PROPOSTA DE VALOR COM AS PRIORIDADES DA PERSONA

Você já identificou as maiores prioridades da Persona. Fez um gráfico do Caso de Uso do Ciclo de Vida Completo; portanto, entende como seu cliente usará o produto.

Agora, você criará uma proposta de valor focada nos critérios identificados como a maior prioridade da Persona. Se sua maior prioridade for o tempo de comercialização dos bens produzidos, e o valor de seu produto é que ele diminuirá o custo da produção, sua proposta de valor — "Nosso produto economiza $XX por mês" — não convencerá o cliente-alvo a comprar o produto. Sua proposta de valor não está alinhada com a maior prioridade dele, em consequência, comprar seu produto não será uma grande prioridade para o cliente-alvo e ficará perdida na pilha de coisas menos urgentes a fazer. Se seu produto também reduz o tempo de colocação no mercado, você deve focar a Proposta de Valor Quantificado nisso.

SIMPLIFIQUE: O ESTADO "COMO ESTÁ" VERSUS O ESTADO "POSSÍVEL" DE SEU PRODUTO

Assim que conhecer a prioridade de sua Persona, basta focar todos os esforços nesse fator. Estabeleça uma comparação simples do estado "como está", que não envolve o uso de seu produto, com o estado "possível", que você está confiante que existirá quando o cliente estiver usando sua solução. Nos dois casos, torne isso o mais quantificável possível. A diferença no valor entre eles é sua Proposta de Valor Quantificado. Simples assim. Não complique demais.

Quando você conseguir determinar sua Proposta de Valor Quantificado em uma frase, crie um diagrama de suporte mostrando o estado "como está" em comparação com o estado "possível" que ilustre visualmente o valor que seu produto tem para o cliente. Além disso, use as palavras do cliente em seu diagrama para que ele possa entender que o produto foi feito sob medida para ele — ou, pelo menos, para seu ramo de atividade.

Defina os estados "como está" e "possível" nitidamente, a ponto de qualquer cliente-alvo conseguir entender, concordar e discordar facilmente e, então, comente a avaliação. Isso também ajudará muito a entender profundamente a área-chave na qual seu novo produto adicionará valor e isso lhe dará credibilidade junto ao cliente.

Certifique-se de que os números no estado "possível" são aqueles que você tem total confiança de que seu produto pode atingir. Você não deseja ser agressivo demais e falhar em suas expectativas. Em geral, os empreendedores são enfáticos demais ao declarar como seu produto é útil para os clientes. Como resultado, eles não atendem às expectativas e perdem credibilidade. Mesmo que eles façam algo impressionante, esse valor é compensado por uma perda de credibilidade para o novo empreendimento. Seguir o mantra "prometa menos, entregue mais" é muito sábio, especialmente para os novos empreendimentos B2B (*business to business*, ou de empresa para empresa) que tentam estabelecer credibilidade, porque o ambiente B2B depende de revendedores estáveis e consistentes.

EXEMPLOS

SensAble Technologies

A Persona SensAble que selecionamos foi um designer industrial na indústria de brinquedos. A Persona também poderia ser aplicada à indústria de calçados, porque as duas indústrias são parecidas. A maior prioridade da Persona (particularmente porque era uma prioridade do gerenciamento da Persona, uma parte crítica do processo de tomada de decisão para comprar novos produtos) era o tempo de colocação de novos brinquedos no mercado. Para os novos brinquedos baseados nos personagens de filmes ou videogame em voga atualmente, menor tempo de lançamento significa menos tempo de execução antes de conseguir vender os brinquedos em uma oportunidade temporária. Para os novos brinquedos baseados em um filme, menor tempo de lançamento significa que a empresa pode reunir mais informações sobre o êxito que um filme pode ter antes de fabricar brinquedos para ele. (Os designers de calçados também priorizam o tempo de colocação no mercado, pois isso permite que eles lancem mais designs em um ano.)

Assim, primeiro determinamos o tempo médio de colocação no mercado para um novo brinquedo usando o software atual disponível. Tivemos o cuidado de ver o processo de desenvolvimento do modo como o cliente faz — nesse caso, o fabricante de brinquedos — usando as próprias palavras do cliente para descrever o processo. Interagimos com um fabricante de brinquedos até ele acreditar que estávamos certos; então, fomos para outro fabricante para ver se seu processo era parecido. Depois de um tempo, acreditamos que tínhamos definido um estado "como está" muito bom para o processo, que capturou a essência sem entrar nos detalhes insignificantes. Também validamos o processo com as empresas de calçados e descobrimos que ele era idêntico nas duas indústrias.

Em seguida, mapeamos quanto tempo cada estágio do processo levaria usando nosso produto (Figura 8.1), com base em nosso Caso de Uso do Ciclo de Vida Completo.

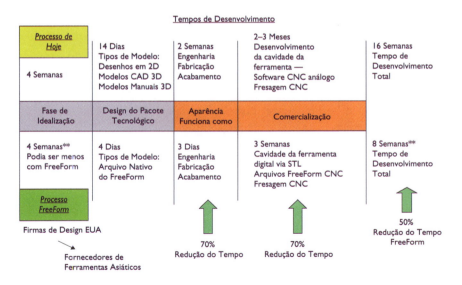

Figura 8.1   Proposta de Valor Quantificado da SensAble.

A redução de 50% no tempo de colocação no mercado que nosso produto oferecia pôde significar lucros aumentados em centenas de milhares e até milhões de dólares por brinquedo ou linha de calçado. Não tivemos que expressar nossa proposta de valor em dólares porque a quantidade real variava muito. E os fabricantes eram fluentes o bastante em seu processo para saber o que uma redução de 50% no tempo de colocação no mercado significa para eles. Os fabricantes podiam levar esse número para qualquer pessoa na empresa e ela entenderia o valor. Isso funcionou extremamente bem e é um excelente exemplo de Proposta de Valor Quantificado.

InTouch

Nem toda proposta de valor é um número bem definido. Um exemplo é a InTouch, um produto de hardware/software para as futuras mães de primeira viagem que queriam um nível maior de intimidade com o filho em gestação. O sistema seria um tecido ou cinto que a grávida usa, com sensores que leriam o batimento cardíaco e outros sinais vitais do bebê. O sistema pegaria todos os dados coletados, transferiria o algoritmo patenteado e indicaria se o bebê estava saudável, estimulado e feliz. Por exemplo, a mãe poderia ler para o bebê e ver se isso o deixava mais ou menos "contente". Ou poderia ser apenas para verificar o batimento cardíaco do bebê e sua saúde em geral.

Você pode considerar isso uma ideia pouco convencional (como a maioria), mas não importa, contanto que haja um mercado-alvo grande o bastante que ache esse conceito atraente e convincente e, acima de tudo, fique entusiasmado a ponto de ser motivado a pagar por tal produto.

A equipe sabia que as maiores prioridades da Persona eram ter segurança de que o feto estava bem e estabelecer uma intimidade com o bebê na gestação. A equipe determinou o estado "como está" para incluir monitores de batimento cardíaco caros e complicados, intuição imprecisa e imprevisível, ultrassons profissionais caros e inconvenientes, e consultas aleatórias e desconfortáveis ao "Dr. Google" online (Figura 8.2).

O estado "possível" era usar o produto inTouch — que, a essa altura, existia apenas como uma Especificação do Produto de Alto Nível — e ter uma intimidade profunda rapidamente. Eles não tiveram que quantificar o ganho de intimidade porque a representação visual dos estados "como está" versus "possível" repercutia nas mães de primeira viagem, que a validavam.

Meater

Esta equipe iniciou com a tecnologia do biossensor, que era muito melhor do que o que havia disponível no mercado, na época, em termos de tamanho, eficiência e preço. Ela passou pelo processo de determinar um mercado cabeça de praia adequado e decidiu pela indústria de criação de gado. A solução proposta era um biossensor que poderia ser fixado na orelha da vaca, muito parecido com o modo como as vacas são marcadas atualmente, para determinar uma doença logo em seu início. As vacas doentes identificadas precocemente poderiam ser separadas do rebanho, reduzindo as taxas de infecção e permitindo um tratamento mais eficiente das doenças devido à detecção mais precoce do que com os métodos atuais.

QUANTIFIQUE A PROPOSTA DE VALOR • 107

Figura 8.2   Exemplo da proposta de valor do inTouch.

A Persona, um fazendeiro, era basicamente orientada por dinheiro. A Persona não tinha nenhuma ligação pessoal com o gado; ganhar dinheiro o máximo possível era de longe sua grande prioridade.

Primeiro, a equipe determinou os aspectos econômicos atuais para um rebanho bovino típico (o estado "como está"), verificando com vários fazendeiros e aprimorando o procedimento até que tudo estivesse claramente válido e confiável. Então, a equipe determinou o estado "possível" usando seu produto, fazendo algumas suposições conservadoras que poderiam demonstrar com evidências de validade convincentes, depois, mostrando quanto dinheiro um fazendeiro economizaria usando seu produto (Figura 8.3). A diferença entre os dois era sua Proposta de Valor Quantificado. Isso poderia ser facilmente quantificado porque a grande prioridade da Persona era algo muito mensurável: o dinheiro.

Era uma Proposta de Valor Quantificado altamente específica e convincente que facilitou muito engajar e fechar rapidamente com o cliente-alvo para aquisição do produto. Também ajudará muito nas etapas posteriores, quando a equipe for determinar sua Estrutura de Modelo Comercial e Preço.

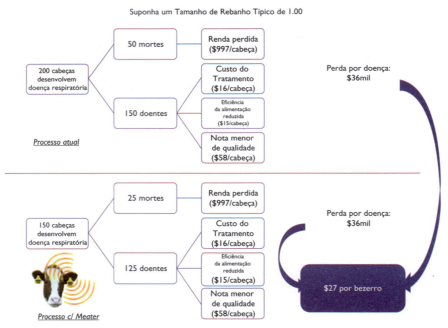

Figura 8.3   Comparação de perda por doença com o Meater.

RESUMO

A Proposta de Valor Quantificado é estruturada pela maior prioridade da Persona. Primeiro, você precisa entender e mapear o estado "como está" de um modo familiar para o cliente, usando o Caso de Uso do Ciclo de Vida Completo. Depois, mapeie o estado "possível" de uso do produto, indicando claramente onde o cliente recebe valor com base na maior prioridade da Persona. Um diagrama visual com uma página é melhor, porque o cliente pode ver facilmente a Proposta de Valor Quantificado e mostrar a outras pessoas para obter confirmação. Quando terminar, isso terá um imenso valor no processo de iniciar seu negócio; portanto, um esforço extra usado para otimizar isso vale a pena.

ETAPA 9

Identifique Seus Próximos 10 Clientes

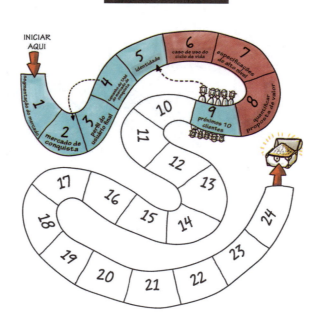

NESTA ETAPA, VOCÊ:

- Identificará pelo menos 10 clientes em potencial, além da Persona, que se encaixem no Perfil do Usuário Final;
- Contatará esses clientes para confirmar sua semelhança com a Persona e sua vontade de comprar o produto.

Identificar explicitamente os próximos 10 clientes depois da Persona aumenta o nível de confiança sobre estar no caminho certo e também pode ajudar a aprimorar as etapas iniciais.

Embora seja importante identificar e desenvolver uma Persona para representar seus usuários finais, você deve também identificar outros clientes em potencial para garantir o sucesso de seu produto. Isso aumentará drasticamente a confiança de que identificou uma oportunidade expansível, não apenas uma solução para um cliente, assim como sua credibilidade.

Um perigo em potencial de focar unicamente a Persona é que você pode criar seu negócio sendo específico demais, sem a capacidade de vender para outros clientes. Se a Persona for feita corretamente, isso não acontecerá. O cálculo do TAM foi o primeiro ponto de verificação para se proteger do hiperfoco; esta etapa é outra. E o resultado desta etapa, uma lista de 10 clientes em potencial além da Persona, será altamente benéfico para você quando avançar.

Nesta etapa você listará os 10 clientes com alto potencial que se encaixam no Perfil do Usuário Final e que são bem representados pela Persona. Então, você irá contatá-los para verificar e aprimorar sua pesquisa de mercado inicial. Primeiro, você precisa confirmar se eles são parecidos com a Persona. Depois, validará todo seu trabalho até o momento, como o Caso de Uso do Ciclo de Vida Completo, Proposta de Valor Quantificado, etc. Se tiver sucesso nessa etapa, poderá ter confiança significativamente maior de que seu negócio tem uma alta probabilidade de sucesso — e conseguirá convencer as outras pessoas, como os futuros sócios, funcionários, clientes, consultores e investidores. Se encontrar problemas nesta etapa, poderá retomar o processo e determinar onde estão as falhas em seu plano e saná-las antes de avançar mais.

Ao listar e entrevistar os 10 clientes em potencial, estará testando diretamente cada hipótese criada nas últimas oito etapas. Sua pesquisa de mercado primária foi projetada de modo que você esteja continuamente alinhado com as necessidades do cliente; mas este é seu primeiro grande "teste do sistema", no qual está apresentando ao cliente tudo que trabalhou até então, assim, você poderá encontrar um feedback negativo nessa etapa caso seu plano não esteja correto. Isso não só não é um problema, como também provavelmente é bom. É pouco provável que você tenha tudo certo neste ponto, portanto, se o único feedback obtido for "está tudo bem", é provável que o cliente não se importa muito com seu produto e seu valor para ele. Se o cliente der um feedback detalhado, mesmo que seja negativo, isso mostra que ele se importa com o problema que você está tentando resolver e que vale a pena interagir com ele para criar um bom produto.

Identificando explicitamente, e contatando seus primeiros 10 clientes, você diminuirá muito o risco de seu novo negócio, ficando em um caminho direto, focado e rápido para o sucesso.

COMO EXECUTAR ESTA ETAPA

1. Liste mais de 10 clientes em potencial (além de sua Persona) e inclua qualquer informação pertinente sobre eles a partir de sua pesquisa existente. Não há nenhum número definido de clientes que você deve listar, porque, às vezes, é possível concluir esta etapa

com uma lista de 12 clientes, e outras vezes será preciso listar de 20 a 30 clientes ou mais para conseguir os 10 que correspondam ao critério e que estejam interessados em seu produto. Cada um desses clientes deve ser parecido com a Persona; se não, reveja a lista e também sua seleção da Persona. É importante ter uniformidade na lista. Todos devem ser referências de compra poderosas entre si.

2. Contate cada um dos clientes em potencial em sua lista e apresente seu Caso de Uso do Ciclo de Vida Completo, Especificação de Alto Nível do Produto e Proposta de Valor Quantificado (Etapas 6 a 8). Certifique-se, durante as conversas, de agir no modo "consulta", não no modo "defesa/vendas", pois o último diminuirá a qualidade de suas interações. Determine se as necessidades e ideias do cliente estão alinhadas com o que você estabeleceu até o momento a partir da Persona, Caso de Uso do Ciclo de Vida Completo, Proposta de Valor Quantificado, Suposições do TAM etc. Valide especialmente com esses clientes a hipótese que você tem em relação às maiores prioridades de compra da Persona.

3. Se o cliente validar as hipóteses das etapas anteriores, agora será um bom momento para perguntar se ele consideraria fornecer uma carta de intenção para comprar sua solução, assim que esta ficar disponível. Você ainda está no modo "consulta", portanto, está perguntando: "Se uma empresa fosse oferecer este produto, você estaria interessado em comprá-lo?", em vez de "Você comprará este produto?". Se ele ficar muito entusiasmado, você poderá até pedir para ele pagar adiantado pelo produto, que é um nível fantástico de comprometimento. Porém, antes de pegar o dinheiro, certifique-se de que pode entregar o que ele deseja e também se não há nenhuma condição especial em seu pedido de compra que você não pode ou não deseja atender.

4. Se o feedback de um cliente não estiver exatamente alinhado com suas suposições, faça anotações e pense em como isso afeta sua análise. Não exagere em cada nova entrevista, mesmo que haja uma desconexão maior, a menos que você veja um padrão. Você saberá intuitivamente se há uma desconexão maior depois de algumas entrevistas.

5. Agora que fez contato com cada cliente, poderá ter novos dados. Nesse ponto, você poderá voltar e modificar suas suposições anteriores e determinar se deve contatar clientes adicionais. Seu objetivo final é uma lista uniforme dos 10 clientes que estão realmente interessados e alinhados com sua Persona e outras suposições.

6. Se achar que não consegue montar uma lista dos 10 clientes que estejam entusiasmados com sua Especificação de Alto Nível do Produto, então, pode ser necessário reconsiderar seu mercado cabeça de praia.

7. Embora esta etapa seja conceitualmente simples, contatar os clientes e obter informações requer uma quantidade considerável de trabalho, mas será valioso quando você avançar. Não compartilhe essa lista de clientes ou as informações reunidas com pessoas de fora da empresa.

A PERSONA ATUAL É VÁLIDA?

No processo de determinar os Próximos 10 Clientes, você está testando para garantir que sua Persona seja realmente uma representação útil e confiável do cliente-alvo. Se ela for um valor estatístico atípico em relação ao grupo de clientes-alvo, não será apenas uma fonte de informação ruim, mas também levará você a desenvolver um produto que seu cliente-alvo pode não querer. Ao validar a Persona você também pode descobrir outros traços interessantes que os clientes compartilham com ela, o que lhe permitirá rever a descrição da Persona para torná-la mais forte. Geralmente nessa etapa você descobre uma Persona ainda melhor do que aquela com a qual iniciou, o que é bom. Você está em uma espiral contínua para obter uma solução ideal.

LIDANDO COM UM FEEDBACK NEGATIVO

Nas 24 Etapas, sua finalidade não é concluir cada etapa com 100% de precisão, mas testar as hipóteses e aprender com os clientes em potencial. Obter resultados negativos é esperado, e como a equipe empreendedora responde a eles será um fator fundamental para o sucesso dela. Dessa maneira, se em qualquer etapa houver um feedback negativo, significando um feedback que não dá suporte às suas hipóteses, você recebeu informações valiosas de que pode haver um erro na pesquisa e nos dados usados até este momento. Na maioria dos casos, os resultados negativos em uma etapa não são o final do empreendimento, mas seguir em frente com um plano falho, baseado na esperança e não nos fatos, é uma receita para o fracasso.

"Mas por que devo ouvir os 'do contra'?", você deve estar perguntando, apontando para Steve Jobs ou outros empreendedores que conseguiram sucesso com métodos aparentemente contraproducentes. Os verdadeiros empreendedores veem possibilidades que as outras pessoas não enxergam e superam os obstáculos que os outros não conseguem. Porém, você não pode fazer com que um mercado exista, assim como não pode mudar as leis da termodinâmica. Até as personalidades mais poderosas com incríveis poderes de "distorção da realidade" não podem fazer isso, como a história mostrou com Dean Kamen e o Segway, ou mesmo com Steve Jobs na NeXT Computer. É aqui onde este processo centrado no cliente entra em cena.

EXEMPLOS

Captura de Metano dos Aterros

Uma equipe de alunos muito dinâmica e esperta estava elaborando um plano para um novo empreendimento que incluía criar uma tecnologia sofisticada para monitorar e captar metano nos aterros, reduzindo, assim, as emissões nocivas nesses lugares e convertendo-as em um combustível valioso para produzir eletricidade.

Ela realizou todas as etapas, incluindo a Análise de Mercado, Persona, Caso de Uso do Ciclo de Vida Completo e Proposta de Valor Quantificado. A equipe achava que tudo fazia sentido, mas teve que validar sua hipótese no mundo real.

Para tanto, foram listados os 10 aterros mais promissores, considerando localização, tamanho, estrutura de propriedade e outros fatores. Então, contatou-se a pessoa adequada em cada local e descobriu-se uma resposta muito positiva de 8 entre os 10. Na verdade, no final da reunião, a equipe conseguiu cartas de intenção com mais da metade deles, aumentando o grau de confiança de que a equipe estava no caminho certo (Tabela 9.1).

Neste caso, o processo funcionou sem falhas e os resultados foram extremamente estimulantes e validaram os planos da equipe.

Academia de Artes Virtuais: Um Exemplo de Mercado Bilateral B2C

Outro caso ilustrativo veio de uma equipe que propôs um conceito de fornecer treinamento de alta qualidade em artes para crianças de classe alta pela internet. A equipe fez sua pesquisa de marketing e montou uma lista de pais em Wellesley, Massachusetts. Ela aprendeu rapidamente que fazer pais de crianças ricas pagarem por tal serviço não era o problema. O aspecto mais desafiador desse mercado bilateral era identificar se os artistas ficariam entusiasmados em participar de tal oportunidade de negócio. A equipe tinha paciência para fazer isso? Tinha o equipamento? Precisava de dinheiro? Ela queria, era capaz e confiante o bastante para fornecer a oferta de instrutores para a demanda existente? Mesmo não sendo os clientes pagantes, pois seriam pagos pelo empreendimento, os artistas tinham que estar disponíveis para realizar os serviços necessários em um nível de preço que tornasse o novo empreendimento suficientemente atraente para que os fundadores o levassem adiante.

Enfrentando esse desafio, os fundadores aproveitaram suas redes, inclusive a mídia social, para encontrar um grupo de artistas em potencial e os entrevistaram. Eles documentaram suas entrevistas e começaram a ver o que haviam aprendido com cada uma.

O resultado final era que 8 entre 10 artistas em potencial estavam muito entusiasmados em participar da Academia de Artes Virtuais; os outros dois provavelmente podiam ser convencidos, mas a equipe não teve tempo para fazer a pesquisa. O processo de conversar com pessoas reais e assegurar que a Persona da equipe era precisa foi muito valioso. A equipe ficou muito mais confiante com seu novo empreendimento e muito mais focada nas etapas seguintes.

Tabela 9.1 Tabela dos Próximos 10 Clientes para a Captação de Metano

Proprietário do Projeto — Localização *(nomes alterados para este livro)*	Megawatts Totais Instalados	Nome/Informações para Contato *(nomes alterados para este livro)*	Contatado?
1 Waste Management — Nome da Cidade, Estado	9,8	Proprietário do local	S
2 Smith Waste Systems — Nome da Cidade, Estado	4,8	Proprietário do local	S
3 Energy Systems, Inc. — Nome da Cidade, Estado	18,4	Operador terceirizado	N
4 Waste Management — Nome da Cidade, Estado	16,8	Proprietário do local	S
5 Waste Management — Nome da Cidade, Estado	16,5	Proprietário do local	S
6 Energy Systems, Inc. — Nome da Cidade, Estado	12	Operador terceirizado	N
7 Waste Management — Nome da Cidade, Estado	9,8	Proprietário do local	S
8 Waste Management — Nome da Cidade, Estado	7,9	Proprietário do local	S
9 Smith Methane Group — Nome da Cidade, Estado	7,34	Operador terceirizado	S
10 Smith Waste Management — Nome da Cidade, Estado	6,9	Operador terceirizado/Proprietário do local	S

RESUMO

Identificar e entrevistar seus Próximos 10 Clientes assegura que a descrição da Persona e outras suposições sejam válidas para um grupo de clientes. Se você concluiu esta etapa corretamente e fez modificações nas outras, a partir do que aprendeu aqui, deve estar muito confiante para avançar e criar um plano para seu novo empreendimento.

ETAPA 10

Defina Sua Essência

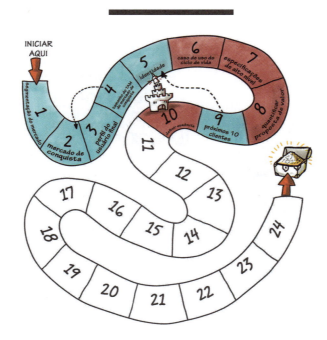

NESTA ETAPA, VOCÊ:

- Explicará por que seu negócio pode fornecer aos clientes uma solução que os outros não conseguem tão bem.

*Você precisa descobrir algo que o torne melhor que qualquer outra pessoa
ao produzir uma solução para seus clientes. Isso será as joias da coroa do novo empreendimento.*

Até agora você tem focado quase exclusivamente atender às necessidades de um cliente-alvo bem definido. A partir daqui começará a ver o futuro determinando o que torna seu negócio especial, qual é seu "ingrediente secreto".

A Essência é algo que permite entregar os benefícios que seus clientes valorizam com muito mais eficiência do que qualquer outro concorrente. Você está procurando aquela coisa única que dificultará o trabalho da próxima empresa que tentar fazer o mesmo. Pode ser uma parte muito pequena da solução geral, mas sem ela você não tem uma solução valiosa. O que você faz melhor que qualquer outra pessoa?

A Essência também dá certo nível de proteção, assegurando que você não terá muito trabalho para criar um novo mercado ou categoria de produto apenas para ver outra pessoa chegar e colher as recompensas com um negócio parecido. O que seu produto faz que seus concorrentes não conseguem reproduzir ou não conseguem com facilidade? Essa é sua Essência.

ALGUNS EXEMPLOS DE ESSÊNCIA

Determinar sua Essência é um exercício muito específico da situação. Requer muita consideração e pode haver várias opções para uma Essência. Em vez de prescrever como determiná-la, darei alguns exemplos de categorias que podem inspirar (ou tornar-se) sua Essência.

- **Efeito de Rede:** Se essa é sua Essência, você se torna o padrão conseguindo uma massa tão crítica no mercado que não faz sentido para os clientes em potencial usarem outro produto. O valor para o usuário desse produto entra na Lei de Metcalfe, que basicamente diz que o valor da rede para qualquer indivíduo nessa rede está exponencialmente relacionado ao número de usuários nela. A empresa com a maior parte dos usuários é a mais valiosa; daí, é lógico que novos usuários escolham essa rede. Como resultado, a rede se torna ainda mais poderosa; é um ciclo de feedback positivo. Os exemplos de negócios que conseguiram isso são o eBay (para compradores e vendedores), LinkedIn, Facebook e Google for Advertisers. O MySpace pode ter tido alguma vantagem a partir de um efeito de rede inicialmente, mas a empresa não conseguiu reconhecê-lo e não o aproveitou como sua Essência, o que ajuda a explicar por que o Facebook conseguiu ganhar rapidamente uma fatia de mercado em detrimento do MySpace. Hoje, o Facebook conseguiu os efeitos de rede e uma posição quase incontestável no mercado.

- **Atendimento ao Cliente:** Ao estabelecer processos e cultura que focam se destacar no atendimento ao cliente, esta essência em potencial possibilita uma alta taxa de conservação de clientes em comparação com os concorrentes, assim, evita uma rotatividade dispendiosa. Também permitirá que você atraia e consiga clientes de um modo muito mais eficiente do que os outros no mercado, porque os clientes ficam satisfeitos com a experiência e se tornam vendedores de seu produto ao criar um boca a boca positivo. Essa essência requer um comprometimento bastante forte da organização inteira e um incrível foco para conseguir um alto nível de satisfação do cliente de um modo consistente. Em geral, envolve medidas extraordinárias que são difíceis para as outras pessoas seguirem, como fazer reembolsos sem questionar o motivo ou outras políticas dispendiosas. Os exemplos visíveis disso são a Zappos, Warby Parker, Nordstrom, Commerce Bank e, em alguns momentos de sua história, a IBM. Essa estratégia é difícil de executar de modo que um concorrente seja incapaz de copiar e contrariar sua essência, mas quando funciona (e funciona nos vários exemplos que acabei de dar), pode ser muito eficiente.

- **Custo mais baixo:** Outra Essência que você pode buscar é desenvolver habilidades, relações, processos, volumes, despesas financeiras e cultura para superar outra pessoa no mercado em termos de custos e tornar-se um participante de baixo custo a longo prazo. Essa tem sido uma Essência bem-sucedida do Walmart e também faz parte da estratégia por trás de muitas empresas asiáticas, especialmente as empresas chinesas que entraram recentemente no setor de energia limpa. Pode ser facilitado conseguindo uma economia de escala. Em geral, não é uma Essência, mas uma estratégia de entrada para as empresas que escolheram concorrer em outro mercado. Por exemplo, a Honda entrou no mercado norte-americano como um provedor de baixo custo de aparadores de grama, lambretas, motocicletas, cortadores de grama e carros; mas, basicamente, eles já não são mais uma opção de baixo custo. Na verdade, sua Essência era a capacidade de fabricar ótimos motores e o baixo custo foi apenas um modo de entrar em um novo mercado.

- **Experiência do Usuário:** Existe uma variedade de novas estratégias que se transformaram em pontos fortes de potenciais Essências e uma comum agora é a experiência do usuário (UX). Isso parece ter sido adotado pelo mercado (ou pelo menos por uma parte significativa dele), o que é um fator contribuinte importante para o aumento recente na atividade empreendedora e sucesso na cidade de Nova York, onde há muitos talentos de moda e design disponíveis para enfrentar esse desafio. A estratégia aqui seria tornar-se o melhor ao desenvolver e melhorar continuamente a UX por meio de um enfoque da empresa nessa área. O foco contínuo de uma empresa (Gemvara), pelo CEO, resultou no recrutamento dos maiores talentos, prioridade nas análises operacionais e uma cultura na qual todo funcionário sabe que a meta é muito alta para essa área e nada menos que a excelência será aceito. Essa tem sido claramente a Essência da Apple ao fabricar produtos que potencializam as habilidades e o comprometimento da empresa com uma experiência do usuário incrivelmente ótima.

Estes são apenas alguns exemplos de definição da Essência. O segredo é que a Essência seja claramente definida e que sua equipe de fundação esteja alinhada de tal maneira que a Essência seja um desenvolvimento contínuo do negócio e sempre esteja em primeiro lugar ao planejar e executar qualquer estratégia. A Essência é a última defesa de seu negócio contra a concorrência.

COMO DEFINIR SUA ESSÊNCIA

De todas as etapas até aqui, definir sua Essência é a mais íntima e menos baseada em pesquisa. Você contará com essa introspecção interna, combinada com a coleta de dados externos e a análise. Embora, à primeira vista, o processo possa parecer amplo e geral, sua definição final da Essência deve ser concreta e específica.

Definir sua Essência não é fácil. Esse processo não pode se constituir em um exercício intelectual abstrato, mas deve integrar muitas considerações diferentes (o que o cliente deseja, quais ativos você tem, o que você realmente gosta de fazer, o que as outras pessoas em sua empresa podem fazer e quais são os objetivos pessoais e financeiros dos proprietários). Ao mesmo tempo, deve ser feito com eficiência (ou seja, não levar tempo demais) e ser muito específico, de modo que você chegue a uma resposta na qual está muito confiante de que é precisa. Não é possível mudar sua Essência como acontece com os outros elementos no processo; ela tem que permanecer fixa com o passar do tempo, desde o momento que você a define. Se mudá-la, assumirá um grande risco, pois geralmente perderá todas as vantagens já construídas. Dito isso, as Essências podem mudar depois que você aprende mais sobre seu mercado, clientes e os próprios ativos da empresa. O Google é um ótimo exemplo — eles pensavam que sua Essência era a excelência tecnológica do seu algoritmo do mecanismo de pesquisa, mas, no final, era sua capacidade de adotar um novo modelo de negócio em torno de anúncios de texto baseado em palavras-chave na pesquisa e conseguir os efeitos da rede antes de qualquer um.

E A PROPRIEDADE INTELECTUAL? OU A CULTURA?

Um ponto de partida comum ao determinar sua Essência é concluir que ela é sua propriedade intelectual. Sua eficiência como Essência depende muito do setor de atividade. Na área médica, especialmente a indústria de biotecnologia, as patentes são muito importantes para assegurar o sucesso de um produto ou uma nova empresa. Em outras, elas podem ter algum valor, mas geralmente as patentes são insuficientes para assegurar o sucesso do negócio. Elas tendem a ser estáticas, e os mercados são dinâmicos. A capacidade normalmente é melhor do que uma patente —, mas é melhor ter as duas para garantir. Por exemplo, as equipes com altos níveis de capacidade em uma área produzirão continuamente produtos inovadores, superando com o tempo uma empresa que é construída em torno de uma patente ou um número pequeno delas (exceto em casos específicos, como a biotecnologia).

Algumas empresas encontram uma vantagem no mercado criando um processo e uma cultura que inovam muito rapidamente. Elas ficam perto do cliente e usam o forte gerenciamento de produtos e desenvolvimento ágil para traduzir sua vantagem inicial em uma vantagem sustentada e crescente com o passar o tempo. Contudo, essa estratégia é difícil de manter como uma Essência única quando sua organização aumenta, pois quando empresas menores entrarem no mercado e começarem a concorrer terão vantagens que lhes permitirão ser ágeis também, talvez superando seu ritmo de inovação, uma vez que seu negócio é grande. A maioria das empresas não conta, sabiamente, apenas com sua velocidade de inovação como Essência, mas usam-na como uma motivação e um fosso em torno do castelo antes de finalmente decidirem pela Essência. Para simplificar, todos os negócios devem visar inovar com rapidez, independentemente de sua definição de Essência; mas poucos negócios alcançarão um sucesso duradouro na inovação rápida sem alguma outra coisa como Essência.

ESSÊNCIA É DIFERENTE DE POSIÇÃO COMPETITIVA

Muito provavelmente, seus clientes não verão sua Essência como o motivo para comprarem de você. Eles verão sua Posição Competitiva, que você mapeará na Etapa 11. Sua Essência direcionará sua capacidade de entregar certos benefícios ao cliente, o que tem que ser traduzido em valor para o cliente (com base nas principais prioridades do cliente), o que, por sua vez, leva a uma melhor Posição Competitiva. A Essência é o modo mais concentrado de conseguir diferenciação em relação aos concorrentes atuais e em potencial para que possa realmente focar sua pequena quantidade de recursos para conseguir um valor máximo para seu novo empreendimento.

A VANTAGEM DO PIONEIRO NÃO É UMA ESSÊNCIA

Um dos termos mais incorretamente utilizados usado ao definir uma Essência é a "vantagem do pioneiro" (em inglês, "first-mover"). O termo se refere a uma empresa sendo bem-sucedida unicamente por ser a primeira no mercado. Porém, a maioria das empresas que estão primeiro no mercado acaba perdendo a posição para o participante mais recente que supera o desempenho da primeira empresa; assim, a vantagem do pioneiro por si só não pode traduzir-se em uma Essência sustentável, e pode ser vista como desvantagem. A vantagem do pioneiro pode ajudar uma empresa com uma Essência bem definida, mas não consegue conquistar o mercado simplesmente por ser a primeira; isso deve ser traduzido em algo mais, como reter clientes-chave, conseguir efeitos de rede positivos para sua empresa, recrutar o melhor talento em certa área etc.

"PRENDER" OS FORNECEDORES GERALMENTE NÃO É UMA ESSÊNCIA

Um modo de ganhar uma vantagem competitiva é antecipar os elementos-chave de sua solução e "prender" os revendedores em um acordo exclusivo ou funcionalmente exclusivo. Em geral, você pode solicitar exclusividade em contrapartida pelo cumprimento de metas acordadas e quantidades mínimas de pedidos, especialmente se o fornecedor vende o produto dele para um mercado muito diferente do seu ou se você está comprando grandes volumes de um fornecedor relativamente pequeno. A Apple empregou essa estratégia com eficiência para manter altas margens de lucro, o que dá à empresa muitos recursos e flexibilidade, mas sua Essência é, na verdade, manter uma cultura de perfeição e superação de modelos mentais anteriores, ambas tornadas possíveis pelo falecido Steve Jobs.

Tal como a propriedade intelectual, prender os principais fornecedores é uma boa estratégia do tipo "além do fosso central" para diminuir a velocidade dos concorrentes em potencial e deve ser usada agressivamente quando apropriado, mas não é sua Essência definitiva, apenas uma armadilha no caminho para aqueles que tentarem segui-lo. É uma estratégia muito valiosa ter várias armadilhas no caminho para dificultar a vida de seus concorrentes; mas você deve ter apenas uma Essência.

EXEMPLO

SensAble Technologies

Quando pensamos sobre qual seria a Essência da SensAble, parecia óbvio para alguns. Tínhamos um dispositivo robótico de hardware único chamado PHANToM, que ficou famoso por seu design inteligente. E tínhamos uma patente extremamente básica para "interface tátil para refletir força" (patente americana nº 5.625.576), que foi uma das patentes mais referenciadas da época.[1] Também tínhamos Thomas Massie, o engenhoso intelecto por trás da tecnologia e uma estrela em ascensão da Engenharia do MIT, totalmente investido na empresa. Com certeza isso era a Essência, certo?

Contudo, quando damos um passo para trás e pensamos sobre nossas prioridades como fundadores, percebemos que estávamos tentando atingir um nível alto de sucesso em um período de tempo relativamente curto. Os cofundadores, Thomas e Rhonda Massie, queriam voltar

---

[1] Gregory T. Huang. "From MIT Entrepreneur to Tea Party Leader: The Thomas Massie Story". Xconomy, 17 de maio de 2012, www.xconomy.com/boston/2012/05/17/from-mit-entrepreneur-to-tea-party-leader-the-thomas-massie-story/2.

para Kentucky dentro de quatro a cinco anos, e eu queria fazer algo grande que pudesse crescer rapidamente e ser interessante para os capitalistas de risco, dentro de um cronograma de cinco anos.

Se nosso foco fosse a propriedade intelectual, poderíamos ficar dependentes dos outros, com um intervalo de tempo imprevisível e precisaríamos nos tornar especialistas legais para garantir que os outros não ignorariam nem driblariam nossas patentes, o que não era interessante para nós nem estava alinhado com nossos objetivos pessoais e paixões. Não era um cenário atraente, e assim, embora buscássemos criar agressivamente nosso portfólio de propriedade intelectual com Steve Bauer, nosso advogado especialista na área, e com o MIT, isso era um dos fossos externos de nosso castelo (como no desenho no início desta etapa), não as joias da coroa (Essência) que protegeríamos na parte mais central do castelo.

Em nosso foco estava o hardware, seriam necessários muito tempo e dinheiro para ter sucesso, e as empresas de hardware não eram tão atraentes para os investidores quanto as de software. A robótica, em particular, era extremamente impopular na metade dos anos 1990. Depois de alguma consideração ficou claro que não deveríamos ser uma empresa de robótica. Afinal, nosso mercado cabeça de praia não era a robótica, mas o design. Assim como com a propriedade intelectual, protegemos agressivamente e desenvolvemos nosso hardware PHANToM, muito embora isso fosse um muralha externa, não a Essência.

Havíamos conseguimos "prender" um fornecedor de um componente-chave (os motores de alta fidelidade), que tornava nosso hardware muito superior ao que as outras empresas estavam oferecendo, apresentando uma barreira substancial para a entrada. Mas se as condições de mercado fossem adequadas, nossos concorrentes encontrariam um modo de produzir o componente-chave por si mesmos. Em vez disso, definimos nossa Essência em torno do software, que era mais dimensionável e seria mais valioso. Ao conversar com Thomas, percebemos que o software por trás do PHANToM era muito complicado (a mão é realmente mais rápida do que os olhos — tínhamos que conseguir taxas de atualização de 1.000 quadros por segundo para simular o toque, em oposição aos 20 a 30 quadros por segundo necessários para exibir imagens visuais nos televisores e telas de cinema). Não era apenas o software da interface, mas também como representávamos o peso, as formas, a textura, as deformações e muitas outras propriedades físicas dos objetos criados para tocar no computador e depois como elas interagiriam. Acabamos definindo nossa Essência como "a física do toque tridimensional". Essa Essência era para ser incorporada em um mecanismo de software que apresentava objetos em 3D no computador, não para representações visuais, mas para serem tocados.

Com uma definição formalizada de nossa Essência, precisávamos traduzi-la em uma vantagem sustentável que cresceria com o tempo. Portanto, identificamos rapidamente as principais pessoas em nossa equipe que tinham as habilidades para dar suporte à Essência. Depois, identificamos as pessoas fora da empresa que eram líderes nessa área e criamos rapidamente fortes relações com elas e as colocamos no projeto. Também identificamos as organizações e instituições nas quais essas pessoas seriam encontradas (departamentos específicos no MIT, Brown University e Stanford University), e desenvolvemos nossa visibilidade, reputação e relações para recrutar as melhores e mais brilhantes futuras estrelas. Isso se tornou a maior prioridade de Thomas Massie como diretor de tecnologia, e ele revisou isso pelo menos uma vez por trimestre em suas análises de estratégia técnica. Asseguramo-nos de que tínhamos um plano forte de desenvolvimento de habilidades nessa área, e nosso sistema de incentivos refletiu isso como uma prioridade, com uma substancial compensação financeira e opção de ações.

Assim, determinamos uma Essência que nos protegeria e nos daria uma enorme vantagem competitiva quando desenvolvêssemos com sucesso o mercado. Certamente isso não era óbvio no início, e a resposta imediata teria sido uma Essência bem menos ideal, portanto, uma atenção extra para determinar a Essência valeu muito o esforço no final. Isso, muitas vezes, gerou dividendos lá na frente.

RESUMO

Definir a Essência é a primeira etapa na qual é preciso passar muito tempo inspecionando internamente, ao contrário do grande foco no cliente em outras etapas. A Essência é o que você tem que seus concorrentes não têm, que você protegerá ao longo do tempo acima de tudo e que você trabalhará continuamente para desenvolver e aprimorar. Assim que você determinar uma Essência, ela não deverá mudar sem muita consideração; ao contrário, você deve tornar sua Essência continuamente mais forte. Se ela muda com frequência, é um mau sinal, porque significa que provavelmente você não a está criando com eficiência. Porém, ela pode mudar quando você descobrir o que seus clientes valorizam mais e o que você faz melhor. Definir sua Essência não é fácil e pode parecer abstrato, mas é uma etapa essencial para maximizar o valor de seu novo negócio.

ETAPA II

Faça o Gráfico de Sua Posição Competitiva

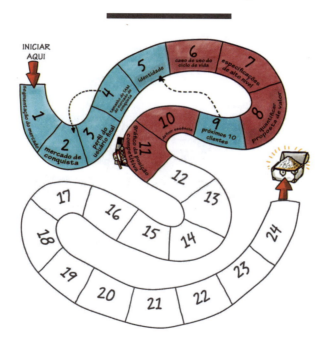

NESTA ETAPA, VOCÊ:

- Mostrará como seu produto atende bem às duas maiores prioridades da Persona;
- Mostrará como as prioridades da Persona são bem atendidas pelos produtos existentes em comparação com seu produto;
- Analisará se a oportunidade de mercado que você escolheu se encaixa bem nas prioridades da Essência e de sua Persona.

Como sua essência mapeia o que seu cliente realmente deseja?

A Posição Competitiva é onde você pega sua Essência e a traduz em algo que produza um valor real para o cliente, algo com o qual ele se importará profundamente.

Ao criar um novo mercado, é preciso construí-lo a partir do retorno do cliente começando do zero, e não pegar um produto existente e fazer uma versão melhor dele. Em seu trabalho, *Estratégia do Oceano Azul*, W. Chan Kim e Renée Mauborgne argumentam que se você se concentrar em um cliente mal atendido e fizer um produto para esse cliente que realmente atenda à necessidade dele, não haverá necessidade de focar a concorrência, pois seu foco firme e resoluto a tornará irrelevante.

Embora essa noção seja valiosa e verdadeira até certo ponto, a realidade é que os clientes geralmente tomam decisões de compra com base na comparação, considerando todas as opções e determinando qual solução é mais adequada às suas prioridades. O Gráfico da Posição Competitiva ajuda a analisar o quanto você é melhor em comparação com sua concorrência; ele também pode destacar as áreas com pontos fracos. Junto com a Proposta de Valor Quantificado, o gráfico mostra que seu produto é necessário e que você é a organização certa para fornecê-lo.

No Gráfico da Posição Competitiva você mostra visualmente quão bem atende às duas grandes prioridades da Persona em relação à concorrência. O objetivo é demonstrar que sua Posição Competitiva enfatiza sua Essência e que seu produto atende às prioridades da Persona muito melhor que os existentes ou previsíveis no futuro. Se essas duas condições não forem verdadeiras, pode ser que você precise rever sua escolha de mercado ou sua Essência. Ainda que haja certa flexibilidade em relação à sua Essência, normalmente ela é limitada. A incapacidade de traduzir sua Essência em benefícios para seu cliente não significa, necessariamente, que sua Essência está errada, pois ela é um reflexo das qualidades e habilidades de sua equipe; em vez disso, pode haver uma oportunidade de mercado melhor para a qual sua Essência seja mais adequada. A Posição Competitiva é a ligação entre sua Essência e as prioridades de sua Persona, e mostra que elas fazem sentido lógico para o mercado cabeça de praia escolhido.

O CONCORRENTE MAIS DIFÍCIL DE TODOS: O *STATUS QUO* DO CLIENTE

Com frequência, seu maior obstáculo será convencer os clientes a mudarem seu *status quo*. Quando o walkman da Sony foi criado, havia poucos dispositivos para comparação, mas o maior obstáculo para a Sony era vender para os clientes que não ouviam música em qualquer lugar. O *status quo* desses clientes incluía ouvir música em casa ou ir a shows.

Sua Proposta de Valor Quantificado já deveria ter identificado quaisquer problemas de seu produto em se adequar à prioridade da Persona; no entanto, comparar seu produto com o *status quo* aqui assegura que você tenha um mercado real válido, não um fictício e conceitual.

Em geral, quando meus alunos propõem uma ideia e logo depois descobrem outra empresa fazendo algo parecido, sua primeira reação é de medo de estarem atrasados demais. Aí sua mentalidade competitiva entra em ação e eles acreditam que podem e devem esmagar a outra pequena startup. Eles investem muita energia para vencer o que acreditam ser seu concorrente direto, em vez de entregar um produto que atenda às necessidades do cliente. Contudo, eles e a concorrência percebida combinados provavelmente têm uma fatia de mercado infinitamente pequena. A fatia muito maior do TAM vem de fazer as pessoas mudarem o que elas estão fazendo hoje, superando as naturais inércias humana e organizacional. É muito melhor abordar o mercado inexplorado do "cliente não fazendo nada" do que focar outra startup novinha.

No final, se você tiver uma boa Essência e as pessoas se converterem do *status quo* para uma nova solução, o mercado decolará e você e o outro pequeno concorrente ganharão muito. Com tal resultado, é provável que os dois se juntem, sejam comprados por empresas maiores ou se transformem em empresas de capital aberto. Assim que você tiver sua Essência e Posição Competitiva, não dedique muito tempo aos concorrentes; pelo contrário, passe a maior parte dele trabalhando com os clientes, desenvolvendo sua Essência e lançando produtos.

COMO FAZER O GRÁFICO DE SUA POSIÇÃO COMPETITIVA

Como nas outras etapas, esta é muito simples e lógica — o segredo é obter as informações certas com sua pesquisa do cliente inicial. Esse processo permitirá retornar ao cliente e validar sua posição também.

Fazer o gráfico de sua Posição Competitiva começa pela identificação das duas maiores prioridades de sua Persona e, depois, pela suposição de que essas duas prioridades são tudo o que importa. Sua Essência provavelmente é inspiradora e ponderada, e os recursos de seu produto são ótimos, mas eles não ditam as prioridades do cliente.

Em seguida, crie uma matriz/gráfico simples como esta:

1. Divida os eixos x e y em duas metades.
2. No eixo x escreva a prioridade número um de sua Persona.
3. Na metade do eixo x mais próxima da origem, escreva o "estado negativo" dessa prioridade (por exemplo, se a prioridade é "confiabilidade", então, escreva "baixa" aqui).
4. Na outra metade do eixo x escreva o estado "positivo" dessa prioridade (por exemplo, "alta" para "confiabilidade").
5. No eixo y coloque a prioridade número dois de sua Persona. Escreva o "estado negativo" na metade do eixo y mais próxima da origem e o "estado positivo" na outra metade do eixo y.
6. Posicione seu negócio no gráfico, junto ao de seus concorrentes (atuais e futuros). Também inclua a opção "não fazer nada" ou *status quo* do cliente.

O gráfico na Figura 11.1 lista o *status quo* da Persona, assim como as outras empresas cujos produtos endereçam potencialmente uma ou as duas principais prioridades da Persona.

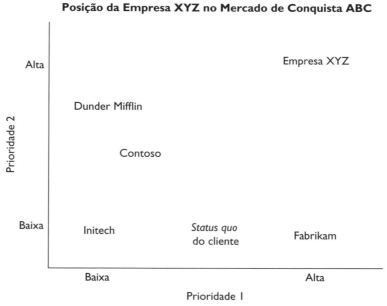

Figura 11.1   Gráfico do Posicionamento Competitivo.

Se você fez uma boa pesquisa de mercado inicial, seu negócio deve estar posicionado no quadrante superior direito do gráfico, na extremidade alta dos estados "positivos" de cada prioridade. O quadrante inferior esquerdo é onde você não quer estar. Os outros locais no gráfico não são necessariamente ruins. Mas se você estiver em algum lugar diferente da direita superior do gráfico, deverá reavaliar seu produto em comparação com sua concorrência.

Em seguida, revise o gráfico com os clientes-alvo para ter um feedback; aprimore-o, quando necessário, até que ele descreva com precisão seu produto e a concorrência relativa às duas maiores prioridades da Persona.

EXEMPLOS

SensAble Technologies

No caso da SensAble, alguns acreditavam que nossa Posição Competitiva estava baseada no dispositivo PHANToM ou na capacidade de sentir as coisas no computador. Todavia, esses eram os recursos do produto nos quais os técnicos estavam interessados; não era o motivo pelo qual nosso cliente-alvo compraria o produto, FreeForm. Nosso trabalho da Persona indicou que sua primeira prioridade era a rapidez de entrar no mercado; a segunda, a capacidade de transmitir a intenção do design.

Basicamente, os gerentes da equipe de design queriam uma solução fácil de usar e que tivesse a capacidade de transmitir a intenção do design, do mesmo modo que a argila, mas tivesse os benefícios de flexibilidade e comunicação de um recurso digital, como as ferramentas de software CAD/CAM (Desenho Assistido por Computador/Manufatura Assistida por Computador). As ferramentas CAD/CAM, que a gerência recomendava, não estavam sendo adotadas com sucesso pelos designers visados porque elas não foram criadas com as prioridades dos designers em mente. As ferramentas CAD/CAM e Alias/Wavefront CAID (software de Desenho Industrial Assistido por computador) tinham representações matemáticas subjacentes impressionantes das formas criadas, dando uma ótima precisão do modelo final, mas limitavam o que podia ser feito e eram muito complicadas para o designer. Era como apertar um balão inflado — ao fazer alterações em uma parte do design, outras partes do modelo podiam sofrer alterações automaticamente, seja lá qual fosse a intenção do usuário.

O gráfico na Figura 11.2 capturou rápida e sucintamente a diferença com o *status quo* da argila, assim como as ofertas concorrentes das empresas CAD/CAM e CAID. Também aproveitou a Essência da SensAble com seu mecanismo de software em 3D e o hardware PHANToM exclusivo. Por causa disso, ninguém poderia mais alegar, de forma legítima, que era capaz de abordar as prioridades do cliente tão bem quanto o produto FreeFom da SensAble.

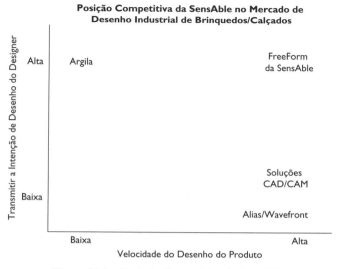

Figura 11.2   Posição Competitiva da SensAble.

SunSpring

Essa equipe de alunos do MIT e de Harvard de meu curso Empreendimentos da Energia teve acesso a uma tecnologia única, que usava a energia solar para filtrar a água. Eles tinham identificado um mercado cabeça de praia para filtrar água potável para as equipes das Forças Armadas baseadas em lugares isolados ou que não tinham acesso à eletricidade segura.

Nesse caso, o custo não era a maior prioridade para as Forças Armadas. Em vez disso, os elementos-chave eram a confiabilidade e a eficiência, uma vez que as equipes precisavam carregar o produto em missões realizadas em lugares remotos onde não havia oportunidade de fazer reparos nem conseguir outras fontes de água. Qualquer produto que atendesse às prioridades das Forças Armadas tinha que funcionar o tempo inteiro e fornecer a água mais filtrada possível. Essas prioridades se encaixam bem na Essência da equipe, que era sua capacidade tecnológica, mas sua Posição Competitiva é expressa pelo modo como o produto atendia às necessidades do cliente, como visto na Figura 11.3.

- A proposta de valor da SunSpring é a eficiência aumentada, flexibilidade, mobilidade, confiabilidade e simplicidade de operação em comparação ao concorrentes

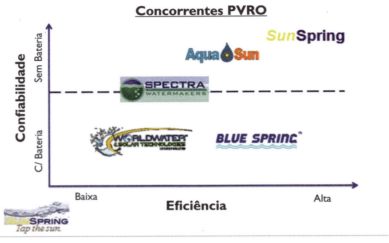

Figura 11.3 A Posição Competitiva da SunSpring.

RESUMO

Definir sua Posição Competitiva é um modo rápido de validar seu produto com a concorrência, inclusive o *status quo* do cliente, com base nas duas maiores prioridades da Persona. Se você não estiver na direita superior do gráfico resultante, deverá reavaliar seu produto ou, pelo menos, o modo como o apresenta. Isso também será um veículo muito eficiente para comunicar sua proposta de valor qualitativo (não quantitativo) para o público de clientes-alvo de uma maneira que deve ser entendida por eles.

ETAPA 12

Determine a Unidade de Tomada de Decisão (DMU) do Cliente

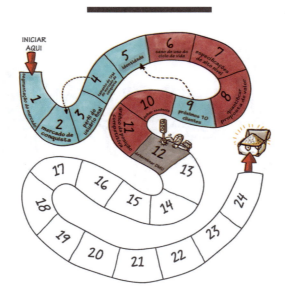

NESTA ETAPA, VOCÊ:

- Aprenderá quem toma a decisão final para comprar seu produto e quem defenderá a compra dele;
- Conhecerá os influenciadores que detêm poder de persuasão sobre a decisão de compra.

Seu cliente-alvo certamente tem um grupo de tomada de decisão com mais de uma pessoa. Compreender esse grupo e mapear explicitamente a função e o interesse de cada pessoa tem grande importância não apenas para a venda, mas também bem para o início do processo, quando você estiver desenvolvendo o produto e todos os seus atributos.

A esta altura você dever estar confiante de que sua Persona obterá um valor substancial com seu produto e que sua oferta é única. Agora, precisa ficar igualmente confiante de que sua Persona e os Próximos 10 Clientes podem comprar seu produto. Raramente o processo de compra é simples. Quando qualquer produto importante é adquirido ou adotado para uso, seja um B2B, seja um mercado do consumidor, várias pessoas terão que ser convencidas de que seu produto vale a pena ser comprado.

Para vender o produto com sucesso, você precisará identificar todas as pessoas envolvidas na decisão de adquirir o produto para o usuário final. Algumas pessoas aprovarão ou bloquearão a aquisição de modo direto, ao passo que outras darão opiniões que podem influenciar o processo de aquisição.

Esse processo, ou alguma variação dele, tem sido apresentado de muitas maneiras diferentes nos programas de treinamento de vendas e colocado em prática por décadas. Para este livro usarei uma linguagem comum simples para descrever o processo e integrá-lo nas 24 Etapas. O processo funciona para os casos B2B e B2C, embora os casos B2C (*business to consumer*, ou empresa para consumidor) possam envolver menos pessoas, cada uma podendo ter diversas funções.

FUNÇÕES PRIMÁRIAS NA UNIDADE DE TOMADA DE DECISÃO

- **Campeão:** O campeão é a pessoa que deseja que o cliente compre o produto, em geral, mas não necessariamente, seu usuário final. Várias pessoas podem desempenhar essa função. O campeão é a "pessoa que inspira o grupo". O campeão também pode ser referido como o "defensor".

- **Usuário Final:** É a pessoa que usará, de fato, o produto para criar o valor descrito na Etapa 8, a Proposta de Valor Quantificado. Felizmente, essa pessoa é seu campeão também; de modo independente, o usuário final em geral desempenha uma função importante na compra de um produto.

- **Comprador Econômico Primário:** É o tomador de decisão primário, pois todos esperam que essa pessoa aprove o dinheiro gasto para comprar seu produto. Quase sempre essa pessoa controla o orçamento. Algumas vezes o comprador econômico primário também é o campeão e/ou usuário final, o que facilita seu trabalho, mas não neutraliza completamente os influenciadores nem as pessoas que se opõem à compra.

FUNÇÕES ADICIONAIS NA UNIDADE DE TOMADA DE DECISÃO (DMU)

- **Influenciadores Primário e Secundário:** Essas pessoas geralmente têm uma profunda experiência no assunto e podem influenciar o restante da DMU, inclusive o campeão e o usuário final. Normalmente, os influenciadores podem ser classificados em participantes primários (desempenham uma função maior no processo de tomada de decisão) e secundários (desempenham algum papel no processo de tomada de decisão). Algumas vezes, os influenciadores também podem ter o Poder de Veto formal, mas, em outras, o influenciador é respeitado o bastante a ponto de sua palavra corresponder a um veto de fato. Outros influenciadores no processo de tomada de decisão podem incluir publicações da mídia, jornalistas individuais, contratados externos, amigos e família, grupos setoriais, sites, blogs e qualquer outra pessoa a quem o Comprador Econômico Primário recorra para obter informações e feedback.
- **Pessoa com Poder de Veto:** Essas pessoas têm a capacidade de rejeitar uma compra por qualquer motivo. Em geral, em um ambiente B2B, esse alguém é superior ao defensor ou usuário final na hierarquia corporativa.
  - Em um mercado consumidor, uma pessoa raramente tem o Poder de Veto; pelo contrário, o(s) influenciador(es) primário(s) pode(m) ter a autoridade ou ser respeitado(s) o bastante para exercer(em) um veto de fato. Um exemplo do verdadeiro Poder de Veto em uma situação do consumidor seria uma associação de famílias ou lei de zoneamento da cidade que obrigue seu cliente a obter uma autorização especial da associação ou cidade antes de conseguir instalar ou usar seu produto. Nesse caso a associação ou cidade faria parte da Unidade de Tomada de Decisão. Em uma corporação, o departamento de TI geralmente tem o poder de veto sobre a aquisição do hardware e software de computador, caso não esteja em conformidade com os padrões corporativos.
  - Os sindicados ou acordos coletivos também podem bloquear a compra de seu produto por causa de certas provisões que se tornaram basicamente regulamentações no negócio em questão.
- **Departamento de Compra:** Esse departamento lida com a logística da compra. Ele pode ser outro obstáculo, pois geralmente procura abaixar os preços, mesmo depois da decisão de compra ter sido tomada pelo Comprador Econômico Primário. Ele pode tentar desqualificar você com base em certas regras de compras definidas pela empresa. Em geral, é um elo na cadeia que você deve neutralizar, mas não tentar vender.

Entender a Unidade de Tomada de Decisão de seu cliente é essencial para determinar como você desenvolverá, posicionará e venderá seu produto. Isso lhe dará uma ótima percepção sobre quais são suas chances de sucesso e, o mais importante, quanto recurso, habilidade e tempo serão necessários para um novo cliente adquirir seu produto.

Você reunirá mais informações sobre o processo de aquisição no Processo para Adquirir um Cliente Pagante e ao longo das 24 Etapas, mas este é um ótimo lugar para inciar sua pesquisa.

COMO IDENTIFICAR A UNIDADE DE TOMADA DE DECISÃO

Mais uma vez, operar no modo "consulta" em vez de no modo "defesa/vendas" é como você obtém informações úteis sobre a DMU. Se o cliente acredita que seu produto oferece uma forte proposta de valor, a conversa fluirá naturalmente. É um excelente momento para perguntar ao cliente: "Supondo que pudéssemos fazer o produto que descrevemos, o que precisaria ser feito para testá-lo? Quem, além de você (faça com que a pessoa se sinta bem!), estaria envolvido na decisão de ter nosso produto? Quem terá mais influência? Quem poderia impedir que isso acontecesse? Supondo que o produto faz o que acreditamos que fará, quem pagará por ele? Essa pessoa precisa de outra para aprovar o pagamento? Quem se sentirá ameaçado por isso e como reagirá?"

Também é imperativo que você consulte a pesquisa que já fez. Quando criou a Persona inicialmente, deve ter descoberto algumas informações sobre quem ou o que influencia a Persona, desde pessoas e organizações até sites, publicações e gurus da mídia.

Se o Defensor ou Comprador Econômico Primário não for sua Persona, você desejará criar uma ficha técnica parecida com a ficha da Persona para o indivíduo em cada função. Você terá que pensar sobre como atrairá esse alguém para que tenha um "sim" ou, pelo menos, uma resposta "neutra".

Assim que tiver reunido essas informações, represente-as visualmente para que fiquem claras. Em seguida, mostre esse mapa para sua Persona e os Próximos 10 Clientes para ter um feedback rápido, o que ajudará a rever o mapa até que ele reflita com precisão a DMU de seu primeiro conjunto de clientes. O mapa também ajuda a comunicar as informações reunidas em sua equipe. A DMU de cada cliente deve ser semelhante e você deve ver padrões começarem a surgir. Se não, seus clientes não combinam com a Persona ou você não segmentou o mercado o suficiente.

EXEMPLOS

Exemplo B2B: Sistemas Mecânicos para Filtrar Água

Anteriormente, vimos o empreendimento dos Sistemas Mecânicos para Filtrar Água, que escolheu se concentrar em produzir uma solução de purificação de água para os centros de processamento de dados e identificou a Persona Pedro Silva.

Ao determinar a DMU de sua Persona e validar essa DMU com seus Próximos 10 Clientes, a equipe por trás do Filtro Mecânico de Água descobriu que Pedro era o Comprador Econômico Primário, o Defensor, assim como o usuário final, mas havia vários outros participantes-chave a considerar.

Verificar quem eram os influenciadores secundários também foi simples; esse grupo incluía o blog Hamilton and Manos, as reuniões AFCOM que Pedro frequentava e os eventos ocasionais do Uptime Institute com os quais ele estava envolvido (inclusive a newsletter). Porém, a DMU na empresa acabou ficando bem complexa.

Em primeiro lugar, a equipe explorou a relação entre o gerente de manutenção, o do centro de processamento de dados e o diretor de informações (CIO), tanto para a Persona da empresa quanto para os Próximos 10 Clientes. A equipe descobriu que o gerente típico do centro de processamento de dados, normalmente, estava mais envolvido no processo de compra do que o gerente do centro de processamento de dados de Pedro. Em geral, os gerentes do centro de processamento de dados se viam como compradores secundários, uma vez que o orçamento do gerente de manutenção estava contido no orçamento do gerente do centro de processamento, dando a este o Poder de Veto. Contudo, se o gerente de manutenção tivesse uma justificativa convincente para a compra de algo, seria pouco provável que o gerente do centro de processamento de dados vetasse a decisão.

O CIO da organização estava envolvido de um modo tangencial. Ele não comandava a decisão, mas se uma compra fosse contra seus objetivos ou ele visse a compra como sendo arriscada, ele a vetaria. Faria perguntas para testar a proposta, mas teria pouca influência. Também era pouco provável que bloqueasse uma decisão apoiada, em conjunto, pelo gerente de manutenção e o gerente do centro de processamento de dados.

De início a equipe pensou que o diretor de assuntos ambientais (CGO) — o pomposo nome que lhe deram — seria um defensor do produto. Contudo, a pesquisa mostrou que o CGO não era levado a sério pelo gerente de manutenção. O CGO poderia advogar junto ao CEO da empresa a alocação de fundos ocasionais para dar suporte à compra, porém o CGO era um participante secundário, mais útil como fonte de informação para a empresa em relação a como poderia ajustar sua estratégia de vendas, em vez de um determinante do processo.

Porém, a equipe subestimou a influência que os contratados externos tinham no processo de tomada de decisão. A equipe constatou que os contratados externos tinham uma grande influência sobre o gerente de manutenção porque eles criavam e aperfeiçoavam os centros de processamento de dados regularmente, enquanto o gerente de manutenção, não. Este, então, os via como uma fonte maior de informações nas soluções de resfriamento da água. A equipe percebeu que precisava criar uma ficha informativa do tipo Persona sobre os contratados e fazer uma proposta de valor que incluísse como sua solução era um evento positivo para eles também. A equipe também precisou entender o grupo interno na empresa que recomendava e lidava com os consultores externos regularmente.

Não entender uma clientela desse tipo pode levar a atrasos incompreensíveis no processo de vendas; ofendê-los ou propor algo contra seus interesses provavelmente liquidaria com a aquisição proposta.

Os outros participantes vistos no mapa na Figura 12.1 tiveram que ser lembrados também, apesar de não serem os participantes primários no processo. O empreiteiro responsável pela obra não tinha muita influência, mas a equipe foi sábia ao manter contato com ele para assegurar que não tinha proposto substituir a solução da equipe por uma mais barata. O departamento de compras não tinha muita influência também. Era o final da cadeia, mas a equipe tinha que estar ciente de seus procedimentos e políticas, e não cometer erros neste ponto do processo.

Tudo isto é mostrado no mapa DMU na Figura 12.1.

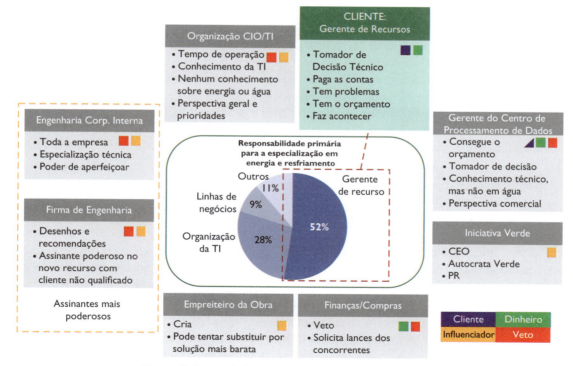

Figura 12.1   Unidade de tomada de decisão de Pedro Silva.

Exemplo B2B: O Curioso Caso do Ar Saudável

A análise da Unidade de Tomada de Decisão também pode ajudar a resolver problemas com o trabalho anterior feito nas 24 Etapas. Alguns dos meus alunos decidiram criar um produto com uma nova tecnologia que mataria os germes no ar com mais eficiência que os métodos anteriores. Quando chegou o momento de identificar o mercado cabeça de praia, um membro da equipe, que era pai, pensou que as creches seriam excelentes. A equipe deixou que o entusiasmo do pai prevalecesse e não fez uma análise rigorosa do mercado em sua primeira passagem pelo processo. Esse passo em falso os levou a definir uma Persona em torno do proprietário de uma creche e definir a proposta de valor como os pais estando mais inclinados a enviar seus filhos para tal local, pagando mais dinheiro pelo cuidado. A equipe demonstrou que os pais viam valor no produto.

Contudo, quando os membros da equipe analisaram a Unidade de Tomada de Decisão, voltaram pálidos, dizendo que precisavam de um novo mercado cabeça de praia. Quando a equipe foi até os proprietários de redes de creches, transferiram a decisão para as pessoas que gerenciam as creches individuais, considerando a decisão de pouca importância para ser tratada por eles. Na primeira vez em que a equipe começou a trabalhar com essas pessoas, elas ficaram, na melhor das hipóteses, indiferentes à ideia. Uma pessoa foi abertamente hostil e confidenciou um segredo para a equipe. Evitar que as crianças ficassem doentes não era uma motivação para as redes de creches, uma vez que não impactava o negócio nem a receita; os pais tinham que se comprometer e geralmente pagavam antecipado pelo serviço da creche. Assim, a creche não perdia dinheiro quando as crianças ficavam em casa doentes. E, mais, crianças doentes em casa significavam menos crianças na creche, facilitando os trabalhos dos cuidadores. Embora as creches não quisessem encorajar a doença, tinham incentivos inconvenientes para não desencorajá-la.

A equipe pensou sobre vários modos de superar essas objeções, mas por fim voltou e escolheu outro mercado cabeça de praia.

Exemplo de Consumidor: LARK Technologies

Uma de nossas melhores alunas, Julia Hu, iniciou uma empresa na qual o conceito inicial do produto era um despertador silencioso para consumidores. O dispositivo consistia em uma pulseira vibratória com conexão sem fio vinculada a um aplicativo iPhone que controlava a hora do alarme. A ideia era que para os casais que dormem na mesma cama um alarme silencioso permitiria que, com exigências de sono diferentes, eles continuassem com horários separados, em vez de serem acordados pelo alarme do companheiro que levantasse primeiro.

A Unidade de Tomada de Decisão para seu cliente-alvo acabou tendo dois membros — o madrugador era o usuário final (geralmente o homem); quem levanta depois era o defensor (geralmente a mulher). Quando o madrugador também era o Comprador Econômico Primário, quem levantava depois era a pessoa que desejava que o madrugador parasse de acordá-la. Quem levanta depois pressionaria o madrugador para encontrar e pagar por uma solução.

No fim das contas, o usuário final/Comprador Econômico Primário era um visitante frequente do site Urban Daddy, que servia como um influenciador primário tanto para dar ideias de compra de novos itens quanto para oferecer descontos especiais para encorajar uma compra (por exemplo, vendas relâmpago).

Julia e sua equipe buscaram o Urban Daddy para ter acesso ao Comprador Econômico Primário. Assim que o produto foi para o Urban Daddy, eles começaram a receber um pedido por minuto.

RESUMO

Após determinar como criar valor para o cliente, agora, você deve ver como o cliente adquire o produto. Para vendê-lo com sucesso para o cliente, você precisará entender quem toma a decisão final de comprar, assim como quem influencia esta decisão. O Campeão e o Comprador Econômico Primário são mais importantes; entretanto, aqueles que têm o Poder de Veto, assim como os Influenciadores Primários, não podem ser ignorados. As situações B2B são mais fáceis de mapear, mas o processo ainda é importante em uma situação de consumidor final; as grandes empresas de produtos de consumo, como a Procter & Gamble, utilizam este processo há muitos anos.

ETAPA 13

Mapeie o Processo para Adquirir um Cliente Pagante

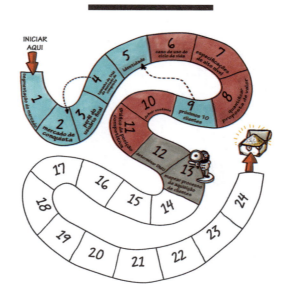

NESTA ETAPA, VOCÊ:

- Mapeará o processo pelo qual um cliente decide comprar seu produto;
- Estimará o ciclo de vendas para seu produto;
- Identificará qualquer barreira orçamentária, regulatória ou de conformidade que possa diminuir sua capacidade de vender o produto.

Assim que eles virem meu produto, vão querer e as vendas imediatamente subirão até as alturas!

Na verdade, não funciona assim... as empresas têm um processo para comprar coisas e isso leva tempo. Sugiro que você aprenda e gerencie com mais realismo suas expectativas.

Depois de definir quem tomará a decisão, é fundamental saber como a pessoa a tomará e o que está envolvido em cada etapa para que você possa projetar seu produto para otimizar o processo.

Determinar a Unidade de Tomada de Decisão de seu cliente é um grande passo em direção à descoberta de como colocar seu produto nas mãos do cliente — e o dinheiro na sua. Contudo, o processo pelo qual você converte um cliente em potencial em um pagante, que começa no contato inicial e vai até o pagamento final, é mais complicado do que apenas pedir que seu Campeão pressione o Comprador Econômico Primário.

Ao criar um mapa do Processo para Adquirir um Cliente Pagante, você:

- Entenderá a duração do ciclo de vendas. Essa duração é um determinante fundamental do quanto custará para você adquirir novos clientes. Também é muito importante projetar o fluxo de caixa com precisão. Você precisará ir do contato inicial até o cliente pagante com rapidez suficiente para criar um negócio sustentável;

- Criará a base para o cálculo do Custo de Aquisição do Cliente. Você precisará atingir o ponto no qual ganhará mais dinheiro com os clientes atuais do que gastará atraindo novos. Adquirir clientes sempre custa mais do que você pensa;

- Identificará os obstáculos ocultos que inibirão sua capacidade de vender seu produto e ser pago. Se algo em seu negócio for um empecilho, você desejará saber agora em vez de estar totalmente comprometido com o negócio, ter levantado o dinheiro e contratado funcionários;

- Será capaz de mostrar a seus credores e/ou investidores em potencial que você entende o processo de compra do cliente, que para muitos é um pré-requisito para investir em seu negócio.

COMO MAPEAR O PROCESSO

Os itens a seguir do Caso de Uso do Ciclo de Vida Completo (Etapa 6) serão a base para mapear o processo para adquirir um cliente pagante. Você não precisa trabalhar mais nesses itens para usá-los nesta etapa.

- Como os clientes determinarão que têm necessidade e/ou oportunidade para se afastar do *status quo* e como instigar os clientes a sentirem que precisam fazer algo diferente (comprar seu produto).

- Como os clientes descobrirão seu produto.

- Como o analisarão.

- Como o adquirirão.

- Como o instalarão.

- Como pagarão por ele.

Mapeando o processo para adquirir um cliente pagante você reunirá mais detalhes sobre cada um desses itens, especialmente considerando agora a DMU, assim como mapeará os mecanismos de compra internos de seu cliente-alvo. Um empreendedor experiente com muita bagagem em determinado setor de atividade pode ser capaz de criar um mapa do processo com relativa rapidez; mas o empreendedor de primeira viagem achará a tarefa mais difícil, com muitos momentos instrutivos sobre como o mundo real funciona. Sempre é bom encontrar alguém com uma profunda experiência em seu grupo de clientes-alvo, como um consultor, para colher informações muito específicas e críticas como essas.

Alguns elementos em seu mapa variam dependendo do ramo, mas os componentes básicos do processo incluem primeira geração, acesso aos influenciadores, planejamento da pré-compra, compra e instalação. Muitos desses elementos também terão vários subcomponentes. Por exemplo, conversar com o usuário final pode ser um deles; conversar com o supervisor do usuário final, outro.

Inclua os fatores decorrentes de qualquer regulamentação oriundos de organizações governamentais e não governamentais que teriam um impacto em potencial em sua capacidade de vender o produto. Você deve ter descoberto na DMU (Etapa 12) se qualquer autoridade governamental tem Poder de Veto sobre um projeto — como quando um órgão regulador precisa aprovar um elemento ou evento importante no processo. Mapeando esse processo, você também descreverá a quais regulamentos você e seu cliente precisam atender para que o produto seja vendido. Um exemplo de regulamentação que se mostrou ser oneroso demais para uma ideia de negócio é apresentado mais adiante nesta etapa. Do mesmo modo, pode haver padrões internos na empresa de seu cliente-alvo que devem ser cumpridos, em vez de regulamentações; mas o processo ainda é o mesmo.

Para cada componente no processo, inclua:

- Quem são os principais participantes da DMU que estarão envolvidos?
- Qual é a influência deles no processo? Novamente, espera-se que sejam informações que você já tenha obtido na Etapa 12 quando criou a DMU; mas, agora, estamos colocando em ordem temporal e desenvolvendo estimativas fundamentadas sobre quanto tempo levará cada componente.
- Qual é a autonomia orçamentária deles (quantidade e tipo)?
- Quanto tempo levará para completar cada componente identificado? Liste-os na sequência temporal anotando qualquer um que possa ocorrer em paralelo. (Seja diligente. Você precisa ter pelo menos 80% de certeza em cada etapa. Faça estimativas conservadoras porque os empreendedores quase sempre subestimam o tempo para concluir cada etapa.)
- Quais são as entradas e saídas desta etapa?

Através desse procedimento você entenderá melhor o negócio do cliente no sentido de como ele se relaciona com seu produto. Mapear o processo é importante porque será preciso executar o mesmo processo inúmeras vezes para vender para mais clientes; portanto, entender o processo compensará mais tarde, quando você puder adquirir facilmente novos clientes.

AUTORIDADE ORÇAMENTÁRIA/AQUISITIVA

Um fator-chave em cada componente desta Etapa é identificar a autoridade orçamentária/aquisitiva de cada indivíduo envolvido nesse componente do processo, conforme for adequado. Um limite comum que você encontrará é uma pessoa que pode comprar apenas itens até certo montante, como $5 mil, sem a aprovação de algum superior. Algumas vezes, essa aprovação vem diretamente de um tomador de decisão, ao passo que, em outras, inicia-se um processo longo e complicado com o departamento de compras e suas regulamentações. Identificar esses limites pode ajudar mais tarde em sua Estrutura de Preço porque um preço inferior à autonomia de uma pessoa significa que você pode eliminar certos participantes da DMU envolvidos no processo. Isso pode reduzir drasticamente seu ciclo de vendas, o que poderia ser a diferença entre êxito e fracasso de seu novo empreendimento.

Outra consideração importante é se o pagamento virá de um orçamento operacional anual ou de um orçamento de capital com um prazo maior. Identifique qual orçamento seu cliente usaria para pagar por seu item e como é esse processo orçamentário. Em algumas empresas, pode ser muito mais fácil e rápido conseguir aprovação para incluir uma despesa no orçamento operacional do que no de capital; mas, em outras áreas e empresas, pode ser exatamente o oposto. A despeito de ser um item aparentemente pequeno, isso pode significar a diferença entre um ciclo de vendas de três meses e um anual, o que poderia significar o sucesso ou o fracasso de seu novo empreendimento, especialmente se você não estiver ciente dele *a priori*.

O TEMPO É ESSENCIAL

Verifique se você leva em consideração o tempo necessário em cada etapa no processo. Assim que tiver feito todas as estimativas de tempo, volte e verifique se elas são razoáveis. Você está levando em conta os atrasos? Está sendo agressivo ou conservador em suas estimativas?

CONSUMIDOR VERSUS B2B

O mapa do processo para um consumidor provavelmente será mais simples do que mapear um ambiente B2B, mas ainda há muito a aprender. Pense nos ganhos dos varejistas online que são determinados a encontrar modos de aperfeiçoar o processo de compra, como o famoso sistema de "um clique" do Amazon. Os empreendedores foram capazes de ver uma falha no processo — em que os compradores abandonavam seu carrinho de compras eletrônico antes de finalizar a compra — e determinaram, do ponto de vista do cliente, o que precisava ser melhorado para ajudar a finalizar o processo.

EXEMPLOS

Sistemas Mecânicos para Filtrar Água

A equipe que trabalha nesse produto estava procurando vender para os gerentes de manutenção novos sistemas de purificação de água que ajudariam seus centros de processamento de dados a economizar energia. Inicialmente, ela estava planejando vender seu sistema para novas construções de centros de processamento de dados porque isso não envolveria ter que substituir um sistema existente nem vender tendo que superar uma solução que já funcionava para o centro. E ela estava obtendo mais consultas de novas construções de centros de processamento de dados do que de "retrofits" (processo de modernização) de CPDs já estabelecidos, portanto, fazia mais sentido buscar o novo mercado de construções.

Depois de muitas entrevistas, a equipe mapeou o Processo para Adquirir um Cliente Pagante em novos centros de processamento de dados, assim como em retrofits de centros existentes. No processo, ela descobriu algo interessante que mudou seu foco dos novos centros para oportunidades de retrofits, o que a fez rever sua Persona (Tabela 13.1). Como descrevi na Etapa 5, a equipe selecionou Pedro Silva como sua Persona.

A equipe firmou seu primeiro programa piloto em um novo centro de processamento de dados em menos de nove meses, e assim pôde supor que esse era o ciclo de vendas. Mas ao realizar uma análise do desenvolvimento do mapa do Processo para Adquirir um Cliente Pagante mais geral, ela percebeu que o modo como haviam firmado o piloto não se repetia para os outros clientes. Quando viu a duração do processo de aquisição para os novos centros de processamento de dados depois do piloto, descobriu que o ciclo de vendas levaria em média 2,5 anos, tempo demais para uma startup sobreviver semana a semana, com os altos e baixos do caixa, moral dos funcionários e estabilidade do produto. Embora a receita proporcionada pelo piloto pudesse ajudar a pagar as contas e minimizar o "cash burn" (o capital disponibilizado na fase pré-operacional da empresa, quando as saídas de caixa são maiores que as entradas), a equipe viu o retrofit como a melhor maneira de entrar no mercado devido ao ciclo de vendas menor. O ciclo de vendas longo poderia ser gerenciado até certo ponto por excelentes (e provavelmente experientes) empreendedores, mas geralmente é mortal para o primeiro produto de um negócio novo e um empreendedor novato.

O intervalo médio para instalar o produto nos projetos de retrofit, por outro lado, era de pouco mais de um ano apenas, o que era muito mais gerenciável do que o intervalo de 2,5 anos. (Até um ciclo de vendas de um ano é desafiador para uma startup, dessa maneira, menos seria o ideal.)

Contudo, a equipe não havia visto muitas consultas sobre retrofits, assim, ela reviu sua Persona e fez uma nova pesquisa de mercado inicial sobre o mercado de retrofits. Ela descobriu que centros de processamento de dados existentes receberam bem a ideia, mas eram muito menos propensos a comprar a solução, porque já tinham uma que funcionava.

A equipe decidiu focar nos retrofits para continuar, mas assim que tivesse um fluxo de caixa positivo começaria a vender para novos centros de processamento também. Esse foi um insight extremamente importante que surgiu da análise.

Descrição do Processo de Aquisição

NOVO PROJETO

- Contatar o CIO para ter aprovação e acesso ao especialista interno da empresa
- Contatar o especialista/czar verde (o diretor de assuntos ambientais)/Gerente de Manutenção da Empresa interno para influenciar o engenheiro
- Contatar o engenheiro de design para trabalhar em conjunto na definição do sistema de água, dar especificações e fazê-los configurar o Cronograma de trabalho (MWFS)
- Contatar o empreiteiro e o Departamento de Compras para garantir a compra e sua devida instalação

RETROFIT

- Contatar o Gerente de Manutenção e ajudá-lo a vender para o Gerente do Centro de Processamento de Dados
- Se necessário, contatar o CIO para ter aprovação e acesso ao Gerente do Centro de Processamento e especialistas internos da empresa

- Contatar o Gerente de Manutenção/Gerente do Centro de Processamento de Dados/Compras para garantir a compra de nosso produto e sua devida instalação

NOVO PROJETO

Primeira Geração	Acesso aos Influenciadores	Acesso aos Engenheiros do Design	Fase do Design	Fase de Construção: Venda ao Empreiteiro	Instalação
1 a 2 meses	2 a 4 meses	2 a 4 meses	6 a 12 meses	12 a 5 meses	1 mês

PROJETO DE RETROFIT

Primeira Geração	Acesso ao Gerente de Manutenção	Acesso aos Influenciadores	Negociação com Compradores e Controladores do Orçamento	Instalação
1 a 2 meses	2 a 4 meses	2 a 4 meses	2 a 3 meses	1 mês

Tabela 13.1   Processo de aquisição de Pedro Silva.

Quando as Regulamentações Dificultam a Entrada em um Mercado: "PayPal for Kids"

Um de meus melhores alunos do MBA, Frederic "Freddy" Kerrest, que também era graduado em Ciência da Computação em Stanford, entrou no MIT com a determinação de fundar um novo grande empreendimento na graduação. Ele buscou, com agressividade, oportunidades para obter conhecimento e experiência sobre como criar novos empreendimentos. Ele até participou da lendária Competição de Empreendedorismo de $100 mil do MIT.

Freddy avaliou metodicamente ideias para iniciar sua empresa no segundo ano e optou por uma que chamarei de "PayPal for Kids". A oportunidade de mercado centrava-se nas oportunidades de comércio online para crianças, uma área que estava limitada pela necessidade de que um dos pais aprovasse cada transação, não importando o tamanho, porque o cartão de crédito dos pais era necessário para fazê-las.

A premissa de Freddy era que ele poderia criar um serviço expresso para crianças no qual os pais colocariam uma quantia definida de dinheiro — digamos $50 — em uma conta que elas poderiam usar para comprar itens online, em qualquer lugar em que os cartões de crédito fossem aceitos, sem os pais precisarem pré-aprovar cada compra.

Os pais poderiam impedir que o dinheiro fosse gasto nos sites e categorias de compra que eles não aprovassem e conseguiriam acompanhar, após a compra, em que a criança tinha gastado o dinheiro. Parte da proposta de valor para o Comprador Econômico Primário (os pais) neste caso era a capacidade de ensinar seus filhos sobre orçamento pessoal e disciplina financeira.

A partir da excelente pesquisa de mercado inicial, parecia que essa era uma ótima oportunidade comercial. Então, chegou o momento de descrever o Processo para Adquirir um Cliente Pagante. Foi nesse ponto que as coisas começaram a mudar.

Freddy projetou seu empreendimento para atender a pais e filhos nos Estados Unidos. Mas ele descobriu que para coletar dinheiro e distribuí-lo como seu modelo determinava, com a empresa tendo uma porcentagem de cada transação como receita para o negócio, ele precisava ser registrado como um banco ou instituição financeira em qualquer estado norte-americano no qual desejasse negociar. Para seu empreendimento ser bem-sucedido, ele teria, portanto, que se registrar como uma instituição financeira em dezenas de estados diferentes. O custo, o tempo e a mentalidade burocrática necessários para fazer isso corretamente destruiu a ideia, pois Freddy não queria iniciar um negócio que precisasse lidar muito com as regulamentações governamentais.

Rapidamente, Freddy usou seu conhecimento recente para continuar a buscar ideias e parceiros com mais conhecimento. Com base em sua experiência anterior no software da empresa (um profundo conhecimento de mercado é sempre um bom lugar para começar como um empreendedor), Freddy fundou uma empresa chamada Okta, que ajuda empreendedores a gerenciar e proteger aplicativos baseados na web; e a empresa está indo muito bem.

Aqui, o principal problema no Processo para Adquirir um Cliente Pagante não foi a duração do ciclo de vendas, mas a complexidade dele e certos requisitos que haviam sido negligenciados antes.

RESUMO

Determinar o Processo para Adquirir um Cliente Pagante define como a DMU decide comprar o produto e identifica outros obstáculos que podem atrapalhar sua capacidade de vendê-lo. Desde ciclos de vendas prolongados até regulamentações imprevistas e obstáculos ocultos, vender um produto pode, algumas vezes, ser bem mais difícil do que simplesmente atender às necessidades da Persona. Esta etapa garante que você identificou todas as armadilhas em potencial no processo de vendas.

ETAPA 14

Calcule o Tamanho do Mercado Alcançável Total para os Mercados Subsequentes

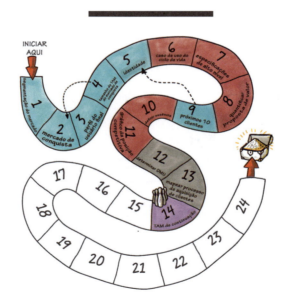

NESTA ETAPA, VOCÊ:

- Analisará rapidamente para quais mercados subsequentes você expandirá depois de dominar seu mercado cabeça de praia;
- Calculará o tamanho desses mercados subsequentes.

Ao manter um foco diário e contínuo em seu mercado cabeça de praia, você também deve analisar o que acontecerá se e quando conquistá-lo; de um ponto de vista geral e sem muito detalhe, quais serão seus próximos mercados e qual o tamanho deles?

Até agora, você tem focado nos clientes de seu mercado cabeça de praia, e está correto. Contudo, neste ponto do processo, você voltará uma etapa e validará rapidamente a existência e o tamanho de outros mercados parecidos ("mercados subsequentes") que você visará assim que tiver dominado o mercado cabeça de praia. É uma verificação para assegurar se está indo na direção certa para criar um negócio escalável e também um lembrete do tamanho e da natureza da oportunidade maior.

Existem dois tipos de mercados subsequentes. Um envolve vender ao mesmo cliente novos produtos ou aplicações, o que geralmente é referido como "upselling". Como você já tem uma boa consciência das necessidades e prioridades do cliente-alvo a partir de sua pesquisa, esse conhecimento pode ser usado para determinar quais produtos adicionais você poderia criar ou até vender novamente para o cliente. Um benefício é que você pode usar os canais de vendas e de distribuição já existentes para vender os novos produtos, aproveitando o investimento e a relação positiva que construiu com o cliente-alvo. Todavia, criar produtos adicionais provavelmente estenderá seu negócio para além da Essência, o que pode prejudicar sua Posição Competitiva nesses mercados, a menos que a Essência esteja ligada ao relacionamento com clientes.

O segundo mercado, e o caminho geralmente adotado pelas startups baseadas em inovação, é vender o mesmo produto básico para os "mercados adjacentes", que são os mercados semelhantes ao mercado cabeça de praia. Embora vender para esses novos mercados geralmente exija recursos extras, aprimoramento do produto e/ou embalagens diferentes, comunicações de marketing ou preços, você está aproveitando a mesma Essência e ampliando a especialização e a escala desenvolvidas no mercado cabeça de praia. O desafio é que terá que estabelecer novas relações com clientes em cada mercado adjacente, o que pode ser arriscado e caro.

Embora a Essência das startups baseadas em inovação, em geral, leve naturalmente à última estratégia, você poderá seguir uma estratégia ou uma mistura delas após dominar seu mercado cabeça de praia. Geoffrey Moore, no livro *Crossing the Chasm*, usa uma analogia de pinos de boliche, na qual "1", ou o pino principal, é seu mercado cabeça de praia, os pinos à esquerda são os mercados adjacentes, e os pinos à direita, as aplicações adicionais para o cliente em determinado mercado (Figura 14.1).

Nesta etapa você identificará alguns mercados subsequentes e determinará o Mercado Alcançável Total (TAM) deles. Você não precisa e não deve passar muito tempo nesta etapa agora — provavelmente um décimo ou menos do esforço e da análise feitos para seu mercado cabeça de praia. Provavelmente, muitas das informações necessárias para esta Etapa já foram reunidas quando você fez sua Segmentação do Mercado inicial.

O que este processo faz de bom? Ele mantém você ciente do potencial de longo prazo de seu negócio quando você começa a projetar seu produto e criar capacidades. Você despertará o entusiamo da gerência, dos funcionários e dos investidores mostrando que o negócio tem o potencial de ser incrivelmente bem-sucedido. Terá também uma ideia melhor dos outros mercados em potencial caso seu mercado cabeça de praia se revele muito mais problemático do que previu e tenha que abandoná-lo ou rever outras opções.

Entretanto, é muito importante que você não permita que esse mercado mais amplo e cálculo subsequente do TAM distraiam você e sua equipe do mercado cabeça de praia. O cálculo do TAM mais amplo deve estimular sua equipe a conquistar primeiro o mercado cabeça de praia, ao mesmo tempo que a mantém pensando sobre a importância de desenvolver e ampliar a Essência. Como o desenho no início da etapa mostra, o sucesso nos mercados subsequentes só acontece depois de você vencer em seu mercado cabeça de praia.

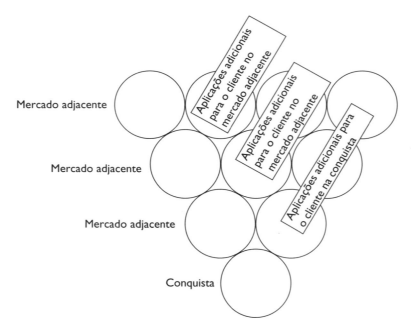

Figura 14.1   Pinos de boliche de Moore modificados.

COMO CALCULAR O TAM MAIS AMPLO

Pense nos vários mercados adjacentes e nas oportunidades de upselling que derivam logicamente de seu produto. Você deve conseguir identificar pelo menos cinco ou seis mercados subsequentes. Use a mesma metodologia geral para calcular o TAM de cada mercado subsequente, como fez para seu TAM do mercado cabeça de praia na Etapa 4.

Se quiser atrair o capital de risco e/ou criar um negócio grande, a regra geral será que o TAM mais amplo (para 10 ou menos mercados subsequentes) mais o TAM do mercado cabeça de praia devem somar um valor acima de $1 bilhão.

Use todas as técnicas mencionadas na Etapa 4, como garantir que as unidades estejam corretas; mas você precisará de muito menos pesquisa de mercado inicial agora.

EXEMPLO

Cuidados da Pele Inteligentes

Essa equipe começou com um mercado cabeça de praia de protetor solar para atletas radicais, com $20 milhões de TAM anual. Considerando que essas margens brutas seriam muito altas, esse foi um bom tamanho de mercado para iniciar e ganhar algum impulso para atrair mercados muito maiores — como o protetor solar para clientes em geral, potencialmente um TAM de muitos bilhões de dólares por ano.

A equipe viu outros mercados subsequentes também para saber onde poderia usar a tecnologia subjacente para entrar facilmente neles e abocanhar uma grande fatia de mercado. Cada uma das oportunidades de mercado em seu fluxograma simples (Figura 14.2) foi de $100 milhões ou mais por ano, e o TAM dos mercados subsequentes somou em torno de $2 bilhões por ano. Você não precisa entrar em muitos detalhes além do fluxograma, embora deva incluir a quantidade em valores monetários de cada mercado de continuação e o TAM total, nenhum incluído no fluxograma mostrado.

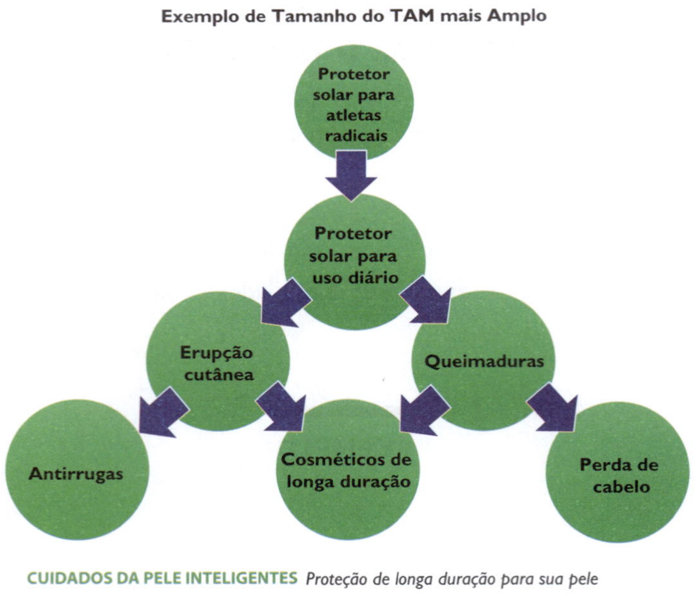

EMPREENDEDORISMO DISCIPLINADO

Exemplo de Tamanho do TAM mais Amplo

CUIDADOS DA PELE INTELIGENTES *Proteção de longa duração para sua pele*

Figura 14.2   Tamanho do TAM mais amplo para os Cuidados da Pele Inteligentes.

RESUMO

O Cálculo do TAM mais Amplo deve ser uma validação rápida de que há um mercado maior e deve tranquilizar membros da equipe e investidores de que seu negócio tem grande potencial a longo e curto prazos.

ETAPA 15

Desenhe um Modelo de Negócio

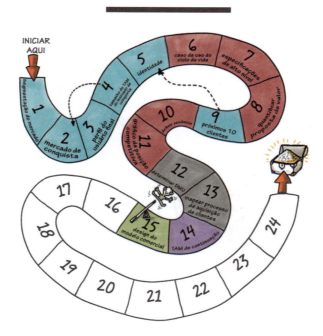

NESTA ETAPA, VOCÊ:

- Examinará os modelos existentes nos diversos setores de atividade para capturar alguns dos valores que seu produto leva para o cliente;
- Usará o trabalho feito nas outras etapas para debater ideias sobre um modelo inovador para seu empreendimento.

Mim achar que você precisa colocar as coisas mais em equilíbrio!

Como você irá capturar sua parcela de valor criado é um assunto que merece mais atenção do que os empreendedores geralmente dão.

Os empreendedores geralmente dedicam uma quantidade pequena e desproporcional de tempo ao seu modelo de negócio. Eles investem muito tempo para desenvolver o Perfil do Usuário Final, definir o produto e a proposta de valor e mostrar como criarão valor para o cliente, mas pouco para descobrir como esse valor se traduz em um negócio lucrativo. Eles ficam tão entusiasmados em colocar o produto no mercado que simplesmente seguem o padrão de adotar qualquer modelo de negócio popular nos mercados semelhantes.

Por que passamos todo esse tempo focando a inovação relacionada à tecnologia e ao design do produto sem uma quantidade de tempo proporcional para inovar o modelo de negócio? A história mostra que as empresas que gastam tempo e esforço em modelos de negócio inovadores podem ter um grande retorno financeiro.

O produto de pesquisa do Google é um excelente exemplo de modelo de negócio inovador. Antes do Google, o modelo de negócio ou "estrutura de captura de valor" dos mecanismos de pesquisa era colocar o máximo de anúncios de publicidade possível em uma página e cobrar o máximo possível por eles. O Google, por outro lado, usou anúncios de texto simples e os direcionou com base nas palavras-chave usadas em determinada pesquisa. Os anunciantes acharam essa técnica mais atraente que a publicidade, porque tinham dados melhores sobre a eficiência dos anúncios individuais e podiam criar anúncios mais eficientes baseados nesses dados. O modelo de negócio altamente inovador é o que tornou o Google a potência que é hoje, não a proficiência técnica de seu algoritmo de pesquisa.

Ironicamente, essa ideia de pesquisa contextual viável comercialmente não foi do Google, mas veio da Overture, uma empresa Idealab, que foi a primeira a trazer para o mercado comercial uma solução de anúncios baseados em palavras-chave confiáveis, com o nome de GoTo.com. O Google simplesmente adotou a ideia com mais entusiasmo e executou um plano de lançamento que o tornou líder de fato nos anúncios online.

A história do iTunes da Apple é parecida. Antes do iTunes, o método padrão de capturar valor para a música digital era cobrar uma taxa de assinatura mensal para acessar uma biblioteca de músicas, e a falta de pagamento significava que o acesso à música era cortado. A Apple se diferenciou com sucesso com uma cobrança única de $0,99 por música, depois da qual o usuário podia guardar a música digital para sempre. No início, esse modelo foi percebido como arriscado, e a Apple teve que dispender grande esforço para fazer os selos musicais concordarem com o modelo e convencer os usuários sobre seus benefícios. O modelo acabou sendo um dos maiores fatores, se não o principal, do sucesso do iTunes em relação aos outros serviços de música, com um tremendo retorno positivo no investimento que a Apple fez ao pensar de forma cuidadosa e inovadora seu modelo de captura de valor.

Portanto, passe um tempo decidindo qual será seu modelo de negócio para a captura de valor e não apenas siga o padrão atual em seu ramo de atuação.

Como se trata de um novo empreendimento, você terá muitas opções de modelos de negócio; porém, é muito difícil mudar um modelo comercial assim que você estabelece uma base de clientes. Esta é uma vantagem que você tem sobre os participantes já estabelecidos em seu setor de atividade. Portanto, avalie seu modelo de negócio pela perspectiva do cliente no lançamento e considere testar as diferentes opções antes de estabelecer o modelo de negócio que usará para capturar o valor.

UM MODELO DE NEGÓCIO NÃO É PRECIFICAR

Um modelo de negócio é um construto que lhe permite extrair de seus clientes uma parte do valor que seu produto cria para eles. É a ideia de que a quantidade de dinheiro que seu empreendimento recebe é baseada em quanto valor o cliente obtém com o produto e não uma margem de lucro aleatória baseada em seus custos. Você deve trabalhar constantemente para obter modelos de negócio e preços que sejam baseados em valor, mesmo que tenha que fazer mudanças temporárias no caminho para chegar lá (por exemplo, acordos de desenvolvimento conjunto, projetos do governo, projetos piloto nos quais o escopo não é claro e o risco é alto). Porém, o preço importa muito menos que fazer o design de um modelo de negócio eficaz, porque este último tem uma influência mais direta em sua capacidade de extrair valor durante a vida útil de seu negócio.

PRINCIPAIS FATORES AO DESENHAR UM MODELO DE NEGÓCIO

Quando se pensa em um modelo de negócio adequado para você, não há uma resposta universalmente correta, pois ele depende de sua situação específica. Existem quatro fatores-chave que sempre recomendo fortemente que os empreendedores considerem:

1. **Cliente:** Entenda o que o cliente está disposto a fazer. O conhecimento obtido ao mapear a Unidade de Tomada de Decisão e o Processo para Adquirir um Cliente Pagante será valioso aqui.
2. **Criação de Valor e Captura:** Avalie quando e quanto valor seu produto fornece para o cliente. Então, determine quais modos de capturar o valor combinam melhor. Sua Proposta de Valor Quantificado ajudará aqui.
3. **Concorrência:** Identifique o que sua concorrência está fazendo.
4. **Distribuição:** Verifique se seu canal de distribuição tem os incentivos certos para vender seu produto.

GRATUIDADE NÃO É UM MODELO DE NEGÓCIO

Existem dois tipos de "modelos de negócio" especialmente comuns entre as empresas da web. Um, "freemium", é baseado na ideia de que os usuários obtêm a funcionalidade básica do produto sem cobranças e pagam por recursos premium, através de uma cobrança de assinatura ou comprando complementos. O segundo é "iremos propor algo depois", contando com o dinheiro do investidor para conseguir uma base de usuários considerável antes de propor modos de ser lucrativos. No entanto, nenhum deles é um modelo de negócio porque você não tem um negócio até ter alguém realmente pagando por seu produto.

No livro *Previsivelmente Irracional*, o autor e respeitado economista comportamental, Dan Ariely, diz que as pessoas se comportarão de modo muito positivo em relação ao seu produto quando o preço for zero porque não há nenhuma resistência para adquiri-lo em comparação com um produto precificado em qualquer valor acima de zero. A gratuidade fará muitas pessoas experimentarem seu produto e pode ser parte de uma estratégia geral para reduzir seu Custo de Aquisição do Cliente. Porém, isso é tudo, porque você não mostrou se algum de seus "clientes" realmente pagaria por seu produto se ele tivesse um preço, mesmo que fosse um centavo. E embora esses "clientes" estejam usando seu produto gratuitamente, você ainda está arcando com os custos de fornecer seu produto; portanto, precisará de alguma fonte de dinheiro para manter o negócio funcionando, como, por exemplo, clientes pagantes.

O Instagram é um bom exemplo de "negócio" que não era realmente um negócio na minha cabeça até ter seu primeiro cliente pagante, o Facebook, que adquiriu a empresa inteira. Tais "bilhetes de loteria" podem conseguir muitos usuários e, algumas vezes, podem resultar em aquisições bem-sucedidas, mas não representam um modelo sustentável para realmente manter um negócio. Os modelos "freemium" e "iremos propor algo depois" podem ser um meio para um fim, mas não são modelos de negócio, porque não há nenhum negócio comprovado neles.

CATEGORIAS GENERALIZADAS DE MODELOS DE NEGÓCIO

Pensar em alguns tipos comuns de modelos de negócio ajudará a ter uma ideia melhor de qual é o mais adequado para você. Provavelmente você optará por um modelo de negócio híbrido que inclua elementos de várias categorias. É uma boa ideia ver os modelos de negócio vigentes em ramos de atividade diferentes do seu: tal inovação lateral geralmente resulta em modelos de negócio criativos e eficazes. A lista a seguir foi elaborada com o intuito de lhe dar uma ideia das muitas opções disponíveis, mas você também deve pensar além dela ao elaborar seu modelo de negócio.

1. **Cobrança Única Adiantada e Manutenção:** Esse é o modelo comercial mais comum, no qual um cliente paga antecipadamente para obter o produto, com a opção de garantir atualizações ou manutenção contínua do produto por uma taxa periódica. A cobrança adiantada pode precisar vir do orçamento de capital (assim chamado por se tratar de investimentos mais elevados) do cliente, especialmente se a despesa for muito grande, e dispor do dinheiro dessa fonte requer um processo de aprovação potencialmente longo e formal. A cobrança de manutenção contínua viria do orçamento operacional do cliente. Para seu negócio, um grande aporte adiantado de caixa é bom, porque ajuda a compensar seu alto custo de capital, mas com essa decisão muito provavelmente você diminuirá sua capacidade de garantir um fluxo de renda recorrente.

2. **Cost Plus:** Neste cenário, o cliente paga uma porcentagem definida acima do custo de produzir o produto. Isso é comum nos contratos do governo, assim como nas situações em que você e seu cliente desejam compartilhar o risco de fazer o produto. O desafio desse modelo é que ele requer um acordo dos pressupostos contábeis, confiar que os números estão corretos e continuarão assim. Esse modelo também pode ser atraente quando seu produto não se desenvolveu e quase certamente haverá um desvio de escopo, mas nesse caso a oferta deve amadurecer e você poderá migrar para um modelo de negócio diferente. Também pode criar incentivos que recompensem a atividade em vez do progresso, o que é ruim para você e seu cliente.

3. **Taxas por Hora:** Esse modelo também tende a recompensar a atividade em oposição ao progresso, que pode ser o incentivo errado; mas quando um projeto é mal definido ou muito dinâmico, esse pode ser o modelo preferível. Um modelo de negócio comum para as prestadoras de serviço é parecido com o cenário 2, mas as taxas são definidas pela demanda do mercado, em vez dos custos.

4. **Assinatura ou Leasing:** É um pagamento definido a cada mês ou outro período de tempo predeterminado e acordado. É uma ótima maneira de obter um fluxo de renda recorrente. Existem muitas variações, incluindo:

   a. *Comprometimento Anual ou de Vários Anos:* Isso prende o cliente e fornece pagamentos mais baixos previsíveis, em oposição a um pagamento único adiantado. Um tipo é o pré-pagamento da assinatura, como o que o professor sênior do MIT, Howard Anderson, usou quando fundou o Yankee Group. Ele cobrava uma taxa anual por uma newsletter mensal que seria enviada durante o ano; o fluxo de caixa adiantado resultante criou menos necessidade de capital. (Nota: Conseguir pré-pagamentos, mesmo que você tenha que dar descontos, geralmente é bom para as startups.)

   b. *Comprometimento Mensal:* Esse método dá ao usuário grande flexibilidade, e você pode, geralmente, extrair um pagamento mensal muito mais alto por tal esquema, em comparação com um acordo anual ou plurianual.

5. **Licenciamento:** Licenciar sua propriedade intelectual e receber royalties pode resultar em uma margem bruta muito alta (margem bruta é a diferença entre a receita marginal e os custos marginais). E se você estiver licenciando seu produto, não terá que fazer grandes investimentos na produção e na capacidade de distribuição para um produto inteiro. Contudo, há muitas desvantagens na estratégia.

O licenciamento geralmente funciona apenas quando o IP é extremamente forte. Outra consideração maior é que você está contando com as empresas existentes para ter seu IP e criar novos produtos transformadores, que elas podem hesitar em fazer, pois ameaça seus interesses de curto e médio prazos de manter seus produtos existentes. Seu cliente será incentivado a encontrar modos de criar produtos que não requerem o uso de seu IP, porque se eles puderem evitar pagar a você as taxas de licenciamento, poderão melhorar as margens brutas. Outra desvantagem é que você não está gastando tempo com o usuário final definitivo aprendendo suas necessidades, portanto, sua capacidade de inovar continuamente estará limitada. E sua taxa de royalties geralmente será equivalente a 1/20 ou menos da receita por venda; daí o TAM o será também, porque royalties de 5% são o melhor que você pode esperar. Não obstante, o licenciamento pode ser uma opção atraente em áreas' como a Biotecnologia, na qual recriar a infraestrutura necessária para criar produtos inteiros é algo extremamente oneroso.

6. **Consumíveis:** Essa é outra estrutura de captura de valor que pode ser vantajosa para o cliente e seu negócio. Para o cliente, a vantagem é um custo baixo adiantado, com custos contínuos baseados no uso, algo que geralmente o cliente pode controlar. O cliente pode não ter um modo fácil de pagar por um grande custo adiantado, mas tem muito mais capacidade de conseguir assim que iniciar a utilização. Quando isso acontece, ele pode justificar a compra de algum produto de consumo que a solução usa. A quantidade de consumíveis que precisam ser comprados está diretamente relacionada com o uso; e em muitos casos seu cliente pode passar o custo para seus próprios clientes. Para seu negócio, pode muito bem ser um modo de reduzir a dificuldade para capturar novos clientes e assim reduzir os custos das vendas e também aumentar muito a quantidade de dinheiro que você obterá com esse cliente a longo prazo. É um modelo muito popular para os equipamentos médicos, mas também é usado com frequência no espaço do consumidor. Um exemplo altamente visível e bem conhecido é o modelo de navalha/lâmina de barbear da Gillette. A HP é outro exemplo, no qual quase todo lucro, se não todo ele, com as impressoras tem origem na comercialização de cartuchos de tinta.

7. **Upsell com Produtos de Alta Margem:** Similar ao modelo consumível, aqui, o produto central é vendido com uma margem muito baixa, mas a margem geral é aumentada com a venda de cada produto complementar com margem muito alta. Esse modelo de negócio, em geral, é usado nas lojas de eletrônicos ou sites, e com frequência na comercialização de carros novos. Em um varejista de eletrônicos, geralmente um item, como uma câmera, pode ser vendido com um valor apenas um pouco acima do custo, o que atrai o cliente, mas então ele compra complementos que têm uma margem maior, e que são oferecidos como uma extensão de garantia por um, dois ou três anos, o que também tem uma margem muito alta. Como ao comprar um carro, são os itens adicionais, como extensão da garantia, acessórios, tratamento contra ferrugem e outros que são os produtos de alta margem de onde os revendedores obtêm a maior fatia de seus lucros.

8. **Publicidade:** Como nos jornais e revistas em seu auge, e agora, nos sites, a capacidade de atrair e manter um grupo demográfico desejável pode ser monetizada com terceiros que desejam acessar os clientes que você atraiu. Quando feito devidamente e em uma escala suficiente,

isso pode ser um modelo muito lucrativo, como o Google e outros mostraram; mas muitas startups fracassaram ao tentar contar apenas com os anúncios. Para negócios como o LinkedIn, a publicidade é parte do amplo leque dos fluxos de receita.

9. **Revenda dos Dados Coletados — ou Acesso Temporário a Eles:** Um pouco parecida com o modelo de publicidade, a revenda dos dados do usuário requer, primeiro, atrair os usuários finais com um produto gratuito e, depois, receber dinheiro de terceiros que pagam pelo acesso ao grupo demográfico e outras informações sobre seus usuários. Essa é uma das principais fontes de receita do LinkedIn, que vende um pacote especial para recrutadores e dá acesso a um grande conjunto de dados de usuários do LinkedIn. A indústria médica também revende o acesso aos dados dos usuários para pesquisas de mercado.

10. **Taxa de Transação:** Os revendedores online geralmente pagam ou recebem uma comissão para as orientações que levam à venda. Um exemplo óbvio é o eBay, que recebe uma taxa de cada leilão bem-sucedido, paga pelo revendedor. O modelo é parecido com o modo como as empresas de cartão de crédito funcionam, nas quais uma porcentagem de cada transação vai para a empresa.

11. **Baseado em Uso:** Um modelo baseado em uso — parecido com o modo como os serviços públicos são medidos — tem sido utilizado em vários setores de atividade. Os produtos de computação em nuvem, como o serviço de nuvem da Amazon, que hospeda sites, cobram pela quantidade usada. Isso permite aos clientes controlar mais suas despesas, porque pagam apenas pela quantidade de largura de banda usada, em vez de pagarem pela capacidade extra que não usam.

12. **Plano de "Celular":** Trata-se de uma taxa básica previsível e recorrente cobrada em troca de certa quantidade de uso contratada, com cobranças extras geralmente muito mais altas que as taxas marginais caso o cliente use mais que a quantidade contratada. A cobrança básica é geralmente bem menor por quantidade de uso que a excedente. Você tem previsibilidade da cobrança básica, assim como o cliente, porque ele sabe quanto poderá usar; mas ele também tem flexibilidade caso precise de um uso adicional. O professor sênior do MIT, Jim Dougherty, quando estava na IntraLinks, usou essa estratégia para monetizar com eficiência seu produto principal, uma interface online para advogados e banqueiros de investimento para compartilhar com segurança documentos com os clientes, de modo que sua base de clientes fosse muito favorecida.

13. **Parquímetro ou Multas:** Quando morei em Cambridge, Massachusetts, sempre achei curioso que a cidade tivesse parquímetros incrivelmente grandes e caros colocados na calçada com extrema segurança. E mesmo por um longo período de tempo, a taxa de estacionamento por hora era de apenas $0,25. Parecia desafiar a lógica que um quarto de hora justificasse os custos significativos de compra e instalação de um medidor, junto com a despesa de pagar alguém para coletar as moedas. Naturalmente, um dia me ocorreu como eles ganhavam dinheiro, ao voltar para meu carro e encontrar uma multa de estacionamento de $25 que se tornaria $40 caso eu não a pagasse dentro de 10 dias. Que modelo de negócio! Não é de estranhar que tantas pessoas fiscalizem o estacionamento. Mas esse é o mesmo modelo de negócio usado pelas empresas de cartão de crédito e (por um tempo) pela Blockbuster cobrando multas por atraso. Porém, o problema

que a Blockbuster veio a descobrir é que os clientes fiéis podem ficar irritados com essas multas, e, assim, quando a Netflix surgiu com o slogan *"sem multas por atraso"*, a Blockbuster perdeu uma fatia significativa de mercado e nunca se recuperou. A lição é: não tire vantagem da ingenuidade do cliente como um pilar central de seu modelo de negócio.

14. **Microtransações:** Um novo modelo de negócio que entrou na moda com os jogos de computador online, e que agora está sendo testado para tentar salvar os jornais, são as microtransações. Nesse modelo, o cliente é solicitado a fornecer seu cartão de crédito e, depois, ele pode fazer transações muito pequenas (definidas como inferiores a $12; geralmente são de $1 ou menos) para obter produtos digitais (que realmente não têm nenhum custo marginal, porque são eletrônicos). Como são muitas transações, geram um valor considerável.

15. **Economias Compartilhadas:** Esse modelo de negócio é geralmente muito discutido, mas raramente usado em face de suas complexidades na implementação, apesar de sua elegância conceitual. Nesse cenário, o cliente paga apenas quando obtevê uma economia ou um benefício com o produto. Uma área na qual isso tem sido aplicado com sucesso são as Empresas de Serviços de Eficiência de Energia (ESCOs), como a Ameresco. Não é implementado, em geral, porque é difícil determinar quanta economia pode ser atribuída ao produto, em especial em um período de tempo de vários anos. Uma área na qual esse modelo funciona, por que a contagem é clara, é no capital de risco, no qual o sócio geral tem em torno de 20% dos lucros de seus investimentos (isso é chamado de "carregamento").

16. **Franquia:** Se um empreendedor propõe uma boa ideia e é capaz de implementá-la, mas não tem desejo, habilidades nem dinheiro para lançá-la, ele pode usar o modelo de franquia e receber uma porcentagem das vendas e/ou uma grande taxa inicial em troca de fornecer o conhecimento e a marca desenvolvida. Você também pode ganhar dinheiro vendendo seus produtos de marca para as franquias distribuírem.

17. **Operação e Manutenção:** Um novo negócio pode não querer exatamente vender um produto, mas ser pago para administrar uma fábrica ou outra operação por uma taxa. Embora tenha algum parentesco com um contrato de consultoria, aqui o cliente tem mais incentivos para controlar e cortar os custos, pois irá impactar diretamente a receita dele. Esse modelo é comum no setor de energia.

Isso nem chega perto de ser uma lista completa de modelos de negócio, mas ajudará a pensar sobre os diferentes modos de capturar valor para seu negócio. Existem muitas opções, inclusive realizar uma mistura dos modelos acima ou, como você verá na próxima seção, inovar com um tipo diferente de modelo de negócio. Discuta e, se possível, experimente as diferentes variações.

PENSE FORA DAS CATEGORIAS EXISTENTES

Uma empresa de Rhode Island chamada Amie Street usou um modelo de negócio inovador para capturar o valor dos downloads de música sob demanda. Os primeiros downloads seriam gratuitos, mas quando o número aumentasse, a empresa aumentaria a cobrança do cliente. Os clientes eram incentivados a ouvir música e ver se conseguiam escolher as músicas antes de elas ficarem populares. Se recomendassem uma música que fosse vendida por poucos dólares e ela, mais tarde, ganhasse popularidade e aumentasse seu preço, a pessoa que recomendou receberia 50% da diferença do preço.[1] A Amie Street foi comprada pela Amazon, por um preço não divulgado, em setembro de 2010; o que tornou a Amie Street atraente para a Amazon foi o preço variável e os esquemas inteligentes de incentivo da empresa.

Contudo, tenha cuidado para não passar muito tempo sendo inteligente com seu modelo de negócio a ponto de perder o foco na criação de valor. Os dois lados de um negócio, criar valor e capturar valor com um modelo de negócio, devem estar equilibrados.

RESUMO

O modelo de negócio é uma decisão importante sobre a qual você deve passar um tempo pensando. As decisões tomadas aqui terão um impacto significativo em seu lucro quando medido por duas variáveis principais do empreendedorismo: Valor do Ciclo de Vida de um Cliente Adquirido (LTV) e Custo de Aquisição do Cliente (COCA). Não se concentre no preço nesta etapa, pois sua escolha de modelo de negócio tem muito mais influência do que suas decisões de preço.

Assim que tiver estabelecido um modelo de negócio, ainda será possível, mas geralmente não será fácil, mudar para um modelo diferente. Portanto, escolha um modelo de negócio que o diferencie dos concorrentes e lhe dê uma vantagem sobre eles, porque seus competidores não podem mudar facilmente seus modelos de negócio para equivalerem ao seu.

---

[1] Michael Arrington, "Amie Street: Awesome New Music Model". TechCrunch, 23 de julho de 2006, http://techcrunch.com/2006/07/23/amie-street-awesome-new-music-model.

ETAPA 16

Defina Sua Estrutura de Preços

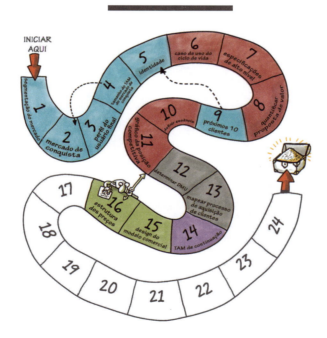

NESTA ETAPA, VOCÊ:

- Usará sua Proposta de Valor Quantificado e Modelo de Negócio para determinar uma primeira estrutura apropriada para precificar seu produto.

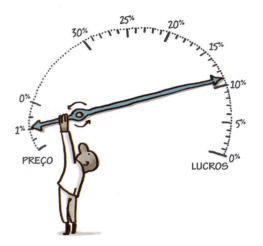

Melhorar o preço pode
ter um grande efeito nos lucros...
mas seja paciente até que o mercado
amadureça e você tenha informações suficientes

Agora que você optou por um modelo de negócio, é hora de começar a propor uma estratégia de preço. Ajustar a estratégia pode ter um impacto enorme em seus ganhos.

Com um modelo de negócios em mãos, agora você pode fazer uma primeira boa estimativa de sua Estrutura de Preço, compreendendo que provavelmente ela mudará ao longo das 24 Etapas. Esta etapa é o começo de um processo de precificação, porque certamente você acabará com várias faixas de preço e estratégias de precificação, que recapitulará depois de experimentar e obter feedback do mercado sobre as faixas de preço. Enquanto o Modelo de Negócio tem muito menos probabilidade de mudar, as faixas de preço geralmente estão sujeitas a ser alteradas em função das condições do mercado. Alguns negócios até mudam o preço diariamente (por exemplo, hortifrútis) ou, ainda mais drasticamente, em tempo real (por exemplo, preço dinâmico das passagens aéreas).

Seu objetivo no momento é criar uma primeira estratégia que permitirá calcular o Valor do Ciclo de Vida de um Cliente Adquirido, que juntamente ao Custo de Aquisição do Cliente será uma variável importante para indicar o lucro de seu negócio. Você achará mais fácil voltar e mudar sua Estratégia de Preço depois de concluir e fazer seus outros cálculos, em vez de tentar fazer tudo certo na primeira vez. De modo muito parecido com as outras etapas neste livro, conseguir o preço certo é um processo iterativo e contínuo, no qual você inicia em algum ponto que é a melhor aposta para o momento e, então, chega cada vez mais perto da melhor resposta.

A Estrutura de Preço tem forte influência em sua lucratividade, consequentemente, é importante precificar seu produto de maneira correta. Em seu livro *The 1% Windfall* (sem tradução em português), o Dr. Rafi Mohammed cita um estudo de McKinsey & Company que mostra que para as empresas na Global 1200, um preço 1% maior levaria a um aumento de 11% nos lucros gerais, porque assim que os custos tiverem sido pagos, toda a receita restante será o lucro. Naturalmente, sempre há um teto para seu preço devido à dinâmica da Unidade de Tomada de Decisão, Processo para Adquirir um Cliente Pagante e ciclo de vendas. A Estrutura de Preço é sua tentativa de obter equilíbrio entre atrair o máximo possível de receita e clientes.

CONCEITOS BÁSICOS DO PREÇO

1. **Custos Não Devem Ser um Fator ao Decidir o Preço.** Defina seu preço com base no valor que o cliente obtém com seu produto, em vez de seus custos. As estratégias baseadas em custos quase sempre deixam dinheiro na mesa. No software, por exemplo, o custo marginal (de produzir mais uma cópia do software) é realmente zero, portanto, o preço baseado no custo tornaria extremamente difícil ganhar dinheiro. Ao contrário, use sua Proposta de Valor Quantificado, determine quanto valor seu cliente recebe com o produto e cobre uma fração disso. A fração exata depende da concorrência e do setor, mas 20% tendem a ser um ponto de partida razoável, deixando 80% do valor para o cliente, que está correndo o risco incorporando seu produto na infraestrutura. Algumas empresas, como a Microsoft e a Intel, conseguiram aproveitar as posições de monopólio para estabelecer faixas de preços mais altas,

mas os ganhos de curto prazo com essa estratégia podem criar problemas de longo prazo para seu negócio, caso seus clientes pensem que você está exagerando no preço e outras empresas surjam com produtos diferentes ou com um preço menor.

a. A porcentagem do valor do cliente que você pode obter com seu preço depende de seu modelo de negócio e de quanto risco você está colocando no cliente. Um modelo de assinatura mensal, no qual um cliente paga com o tempo, mas também pode cancelar a qualquer momento, permitirá que você coloque um preço maior que o modelo de cobrança antecipada, no qual o cliente está correndo o risco adicional de pagar pelo produto total antes de saber o quanto será vantajoso para ele.

b. Se os custos surgirem nas conversas sobre seu produto, deixe claro que seu preço não é baseado no custo. Imediatamente, leve a conversa para quanto valor você cria para o cliente. Steve Walske, o bem-sucedido CEO da Parametric Technologies, é famoso por ter dito: "Meu negócio é muito simples. Meus clientes me dão dois dólares e recebem de volta 10. É por isso que somos tão bem-sucedidos."

c. Não divulgue os números dos custos para ninguém que não tenha uma real necessidade de saber. Definitivamente, não conte a seu grupo de vendas, porque qualquer bom vendedor usará qualquer recurso para fazer uma venda, mesmo que isso signifique baixar o preço para mais próximo dos custos. Essa mentalidade é, de fato, o motivo de você o ter contratado e amado, e é o que o torna eficaz. (Se você duvidar, leia sobre o comportamento dos agentes imobiliários em *Freakonomics*, de Steven Levitt e Steven Dubner.) Se você se abrir para as conversas sobre custos, isso poderá levar a conversas inadequadas sobre seu preço, que acarreta em uma diminuição de moral, produtividade e lucro em potencial.

2. **Use a DMU e o Processo para Adquirir um Cliente Pagante para Identificar as Principais Faixas de Preço.** A Unidade de Tomada de Decisão e o Processo para Adquirir um Cliente Pagante fornecem informações valiosas sobre como o orçamento do cliente funciona. Conhecer os limites de autonomia de compra de um indivíduo pode ajudar a reduzir o atrito no processo de vendas. Um exemplo de como usar essas informações para dar seu preço vem da Kinova, de Montreal, Quebec. A Kinova vende o braço robótico auxiliar Jaco para pessoas com deficiência que utilizam cadeiras de roda (Figura 16.1). Quando a Kinova entrou no mercado na Holanda, sua pesquisa de mercado inicial descobriu que os clientes poderiam receber um reembolso de até $28 mil pelo plano de saúde para comprar o produto. Se o preço fosse acima de $28 mil, a Kinova precisaria que o consumidor pagasse a quantia extra do bolso, criando atrito no processo de vendas. Apesar de uma proposta de valor extremamente forte que podia suportar um preço mais alto, a Kinova precificou seu produto em $28 mil, o que diminui drasticamente a duração do ciclo de vendas da empresa e o Custo de Aquisição do Cliente. Como resultado, a empresa reforçou rapidamente as vendas e desfrutou de uma fatia de mercado muito maior do que teria se tivesse precificado o produto em um valor mais alto.

Figura 16.1   Braço robótico auxiliar Jaco da Kinova.

3. **Compreenda os Preços das Alternativas do Cliente.** É fundamental entender, da perspectiva do cliente, os produtos alternativos disponíveis e quanto o cliente pagaria por eles, inclusive o *status quo* do cliente. Pesquise com cuidado quais alternativas conseguiriam benefícios parecidos para o cliente, quais são os preços dessas alternativas e o quão melhor é sua solução. A coleta de dados e a análise são muito importantes nesta etapa.

4. **Diferentes Tipos de Clientes Pagarão Preços Diferentes.** Quando estava iniciando uma de minhas empresas, recebi um conselho sábio depois de uma apresentação para o lendário empreendedor Mitch Kapor. "A má notícia", disse ele, "é que você venderá metade das unidades que pensa que irá vender. Mas a boa notícia é que você conseguirá vender para o primeiro grupo de compradores por duas vezes o preço que pensa que venderá." Ele estava certo. Geoffrey Moore explica o porquê disso no livro *Crossing the Chasm*. Diferentes tipos de clientes pagarão quantias diferentes, dependendo de quão cedo ou tarde estão comprando em relação aos outros; portanto, uma estratégia de preço/estrutura diferenciada para esses segmentos distintos de clientes significará lucros bem mais altos para seu negócio. Moore divide os clientes em cinco ondas:

   a. Os **entusiastas tecnológicos** são as primeiras pessoas a comprar um produto. Eles adoram a tecnologia e comprarão um item de qualquer coisa. Alguns são clientes, ao passo que outros trabalham em laboratórios de P&D de universidades, bibliotecas nacionais ou empresas como a General Electric. Eles comprarão apenas um (daí, metade do número esperado), mas como desejam ter imediatamente, antes de qualquer outra pessoa, estão dispostos a pagar um preço muito mais alto (daí, duas vezes o preço).

b. Os **"early adopters"** também costumam pagar caro pelo produto, mas estão muito interessados em sentir que fizeram um negócio especial e requerem muita atenção e serviço extra; portanto, crie algo em seu modelo de preço.

c. A **maioria inicial (pragmáticos)** é onde você cria uma empresa ótima e realmente escalável. Essa é a faixa de preço em que a maioria de nós pensa quando está conversando e planejando uma estratégia de preço.

d. A **maioria tardia (conservadores)** entra mais tarde no processo e sua estratégia de preço será muito clara para ela nessa altura: ela gosta de planos conservadores bem definidos.

e. Os **retardatários/céticos** entram tão tarde no processo que a essa altura você já pode ter vendido sua empresa.

5. **Seja Flexível com o Preço para os Testadores Iniciais e "Clientes Farol".** É bom ter dois tipos de clientes no início. Os testadores iniciais colaborarão com você para melhorar seu produto e os clientes farol influenciam muito as decisões de compra dos outros no setor. Permita certa flexibilidade no preço com esses dois grupos de clientes, dando descontos em uma cobrança antecipada ou com um período de experiência gratuito ou de baixo custo, pois é importante que fiquem comprometidos e satisfeitos. Esses clientes podem ajudá-lo a criar estudos de caso ou fazer reuniões locais, nas quais você pode promover seu produto ou eles podem ser fortes referências no mercado. Contudo, não distribua seu produto para esses clientes e não desconte nenhum fluxo de receita contínuo, porque isso sinalizaria que seu produto tem um valor muito baixo, estabelecendo um precedente perigoso. Faça com que os clientes iniciais assinem um contrato no qual seus termos de preço sejam mantidos confidenciais e seja firme com clientes tardios que tentam assegurar os mesmos termos de preço, porque você não deseja que seus acordos iniciais exclusivos definam sua estratégia de preço geral. E se existir a opção de descontar o hardware ou o software, prefiro muito mais descontar o hardware e manter a linha no preço do software. Os clientes podem entender mais facilmente o valor do hardware versus o valor do software e será mais fácil restabelecer o preço mais alto do hardware em oposição ao do software.

6. **Sempre É Mais Fácil Baixar o Preço do que Aumentá-lo.** É melhor estabelecer um preço alto e oferecer descontos inicialmente, em vez de um preço baixo demais e descobrir que você precisa elevá-lo depois. Em geral, seus primeiros clientes terão orçamentos maiores que os clientes tardios, que são mais propensos a aceitar uma tecnologia menos moderna em troca de um preço menor. E mais: achará difícil convencer os clientes a aceitarem um preço mais alto depois que se acostumarem a pagar um preço mais baixo. Às vezes, um aumento de preço é necessário quando você aprende mais sobre o mercado, mas os aumentos de preço bem-sucedidos não ocorrem com frequência.

EXEMPLO

Helios

Essa equipe de alunos estava trabalhando no desenvolvimento de uma empolgante tecnologia nova de película magnética que capturava energia solar e podia liberar energia sob demanda. O mercado cabeça de praia da equipe era descongelar remotamente as janelas das frotas de automóveis de empresas e do governo.

A equipe calculou as alternativas primárias para seu produto, nas quais os motoristas descongelavam manualmente seus carros individuais ou os funcionários da manutenção descongelavam manualmente uma frota. As regras e desejos do sindicato também foram incluídos. Para ter uma boa suposição fundamentada do preço, a equipe teve que entender claramente sua Proposta de Valor Quantificado, assim como as qualidades racionais e emocionais da Unidade de Tomada de Decisão.

A equipe criou uma Estrutura de Preço inicial, então, assim que calculou o Valor do Ciclo de Vida de um Cliente Adquirido e Custo de Aquisição do Cliente nas etapas posteriores, voltou e reviu a Estrutura de Preço com base nesses cálculos. Na estrutura de preços revista, o preço foi definido em $100 por unidade, o que forneceria $100 mil no primeiro ano de vendas (com base no tamanho médio da frota de 1.000 veículos do cliente-alvo). Com a renovação média de 20% da frota, depois, a equipe teria um lucro líquido de $20 mil por ano. Como parte de sua estrutura, ela comparou sua tecnologia com as películas de janelas, concluindo que os consumidores julgariam seu preço em relação àquele que estavam acostumados a pagar pela película. A estratégia também analisou uma tática de descontos para que os clientes piloto iniciassem um boca a boca positivo.

Esse caso é um bom lembrete de que as diferentes etapas dependem umas das outras e você deve rever continuamente e mudar suas suposições com base no trabalho feito nas posteriores.

RESUMO

Precificar é basicamente determinar quanto valor seu cliente obtém com seu produto e captar uma fração desse valor de volta para seu negócio. Os custos são irrelevantes para determinar sua estrutura de preço. Você conseguirá cobrar um preço mais alto dos clientes iniciais em oposição aos posteriores, mas seja flexível ao oferecer descontos especiais e exclusivos para selecionar os early adopters (testadores iniciais) e os clientes farol, pois eles serão bem mais vantajosos para o sucesso de seu produto do que o cliente inicial médio. Diferentemente do modelo comercial, o preço mudará continuamente como resultado das informações reunidas e depois que você avançar nas 24 Etapas, assim como em resposta às condições do mercado.

ETAPA 17

Calcule o Valor do Ciclo de Vida (LTV) de um Cliente Adquirido

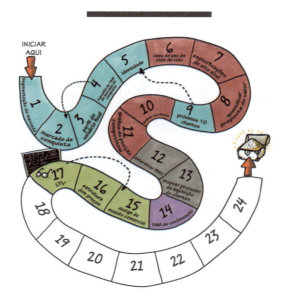

NESTA ETAPA, VOCÊ:

- Adicionará a receita que pode esperar receber de um cliente individual;
- Descontará a receita com base em quanto custará reembolsar os investidores com o passar do tempo.

Não se preocupe, a matemática empresarial é muito mais simples. Se o LTV não for igual a três vezes o COCA, nada disso importará!

Agora que você determinou pelo menos a primeira passagem de seu modelo de captura de valor e suas particularidades, poderá começar a fazer um cálculo simples e fundamental para um novo empreendimento. Você pode adquirir clientes com um custo substancialmente menor que o valor dos clientes para o novo empreendimento ao longo do ciclo de vida do cliente?

CALCULE O VALOR DO CICLO DE VIDA (LTV) DE UM CLIENTE ADQUIRIDO • 181

Até este ponto você fez um bocado de análises importantes fundamentadas na interação do cliente real para ver, em geral, se e como seu novo empreendimento funcionaria. Agora, fará os cálculos matemáticos ou "economia unitária" (isto é, receita e custos associados a um modelo de negócio expressos por unidade) para discernir se é um negócio sustentável e atraente de um ponto de vista microeconômico. O cálculo do Valor do Ciclo de Vida de um Cliente Adquirido (LTV), junto ao do Custo de Aquisição do Cliente (COCA), ajudará a determinar o quanto seu negócio será lucrativo no mercado cabeça de praia. O LTV serve como um ponto de verificação mais fundamental para determinar como seu negócio é viável e assegurar que você entende claramente o que orientará a sustentabilidade e a lucratividade do negócio para que fique focado em avançar.

Um estudo de caso, muito oneroso em relação à importância de LTV, COCA e economia unitária, pode ser visto em Pets.com. A empresa foi fundada em agosto de 1998 para vender produtos na internet para consumidores com animais de estimação. O conceito era que as pessoas gastavam muito dinheiro com seus animais e que essa nova empresa poderia captar essas vendas, tornando-se muito grande e lucrativa com um novo modelo de negócio que não envolvia os custos de manter lojas físicas.

O conceito e o ponto forte da equipe de gerenciamento permitiram que a empresa levantasse facilmente milhões de dólares com os investidores. Em seu impulso de criar uma marca e adquirir clientes, ela anunciou fortemente seu site, incluindo um comercial muito visto no Super Bowl em 2000. A empresa estava conseguindo clientes, mas não analisou com rigor a economia unitária.

Quando a equipe finalmente fez isso, percebeu que devido à margem baixa dos produtos vendidos e os altos custos da aquisição do cliente, que haviam ficado relativamente constantes em vez de diminuírem, como deveriam, a empresa estava perdendo dinheiro com cada novo cliente captado. O caixa estava se esvaziando, mas a gerência aumentou a aposta alegando que era apenas uma questão de volume, que quando a base de clientes fosse grande o bastante, a empresa teria um fluxo de caixa positivo. Foi um pensamento fantasioso, e não uma análise econômica genuína, porque a gerência não tinha desenvolvido um caminho claro nem para aumentar o LTV nem para reduzir significativamente o COCA. Então, a perda de caixa apenas aumentou quando eles conseguiram mais clientes.

Logo os investidores acordaram e perceberam que a matemática da Pets.com não funcionava. Em novembro de 2000, a empresa encerrou as atividades e os ativos foram liquidados. Trezentos milhões de dólares de dinheiro de investidores foram perdidos, mas pelo lado positivo isso pode ser visto como uma lição educativa de $300 milhões para assegurar que as pessoas tenham disciplina e sejam honestas intelectualmente quanto à análise da economia unitária, antes de investir muito tempo, dinheiro ou energia em um novo empreendimento.

Pode-se pensar que esse aprendizado impediria futuros erros nessa linha; ledo engano. Em um caso que muito provavelmente provará ser um exemplo ainda mais caro de não prestar atenção na economia unitária de um novo empreendimento, o Groupon fracassou em focar o bastante nesses fundamentos. A empresa, fundada em 2008, cresceu lentamente no início, mas, então, começou a expandir-se rapidamente com seu produto, que em muitas regiões oferecia um grande desconto todo dia para um negócio diferente. A empresa aproveitou a propaganda boca a boca na mídia social para se tornar uma empresa de rápido crescimento — em termos de receita. Ela se tornou a queridinha de muitos, inclusive de investidores, imprensa e clientes, mas houve um problema. O Groupon não tinha estabelecido uma Essência viável; assim, à medida que a concorrência aumentasse, seu LTV provavelmente diminuiria e seu COCA aumentaria, com a empresa lutando em um mercado saturado para encontrar mais clientes. Eles nunca descobriram a economia unitária e assim que o burburinho desapareceu e as pessoas começaram a ver suas finanças, o problema ficou claro. Na época em que este livro foi escrito, a história não havia sido divulgada como o caso Pets.com, mas posso assegurar que muitas pessoas gostariam de ter gastado mais tempo na economia unitária no início do ciclo de vida da empresa.

Nas próximas três etapas você trabalhará para determinar o LTV e o COCA, começando com o LTV. Ambos são importantes, porque se não houver um modo claro de conseguir um LTV muito mais alto que o COCA, você não conseguirá cobrir seus custos comerciais, como, por exemplo, desenvolvimento de produto, finanças, administração e despesas gerais.

Todo o trabalho feito nas etapas anteriores, como definir a DMU, mapear o processo de aquisição do cliente, identificar uma Essência e um plano para aumentá-la, ajudará a estimar logicamente a economia unitária com o tempo. Grandes mudanças nesses fatores, como a DMU, poderiam afetar drasticamente sua economia unitária, portanto, é fundamental manter os olhos atentos para tornar isso o mais real possível e anotar qualquer mudança com o tempo.

PRINCIPAIS DADOS DE ENTRADA PARA CALCULAR O LTV

Agora você verá precisamente como calcular o LTV de um cliente. Embora o número final certamente seja uma faixa, e não esteja necessariamente correto na primeira vez que o calcular, é muito importante entender o que determina o valor do LTV. Em outras palavras, você precisa saber mais do que apenas um número; precisa entender os fatores subjacentes para que possa compreender os riscos e como poderá aumentar o LTV com o tempo. Também ajudará quando tiver clientes pagantes reais e precisará analisar qual é seu LTV e sua tendência. É isso que estabelece como e quando você fará ajustes para monitorar continuamente se sua economia unitária está nos trilhos rumo a um futuro viável, sustentável e interessante. Eis algumas entradas principais que você precisará entender para estimar o LTV:

1. **Fluxo de Receita Único, Se Houver.** Em geral, se houver uma cobrança adiantada de seu produto, será uma fonte de receita única.
2. **Fluxos de Receita Recorrentes, Se Houver.** As taxas de assinatura e manutenção, assim como as compras repetidas de consumíveis, são receitas recorrentes.

3. **Oportunidades de Receitas Extras.** Se houver oportunidades para um "upsell" para o cliente, no qual o cliente compra produtos extras com um mínimo esforço adicional da equipe de vendas, inclua isso como fluxos de receita. Lembre-se de considerar a DMU e o ciclo de vendas calculado anteriormente. Subestimar isso pode levar a uma visão distorcida.

4. **Margem Bruta para Cada um dos Fluxos de Receita.** A margem bruta é o preço de seu produto menos seu custo de produção. Esse custo não inclui os custos das vendas e de marketing (que são considerados no COCA) ou despesas gerais, como P&D ou administrativas.

5. **Taxa de Retenção.** Para cada fluxo de receita recorrente, essa taxa é a porcentagem de clientes que continuam a pagar a taxa recorrente do produto. Geralmente, isso é expresso em base mensal ou anual. (O oposto da taxa de retenção é a "taxa de cancelamento de clientes", que é a porcentagem dos clientes perdidos.) Suponha, para simplificar, que assim que o cliente parou de pagar uma taxa recorrente, ele não seja mais receptivo a um "upsell". Não suponha que em um contrato de vários anos ou vários meses os clientes farão todos os pagamentos. O término precoce de um contrato pelo cliente deve ser incorporado à taxa de retenção.

6. **Vida Útil do Produto.** Para cada fluxo de receita único, corresponde à duração que se espera que o produto tenha antes de o cliente precisar repor ou descontinuar o uso do produto.

7. **Taxa da Próxima Compra do Produto.** Para cada fluxo de receita único, essa taxa é a porcentagem dos clientes que comprarão de você para repor um produto quando o atual atingir o fim de sua vida útil.

8. **Custo da Taxa de Capital do Negócio.** Expresso como uma taxa anual, é quanto custa para você, em dívida ou participação acionária, conseguir dinheiro com os investidores para seu negócio. Para um novo empreendedor, que não tem um histórico e está apenas começando, o número adequado muito provavelmente fica entre 35% e 75% por ano.[1] Esse número é tão alto porque um investidor lhe dá um dinheiro que não poderá ter de volta por anos à frente (um investimento ilíquido). O investidor também está correndo um grande risco, porque você é um negócio novo. Esses dois fatores significam que os investidores cobrarão de você um ágio para o capital.

COMO CALCULAR O VALOR DO CICLO DE VIDA

O LTV é o Valor Presente Líquido de seus lucros desde o ano zero até o quinto. Como um negócio novo, você calculará o LTV em um período de cinco anos. Para projeções superiores, o custo composto do capital para uma startup é tão alto que invalida qual o valor que seu cliente

---

[1] William A. Sahlman, *"A Method for Valuing High-Risk, Long-Term Investments"*. Harvard Business School, Case 9-288-006. 12 de agosto de 2003.

fornece além desses cinco anos. O cliente ainda terá valor após os cinco anos, mas você também tem que incluir a taxa do custo de capital no cálculo.

O LTV é expresso em unidades monetárias (dólares, reais, euros etc.) por cliente, portanto, para calcular isso, você usará os preços que um cliente individual paga.

Para cada fluxo de receita você usará a margem bruta e a taxa de retenção para calcular seu lucro para o primeiro ano que seu cliente compra o produto de você ("Ano 0"), assim como os cinco anos subsequentes. (Use a taxa da próxima compra do produto no lugar da taxa de retenção para os anos em que se espera que o cliente poderia repor o produto.)

Depois, totalize o lucro em todos os fluxos de receita para cada ano. Você precisará fazer mais uma coisa antes de poder somar os valores do lucro e obter o LTV. O último cálculo é chamado de Valor Presente Acima do Custo de Capital, que desconta o lucro levando em conta que seus investidores precisarão receber de volta, com juros, seu investimento no negócio. O valor presente para o ano zero é igual aos lucros do ano. Para calcular o valor presente dos lucros de cada ano além do zero, use a seguinte fórmula:

$$\text{Valor Presente} = \frac{\text{Lucro}}{(1 + \text{Taxa de Custo de Capital})^t}$$

onde t = número de anos depois de zero.

O LTV, por si só, não informará quão atraente é seu negócio; para tanto, você também precisará calcular o COCA, o que fará nas próximas etapas. Um LTV de $10 mil por cliente, por exemplo, será ótimo se seu COCA for de $1 mil por cliente, mas será ruim ou, na melhor das hipóteses, "desafiador", se seu COCA for de $50 mil por cliente.

O investidor de risco David Skok escreveu brilhantemente sobre a economia unitária em seu blog www.forentrepreneurs.com (conteúdo em inglês); ele simplifica as coisas à essência delas. Para o software, como uma empresa de serviços (SaaS), ele acredita que uma boa regra prática para a proporção do LTV para o COCA deve ser de 3 para 1. Isso pode parecer agressivo, mas não é por pelo menos três principais razões. Primeiro, considere que o COCA não inclui muitos outros custos em seu negócio, como pesquisa e desenvolvimento, finanças e administração e outras despesas gerais (sem mencionar o lucro). Portanto, precisa haver uma reserva importante para esses fatores. Em segundo lugar, normalmente há ao menos um pouco de otimismo embutido nos cálculos do LTV e do COCA, apesar de seus maiores esforços para torná-lo real; assim, uma proporção de 3:1 assegura muito espaço para erro. Terceiro, um novo empreendimento é um sistema altamente variável, portanto, ter uma alta proporção de 3:1 ou maior irá garantir que você tenha a capacidade de passar por tempos difíceis quando acontecer o inesperado (por exemplo, atrasos do produto, reação competitiva, recessão).

COMO CALCULAR O LTV: "WIDGET" MAIS TAXA DE MANUTENÇÃO ANUAL

A seguir está um exemplo de como calcular o LTV com base em um caso conceitual da empresa que fabrica um "widget" (nome dado aos componentes de uma interface gráfica de um aplicativo). No modelo de negócio há uma taxa única para o produto, com uma cobrança recorrente anual para a manutenção.

- Receita única: O widget é precificado em $10 mil.
- Receita corrente: A taxa de manutenção anual é de 15% do preço do widget depois de um período de garantia de seis meses. Portanto, a taxa seria de $750 no ano zero e de $1.500 nos anos subsequentes.
- Oportunidades de receitas extras: Nenhuma.
- Margem bruta para cada fluxo de receita: Widget, 65%. Manutenção, 85%.
- Taxa de retenção: Manutenção, 100% por ano no primeiro ano; 90% por ano nos anos subsequentes.
- Vida útil do produto: Cinco anos.
- Taxa da próxima compra do produto: 75% dos clientes que ainda estão pagando a taxa de manutenção na época da próxima compra do produto.
- Custo da taxa de capital: 50%.

Conforme mostra a Tabela 17.1, todos os fatores acima são importantes ao determinar uma estimativa para o LTV. Porém, alguns determinantes-chave são o custo de capital muito alto, que as novas empresas têm em razão de sua capacidade limitada para atrair investimentos. Isso significa que os lucros de amanhã são muito menos valiosos do que os de hoje, fator que torna os modelos de negócio por assinatura e de consumíveis não tão nitidamente vencedores quanto se poderia pensar. Os outros grandes determinantes são a margem de lucro bruto para seus vários fluxos de receita e a taxa de retenção do cliente. Geralmente, é mais barato manter um cliente existente do que encontrar um novo, tornando isso um grande ponto de alavancagem.

Do mesmo modo, existem muitos fatores que os empreendedores negligenciam ao determinar o Valor do Ciclo de Vida dos clientes, porém, o maior é o custo do capital. Se tiver acesso a um capital de baixo custo, isso pode fazer uma enorme diferença. Quando os empreendedores fazem esse cálculo, geralmente se surpreendem com o quanto é baixo o Valor do Ciclo de Vida de um cliente para seu negócio.

Tabela 17.1 LTV do Widget

	Ano 0	Ano 1	Ano 2	Ano 3	Ano 4	Ano 5
Série temporal da receita: Widget						
Preço do widget	$10.000					$10.000
Taxa da próxima compra do produto (além do ano 0)						75%
Margem bruta do widget	65%					65%
Lucro com o widget	$6.500					$4.875
Série temporal da receita: Manutenção						
Preço do contrato de manutenção anual	$750	$1.500	$1.500	$1.500	$1.500	$750
Taxa de retenção (não um produto direto do cálculo; ao contrário, contribui para uma taxa de retenção cumulativa)	100%	90%	90%	90%	*90%*	n/a (veja taxa da próxima compra do produto)
Taxa de retenção cumulativa						
Taxa de retenção cumulativa = r^t, onde r = taxa de retenção e t = n° de anos após o ano 0	100%	90%	81%	72,9%	65,6%	65,6%
Taxa da próxima compra do produto						75%
Margem bruta para manutenção	85%	85%	85%	85%	85%	85%
Lucro com a manutenção	$637,50	$1.147,50	$1.032,75	$929,48	$836,40	$313,65
Soma dos lucros	$7.131,50	$1.147,50	$1.032,75	$929,48	$836,40	$5.188,65
Taxa de custo de capital	50%	50%	50%	50%	50%	50%
Fator do valor presente líquido						
Fator do valor presente líquido = $(1-r)^t$, onde r = custo da taxa de capital e t = n° de anos após o ano 0	100%	50%	25%	12,5%	6,25%	3,125%
Valor presente acima do custo de capital	$7.137,50	$765,00	$459,00	$275,40	$165,21	$683,28
Valor presente líquido dos lucros (LTV)	$9.485,40					

Também deve ser observado que, embora usemos o custo do capital para determinar o LTV, também há valor em saber o número absoluto do fluxo de receita e usuários nos anos seguintes. Esse será um determinante-chave no valor do ativo criado, que facilitará muito na obtenção de dinheiro de menor custo e irá torná-lo um alvo de aquisição potencialmente atraente e valioso. Portanto, embora o LTV seja muito importante para torná-lo sustentável e garantir sua independência em relação às outras pessoas, uma compreensão mais profunda do que apenas um número é importante também.

No geral, é importante para você, como empreendedor disciplinado, operar não com um otimismo cego, mas com números reais, e entender o que os determina.

CONSIDERAÇÕES IMPORTANTES

Existem muitos outros fatores secundários a considerar ao determinar o Valor do Ciclo de Vida de seu cliente. Mesmo que seu LTV seja baixo demais para o produto ser viável, você deve considerar, em primeiro lugar, se esses elementos estão corretos; então, considere se é possível impactar positivamente seu LTV com alguns ajustes.

1. **A Decisão do Modelo de Negócio É Muito Importante.** Sua escolha do modelo de negócio pode afetar muito seu LTV e a quantidade de receita obtida. Os modelos de receitas recorrentes, como o de assinatura, geralmente aumentam a receita, mas requerem um capital extra dos investidores no início; assim, têm um custo muito alto de capital. Uma cobrança única no início pode reduzir a quantidade de capital necessária para começar, mas não é tão lucrativa em um modo contínuo.

2. **O LTV É Lucro, Não Renda.** Sua margem bruta e taxas de custo de capital são essenciais para determinar um LTV preciso. O erro mais comum que os empreendedores cometem nos cálculos do LTV é que eles simplesmente totalizam os fluxos da receita; mas é o lucro que importa.

3. **Os Custos Indiretos Não São Desprezíveis.** Para simplificar o cálculo do LTV, os custos indiretos (aqueles não relacionados diretamente com a produção) são excluídos; mas para que isso seja levado em conta, o LTV deve ser muito maior que o COCA. Esses custos, que podem incluir as despesas com P&D e administrativas, não são incluídos ao determinar a margem bruta de um produto. Eles podem ser diluídos nas unidades totais de um produto vendido; portanto, quando o volume vendido aumenta, o montante dos custos indiretos por item diminui.

4. **As Margens Brutas Fazem uma Grande Diferença.** Colocar em seu produto principal uma margem mais baixa com produtos complementares com margem alta ajudará muito seu LTV. A LARK Technologies começou vendendo despertadores silenciosos, que é uma

solução de hardware; mas seu modelo comercial não foi sustentável até eles terem desenvolvido um fluxo de receita adicional com um negócio de assinatura que produzia um relatório de análise do sono especializado para o usuário. Isso não só aumentou a receita geral, como também produziu um fluxo de receita recorrente com margem muito mais alta e permitiu que a LARK mantivesse contato com seus clientes para vender potencialmente mais produtos para eles no futuro.

5. **As Taxas de Retenção São Muito Importantes Também.** Quanto mais tempo você consegue manter um cliente, melhor se torna o LTV. Essa é uma das poucas alavancas que você pode controlar facilmente para melhorar o lucro do negócio. Um pequeno aumento nas taxas de retenção do cliente representará melhorias significativas nos lucros acumulativos.

6. **Descobrir Novas Oportunidades Reais de Upselling Pode Ser Muito Atraente.** O upselling de produtos adicionais para seu cliente pode melhorar muito seu lucro, como vimos no exemplo da LARK Technologies acima. Conduza essa estratégia com base nas necessidades de sua Persona, não apenas para melhorar os números. As empresas que abusam do upsell podem perder de vista o valor que estão criando para seu cliente e também perdem a confiança dele.

Exemplo: Helios

Como analisamos na Etapa 16, a Helios criou um revestimento que descongela os para-brisas. Ela havia determinado que o preço deveria ser de $100 por unidade. Esse preço (o preço líquido esperado depois dos descontos) incluía a proteção da janela e o software para controlar remotamente o descongelante em um smartphone por um ano.

Com base em seu modelo de negócio, decisões de preço e pesquisa sobre quanto o cliente médio compraria em uma transação típica, a equipe determinou que a receita anual por cliente no primeiro ano seria de $100 mil. A frota típica dos clientes visados pela equipe tinha 1.000 veículos (alguns tinham mais ou menos, mas 1.000 era o tamanho médio da frota de seu mercado-alvo) e daí a receita líquida de $100 mil por cliente novo foi estimada para o primeiro ano. Nos anos subsequentes, uma média de 20% da frota seria substituída, portanto, os novos veículos precisariam que o revestimento fosse aplicado também, fornecendo um fluxo de receita recorrente.

Como você pode ver na Tabela 17.2, era esperado um aumento de preço de 5% a cada ano, uma taxa de renovação do cliente de 90% (uma suposição agressiva), uma margem bruta de 97%, porque haveria um serviço de acessórios extras e custos de manutenção para cada frota, e um custo de capital de 40%, pois o negócio tem acesso a alguns fundos de custo mais baixo para iniciar. De acordo com os cálculos, quando a unidade do cliente considerada aqui é um cliente de frota de carros (o que é adequado), o LTV dessas suposições é estimado para ficar entre $125 mil e $150 mil.

Tabela 17.2 Cálculos do Valor do Ciclo de Vida para a Helios

Os números podem não somar exatamente para o LTV por frota devido ao arredondamento.

	Ano 0	Ano 1	Ano 2	Ano 3	Ano 4	Ano 5
Receita por Ano (Supõe um Aumento de Preço Anual de 5%) =	$100 mil	$18.900	$17.861	$16.878	$15.950	$15.073
Lucros de Margem Bruta das Receitas =	$97 mil	$18.333	$17.325	$16.372	$15.471	$14.620
Valor Presente Líquido Acima do Custo de Capital =	$97 mil	$13.095	$8.839	$5.966	$4.027	$2.718

NPV do Fluxo de Lucro ou LTV por Frota = $131.646

Precificação (Preço Unitário)	$100	O Modelo de Negócio é uma cobrança única sem nenhuma receita recorrente
Receita Anual Média por Frota no Ano 1	$100 mil	
Margem Bruta	97%	
Aumento de Preço por Ano	5%	
Vida Útil do Produto	5 anos	
Taxa de Retenção	90%	
Custo de Capital para Empresa (est.)	40%	

O exemplo Helios levanta muitos pontos interessantes, como geralmente é o caso ao se fazer os cálculos do LTV; eles variam muito, e entender os determinantes subjacentes e os pontos de alavancagem é algo extremamente importante.

Esse novo empreendimento foi idealizado para fazer uma grande venda inicial para uma frota e seguir em frente, em vez de fazer um produto "aderente" que aproveitasse os clientes existentes e felizes para ganhar vendas adicionais. O negócio coletaria seu maior pagamento no primeiro ano ($100 mil para equipar todos os veículos em uma frota média, um valor que eles não tinham que descontar do custo de capital), portanto, tinha incentivos fracos para continuar a trabalhar com os clientes e conseguir novas vendas para os 20% de veículos substituídos anualmente. Além disso, o valor de 90% da taxa de retenção, supondo que 90% dos clientes que instalaram inicialmente o produto continuariam a comprá-lo para os novos veículos acrescentados à frota, parece agressivo com base nas experiências de outras empresas.

Também foi uma surpresa o fato de o LTV não ser mais alto; mas a escolha do modelo de negócio e o preço deixaram a empresa com esses valores para o LTV. Para vender uma nova frota seriam necessários muito tempo, esforço e, sobretudo, recursos. O COCA seria um excedente de $30 mil e provavelmente um de $50 mil por causa do número alto de chamadas de vendas necessárias.

Depois de a Helios ter feito o cálculo do LTV, ela viu que precisaria rever seu modelo de negócio e preço para descobrir se havia um modo melhor de se monetizar, assim como expandir potencialmente sua proposta de valor adicionando mais funcionalidades e pensando sobre novas maneiras de aproveitar o aplicativo do smartphone que ativaria o sistema de descongelamento nos veículos.

Exemplo Extremo de LTV: Pedra de Estimação

Um exemplo que utilizo para mostrar por que o hardware sem fluxos de receita recorrentes pode ser um negócio difícil no âmbito da economia unitária são as Pedras de Estimação. Em 1975, o executivo da publicidade Gary Dahl inventou a ideia da Pedra de Estimação. Era um bichinho de estimação que não precisava de manutenção e não tinha custos após a compra inicial. Esse era o atrativo do "produto" (algumas pessoas podem referir-se a ele como uma mania passageira ou, pior, um tipo de golpe). Era vendido por $3,95 cada.

A simplicidade dele facilitou nossos cálculos. Gary conseguia $1 por colocação do produto e isso era tudo. Não havia uma receita recorrente nem a obsolescência do produto, caso em que o cliente poderia comprar um novo. Não havia consumíveis envolvidos no produto também. Isso era a proposta de valor para o cliente-alvo, mas apresentava um dilema real para a empresa que fornecia o produto, como demonstrado abaixo:

- Receita única: O produto tinha o preço de $3,95.
- Receita recorrente: Nenhuma.
- Oportunidades de rendas extras: Nenhuma.
- Margem bruta para a receita única: 25%.
- Taxa de retenção: Não importa, porque não há fluxo de receita e o cliente não comprará mais.
- Vida útil do produto: Infinita.
- Taxa da próxima compra do produto: 0% (eles não comprariam mais — a brincadeira não se expande).
- Custo da taxa de capital: 50%.

Então, Gary Dahl tinha $1 por Pedra vendida e a empresa (realmente, apenas Gary Dahl) ganhou $1 milhão. Não havia Essência para a empresa e os concorrentes entrarem no mercado; em um ano, a mania acabou. O LTV era de $1 e o TAM, muito limitado. Não era uma mania social nem interativa que tinha um componente viral, assim, o TAM não apenas não aumentaria como também era muito provável que regredisse, como um ioiô. O LTV era de $1 e o produto era um fenômeno único e completo. Isso não é um modelo para o tipo de novos empreendimentos baseados em inovação que estamos ensinando aqui. Não seja um modelo de negócio do tipo Pedra de Estimação.

RESUMO

O cálculo do Valor do Ciclo de Vida de um Cliente Adquirido é o lucro que um novo cliente fornecerá em média, descontado para refletir o alto custo de adquirir capital que uma startup enfrenta. É importante ser realista, não otimista, ao calcular o LTV e conhecer os determinantes subjacentes por trás dele para que você possa trabalhar para aumentá-lo. Você estará comparando o LTV com o COCA. Uma proporção de LTV:COCA de 3:1 ou maior é seu objetivo.

ETAPA 18

Mapeie o Processo de Vendas para Adquirir um Cliente

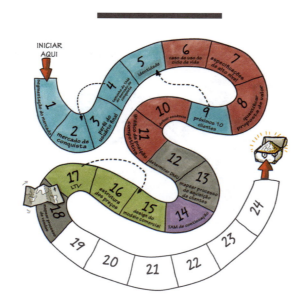

NESTA ETAPA, VOCÊ:

- Desenvolverá estratégias de venda de curto, médio e longo prazos para seu produto.

Compreender os detalhes da aquisição do cliente tornará claro para você os determinantes dos custos, para que saiba, com o tempo, como tornar o processo de vendas mais curto e mais eficaz em relação ao custo.

Agora que você terminou a primeira estimativa do valor do ciclo de vida que cada cliente traz para seu negócio, a pergunta é: "Quanto custará trazer um novo cliente para seu produto?" Determinar o LTV pode parecer complicado, mas o Custo de Aquisição do Cliente (COCA) geralmente é ainda mais desafiador e, em geral, mais mal calculado.

O conceito do COCA é relativamente simples; mas os empreendedores (inclusive eu) tendem a subestimar muito quanto custa ganhar um novo cliente quando tentam pela primeira vez.

Para realmente entender quanto terá que gastar no processo de vendas para ganhar clientes, você fará uma avaliação rigorosa e honesta com base nos fatos, não na esperança, começando com o mapeamento de seu processo de vendas esperado.

Portanto, nas próximas duas etapas, você adotará uma abordagem metódica para fazer uma primeira estimativa do COCA. Você não irá anexar valores monetários ao processo de vendas no início para que os números não o distraiam de ser abrangente quanto àquilo que seu processo de vendas incluirá.

Nesta etapa você focará o processo de vendas, mapeando seus canais de vendas de curto, médio e longo prazos. Na próxima etapa, usará essas informações para calcular quais são os custos de suas vendas e iniciativas de marketing por cliente. Assim que você calcular o COCA na próxima etapa, provavelmente voltará e mudará seu processo de vendas, para reduzi-lo.

O COCA, em combinação com o LTV, ajuda a entender a dinâmica de seu negócio e lhe dá dados suficientes para fazer uma primeira análise significativa sobre a sustentabilidade e o lucro de seu negócio.

QUATRO FATORES QUE GERALMENTE OS EMPREENDEDORES NEGLIGENCIAM SOBRE OS CUSTOS DE AQUISIÇÃO DO CLIENTE

Os empreendedores são inerentemente otimistas e tendem a lembrar apenas dos clientes que responderam positivamente às informações sobre seus produtos ou às ofertas para comprar seus produtos com relativa rapidez. Eles costumam falhar em levar em conta muitos fatores e cenários comuns para o processo de aquisição do cliente. Os mais negligenciados incluem:

- O custo por trás de todos os esforços de vendas e marketing requeridos para atingir seus futuros clientes. Isso pode incluir salários dos vendedores, impressão de brochuras, criação de sites, custos das feiras de negócios, anúncios nas publicações da indústria, desenvolvimento de documentos etc.
- Ciclos de vendas longos que custam muito dinheiro. Os empreendedores tendem a lembrar apenas dos ciclos de vendas mais curtos.

- Todos os clientes que não compraram seu produto e os custos de vendas e marketing associados a conseguir esses clientes. Quantos sapos você beijou antes de descobrir seu príncipe (ou seja, seu primeiro cliente)?
- As reorganizações corporativas que afetam a Unidade de Tomada de Decisão do cliente. Os novos gerentes trazem novos produtos e pessoas para conseguir seus objetivos, que podem dificultar a eficiência dos esforços de um empreendedor para vender para o cliente.

SEU PROCESSO DE VENDAS MUDA COM O TEMPO

Para quase todos os novos empreendimentos, o COCA começará muito alto e diminuirá com o passar do tempo. O processo de vendas necessário para alcançar e fechar com os clientes na fundação de um novo negócio requer muito mais tempo e investimento do que o mesmo processo depois que um negócio amadurece e começa a se expandir.

O processo de vendas, geralmente, é dividido em três períodos de tempo para a análise. Você usará diferentes métodos de vendas ou combinações de métodos em cada período.

1. **Curto Prazo:** A curto prazo, o foco principal de seu processo de vendas é criar demanda para seu produto e atender aos pedidos do produto. Embora seu foco centrado no cliente signifique ter criado um produto que ele deseja, seu produto ainda será novo no mundo, portanto, você precisará de uma interação direta com o cliente para explicar sua proposta de valor e por que seu produto é único. Do contrário, o mercado não terá consciência de seu produto. Outro motivo importante para o contato direto com os clientes iniciais é para que você possa iterar rapidamente para melhorar o produto com base no feedback do cliente, que será mais difícil se você afunilar as vendas com intermediários, como os distribuidores. Esse é o estágio de vendas missionário e ele termina quando você começa a ver uma demanda pelo produto não iniciada diretamente por você.
   - Vendedores diretos — geralmente chamados de pessoas de "desenvolvimento comercial" — são tradicionalmente um investimento inteligente e eficiente aqui. Contudo, são muito caros e levam tempo para ficar a par das coisas. Os bons são difíceis de manter, e identificar os vendedores bons versus os medíocres é difícil antes de contratá-los. Verifique se eles são bons neste estágio, o estágio de vendas missionário, não apenas no estágio posterior, quando a empresa tem mais histórico. Apesar desses desafios, eles ainda podem ser sua única e, portanto, melhor opção.
   - As técnicas baseadas na web, como o marketing de entrada, e-mail, marketing de mídia social e telemarketing podem ajudar a reduzir a necessidade de vendedores diretos, mesmo neste estágio. Alguns produtos, particularmente os aplicativos web, podem dar certo com um teste gratuito e uma documentação completa, em vez de contar demais com vendedores diretos. Uma das maiores vantagens dessa ferramenta é que você pode obter uma análise abrangente sobre seu cliente que não é possível através de um canal humano.

2. **Médio Prazo:** Neste ponto, o foco muda mais da criação de demanda para o atendimento dos pedidos como boca a boca, e os canais de distribuição assumem um ônus de criação de demanda. Aqui você também começará a gestão do cliente, significando assegurar que manterá os clientes existentes e criará oportunidades de vendas adicionais para eles. Os distribuidores ou revendedores de valor adicionado (VARS) geralmente são usados, em especial, para atender aos mercados mais remotos ou clientes menores, que têm um LTV menor. Assim, seus vendedores diretos (que são mais caros para você) poderão se concentrar nas oportunidades maiores do cliente com um LTV mais alto. Usar distribuidores ou VARS reduz muito seu custo de aquisição do cliente, mas requer abrir mão de uma margem de lucro para o distribuidor — entre 15% e 45% ou mais, dependendo do ramo. A margem de lucro por unidade reduzida é presumivelmente mais do que compensada pela redução no COCA resultante e da velocidade com a qual você pode entrar em novos mercados com esses canais de distribuição já existentes. Quando isso vai acontecer, dependerá do LTV de seu produto. Quanto maior o LTV, mais tempo poderá levar para atingir esse estágio; mas sempre é melhor passar por esses três estágios o mais rápido possível, especialmente se você tiver um LTV baixo.

3. **Longo Prazo:** Seu grupo de vendas foca atender aos pedidos do cliente. Seu negócio fará pouca criação de demanda e continuará a gestão dos clientes onde for adequada. As vias de internet e telemarketing são comumente empregadas em uma estratégia de longo prazo. Deverá haver ajustes quando os concorrentes entrarem no mercado, o que afetará sua capacidade de entrar nesse estágio, e o que fará assim que chegar nele.

COMO MAPEAR SEU PROCESSO DE VENDAS

Para desenvolver estas estratégias de vendas de curto, médio e longo prazos, você deve entender quais canais de vendas usará e como seu uso dos canais mudará com o tempo. Você pode aproveitar o trabalho que já fez no Caso de Uso do Ciclo de Vida Completo.

As principais perguntas que seu processo de vendas deve endereçar incluem:

- Como seu cliente-alvo fica sabendo que ele tem um problema ou uma oportunidade?
- Como o cliente-alvo aprenderá que há uma solução para o problema que ele tem ou saberá que há uma oportunidade que não conhecia anteriormente?
- Assim que o cliente-alvo conhece seu negócio, qual é o processo de instrução que lhe permite fazer uma análise bem informada para saber se deve comprar seu produto?
- Como você faz a venda?
- Como você coleta o dinheiro?

Curto Prazo

- Vendas Diretas (100%) → Todos os clientes finais com foco nas contas estratégicas no mercado-alvo

Isto continuará até o Boca a Boca se tornar importante, e o produto amadurecer e ser testado. Então, quando se move da criação de demanda para o atendimento da demanda ...

Médio Prazo

- Venda Diretas (50%) → Maiores clientes
- VARS Exclusivo Regional Selecionado → Contas médias e pequenas no mercado-alvo

Isto finalmente se desenvolve em mais comércio online quando o produto se torna padrão, a linha de produtos se expande e novos mercados são testados — estimado em três anos

Longo Prazo

- Vendas Diretas (25%) → Primeiras 50 contas e novo mercado
- VARS Exclusivo Regional Selecionado → Contas abaixo das primeiras 50 e mercados não essenciais
- Com Site Web e Telemarketing Direto (35%) → Todos os clientes no mercado essencial (com comissão para VARS e Vendas Diretas)

Figura 18.1   Mapa de exemplo do processo de vendas.

Uma vez desenvolvido o processo de vendas, verifique-o com os profissionais experientes do ramo. A Figura 18.1 mostra uma estratégia de vendas e distribuição muito tradicional e típica para as empresas B2B.

COMPARAÇÕES DO PROCESSO DE VENDAS: ZYNGA, GROUPON, LINKEDIN, FACEBOOK

Vendo as empresas web, você pode notar que muitas estratégias podem ser empregadas para alcançar os clientes, variando desde vendedores totalmente envolvidos até nenhum vendedor. O fabricante do FarmVille, Zynga, escolheu uma abordagem viral para reduzir muito a necessidade de vendedores. O modelo do Groupon, ao contrário, requeria o envolvimento pesado de vendas diretas para adquirir negociantes como clientes, resultando em um COCA alto e fixo, o que afetou a margem de lucro da empresa; contudo, no outro lado desse mercado bilateral, o Groupon teve seus negócios diários espalhados de modo viral, incentivando com eficiência os consumidores a divulgar os negócios para seus amigos.

O LinkedIn tem um modelo mais refinado. Eles começaram com propagandas online muito seletivas e alguns vendedores diretos (para vender seu pacote de recrutamento). Assim que progrediram no mercado e tiveram uma massa crítica razoável, começaram a contar muito com os usuários recrutando seus colegas para se juntarem ao site com um sistema bem desenvolvido de convites fáceis de enviar, junto com um algoritmo eficaz sugerindo possíveis novas conexões. Esse sistema começou a enviar rapidamente e-mails para as pessoas fora da rede para se juntarem, caso ainda não fizessem parte. Assim que a empresa conseguiu altos níveis de penetração no mercado, focou seu algoritmo em fazer recomendações das pessoas já no site, para encorajar mais conexões para o usuário, mantendo o usuário voltando e profundamente investido no site para que uma mudança ficasse cada vez mais difícil. O Facebook tem aproveitado igualmente um efeito de rede para trazer novos usuários com muito pouco custo, e depois criando uma ligação cada vez mais forte com a rede com um algoritmo parecido para sugerir pessoas com as quais o usuário gostaria de se conectar.

EXEMPLO

LARK Technologies

O fabricante de despertadores silenciosos Lark Technologies percebeu, ao mapear seu processo de vendas, que precisaria instruir os usuários sobre o que era um despertador silencioso e o produto de monitoramento de sono (Figura 18.2). Seria necessário muito trabalho para fazer o mercado se mover. A CEO, Julia Hu, desenvolveu os seguintes planos de curto, médio e longo prazos.

Curto Prazo: Sem alternativas, Julia começou engajando-se em uma venda particular com os clientes em potencial, até mesmo montando um local no campus do MIT, no Dia da Colação de Grau, para explicar seu produto e valor. Julia também buscou e conquistou muitas oportunidades para falar em público e divulgar seu produto. Essa estratégia teve um custo significativo associado porque a afastou dos aspectos essenciais das operações de seu negócio.

Muitas das primeiras unidades foram vendidas para familiares e amigos que poderiam falar sobre o produto. Julia também engajou os influenciadores primários da Persona, como o site *Urban Daddy*, uma newsletter diária por e-mail especificamente destinada a profissionais urbanos jovens e ricos.

A empresa criou um site no qual os clientes podiam comprar o produto. Eles também experimentaram a otimização do mecanismo de pesquisa (SEO) para ajudar a orientar o tráfego para o site. Também começou a experimentar a mídia social, como o Twitter, embora com resultados mínimos.

Médio Prazo: A empresa assinou um contrato com a Apple para distribuir seu produto na Apple Store sem exclusividade. A estratégia deu ao produto Lark uma credibilidade instantânea, no sentido de que foi aprovado para a venda nas lojas da Apple pela própria Apple, assim como teve uma exposição maior; no entanto, a empresa precisou abrir mão de muita margem. Como o produto vendido na loja era o componente de hardware e a loja tinha que ter um estoque, a margem bruta da LARK foi muito afetada.

Figura 18.2   Tela da LARK.

Porém, Julia não teve mais que fazer vendas particulares, focando o recrutamento de distribuidores e melhorando o site da LARK.

Longo Prazo: O site é o principal lugar para obter informações sobre o produto e comprá-lo. Julia espera que 40% de seus pedidos venham de lá (e outros canais online diretos), 50% do canal de distribuição a varejo e 10% de outros canais.[1]

RESUMO

Mapear o processo de vendas é uma primeira consideração sobre como você entrará no mercado, aprimorará sua estratégia de vendas com o decorrer do tempo e, finalmente, estabelecerá uma estratégia de longo prazo acessível para a aquisição de clientes. O processo de vendas inclui criar consciência, instruir o cliente, lidar e processar a venda. O processo de vendas afeta o COCA, uma das variáveis — juntamente com o Valor do Ciclo de Vida de um Cliente Adquirido — que demonstra o lucro de seu negócio.

[1] Esses números foram alterados para mostrar a intenção e não são as projeções de longo prazo reais de Julia.

ETAPA 19

Calcule o Custo de Aquisição do Cliente (COCA)

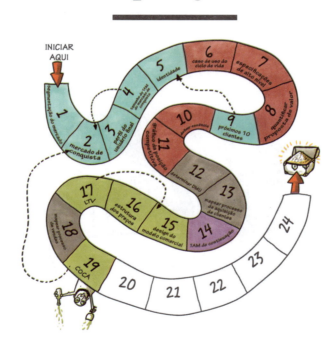

NESTA ETAPA, VOCÊ:

- Determinará quanto custa adquirir um cliente a curto, médio e longo prazos com base em seu processo de vendas.

Adoramos os empreendedores e seu otimismo, mas quase sempre são cegos para os custos reais de aquisição do cliente. É essencial que você faça cálculos realistas e depois, com o tempo, os devidos ajustes.

> **Cuidado**: O Custo de Aquisição do Cliente (COCA) é uma métrica muito importante e pode ser difícil, no início, de entender e calcular. Esta etapa explica o COCA em detalhes, mas você precisará prestar muita atenção para calculá-lo corretamente. Requer muito esforço e pensamento sistemático. Não pule nem leia às pressas esta etapa, porque ter o COCA certo é fundamental e desafiador.

O processo de vendas definido na etapa anterior (Etapa 18) influencia diretamente seu Custo de Aquisição do Cliente (COCA). Ao determinar o COCA, você deve quantificar as vendas e os custos de marketing envolvidos em adquirir um cliente médio em condições estáveis. Seu COCA não inclui nenhum custo de produção fixo nem despesas fora do departamento de vendas e marketing, como pesquisa e desenvolvimento, finanças e administração ou despesas gerais. Ele inclui todos os custos de vendas e marketing, mesmo quando um cliente em potencial escolhe não comprar seu produto. Nesta etapa, você calculará seu COCA para três períodos de tempo contínuos, nos quais o primeiro começa com seus custos de vendas iniciais.

Você aprimorará o cálculo do COCA quando prosseguir no processo de vendas. Para determinar seu COCA inicial, você deve identificar quais fatores o influenciam, atribuir valores realistas a eles e entender quais ações pode tomar para assegurar que seu COCA diminua com o tempo.

POR QUE O COCA IMPORTA

Em geral, nos estágios iniciais do processo de vendas, o COCA excede o Valor do Ciclo de Vida de um Cliente Adquirido. Nos negócios sustentáveis, o COCA diminui com o tempo até ficar muito menor que o LTV. Uma das principais perguntas para seu negócio é quanto tempo levará para o COCA ficar abaixo do LTV de um cliente, porque até você chegar a esse ponto, seu negócio estará gastando mais dinheiro do que recebendo (Figura 19.1).

COMO NÃO CALCULAR O COCA: UMA PERSPECTIVA DE BAIXO PARA CIMA

Digamos que estamos vendendo um produto com um ciclo de vida de meio ano e ele precise de 1/20 do tempo de trabalho de nosso vendedor para identificar, engajar, controlar, dar suporte, fechar e coletar o pagamento ao vender para um cliente. Pagamos ao vendedor $150 mil por ano caso ele cumpra 100% de sua cota (geralmente chamada de remuneração por objetivo). Para este exemplo, iremos supor que o vendedor cumpriu esta cota.

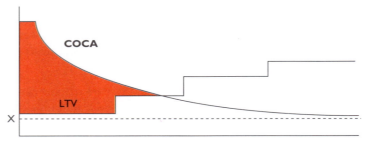

Figura 19.1   Em um negócio sustentável, o custo de aquisição do cliente (COCA) finalmente cairá abaixo do valor do ciclo de vida de um cliente adquirido (LTV). Durante o estágio de longo prazo do processo de vendas, o COCA estabilizará e continuará a requerer um investimento contínuo (representado no gráfico pela linha X pontilhada), mas custando menos que o LTV do cliente. O LTV geralmente aumentará com o tempo também, devido às oportunidades de upselling com os clientes existentes (ou "rotatividade negativa" como David Skok chama). O poder do preço algumas vezes aumentará também, caso seu produto se torne padrão com pouca concorrência eficaz. Essa representação gráfica tem um aumento de LTV particularmente agressivo, que em geral não é o caso, mas adiciona certo drama ao gráfico. A área vermelha indica que seu caixa acaba antes de atingir um fluxo de caixa positivo.

Portanto, quanto custa pagar um vendedor para adquirir um cliente? Para determinar o custo de um vendedor por ciclo de vendas, multiplicamos seu salário anual pela duração do ciclo de vendas: $150 mil X ½ ano = $75 mil por ciclo de vendas. Então, se o vendedor dedica 1/20 de seu tempo para fechar uma venda, o custo do salário dele em cada venda é de $75 mil X 1/20 = $3.750. Embora tudo isso pareça lógico, não representa o Custo de Aquisição do Cliente real. É apenas o custo de um componente da venda — o vendedor.

Primeiro, o cálculo acima não leva em consideração todos os outros custos associados ao fechamento de um negócio. Nos EUA, por exemplo, o pacote de benefícios do vendedor (assistência médica, férias, aposentadoria etc.) geralmente custa de 25% a 30% de seu salário. E mais:

Há custos para viagem e entretenimento, unidades demo, suporte tecnológico, contas de celular, despesas com feiras, campanhas de marketing para gerar perspectivas de vendas, pacotes de dados da internet e outros. Podemos fazer uma análise de baixo para cima, examinando detalhadamente as receitas e faturas, e atribuindo despesas a cada cliente. Também temos que levar em conta as outras despesas associadas a ter um vendedor: mobília do escritório, computador, cobranças de internet e telefone, custo de aluguel ou compra do prédio em que o vendedor trabalha e mais. Digamos que todos esses custos, somados e divididos pelo número de novos clientes, sejam iguais a outros $2.500 por cliente. Então isso quer dizer que nosso COCA é, na realidade, $3.750 + $2.500 = $6.250? Não!

Veja que, quando dissemos que são requeridos 1/20 do tempo do vendedor para se fechar uma venda e dividimos o salário do vendedor para esse ciclo de vendas por 20 para obter o custo por cliente, estávamos supondo que o vendedor fecha 100% das vendas trabalhadas, totalizando 20 vendas por ciclo de vendas de seis meses. Essa suposição é muito improvável porque nenhum vendedor fecha todo negócio. Se um vendedor estiver fechando negócio com 50% dos clientes que aborda, a pessoa provavelmente estará recebendo muito mais que $150 mil por ano e, portanto, não estará trabalhando em sua empresa.

Mesmo supondo que um vendedor feche 25% das vendas, o que é muito agressivo, significa que ele está realmente vendendo cinco unidades durante cada ciclo de vendas, e não 20. Assim, para cada 1/20 do tempo gasto do vendedor com um cliente que faz uma compra, os outros 3/20 do tempo do vendedor são gastos com clientes em potencial que não compram. Esses custos têm que ser calculados no COCA também.

Uma análise de baixo para cima que inclui todas essas outras despesas tende a ficar confusa muito rapidamente e pode criar uma falsa sensação de precisão. Com minha experiência, esse método não funciona. Uma estimativa completamente precisa do custo para adquirir um novo cliente é difícil de projetar. O que podemos assegurar é que estimar um COCA de $6.250 seria uma subestimação considerável e apenas a ponta do iceberg do seu custo. De modo realista, o COCA neste exemplo provavelmente fica mais perto de 10 a 20 vezes esse número (Figura 19.2).

O MODO CERTO DE CALCULAR O COCA: UMA PERSPECTIVA DE CIMA PARA BAIXO

Um modo mais eficaz de calcular um COCA preciso é fazer uma tabela de suas vendas agregadas e despesas de marketing em um período de tempo e, então, dividir isso pelo número total de novos clientes adquiridos nesse período. Como seu COCA (t) irá variar com o tempo conforme seu processo de vendas muda e sua organização estiver na curva de aprendizado, desenvolvendo um forte boca a boca positivo no grupo de clientes-alvo, você deverá calculá-lo por períodos. Recomendo três períodos de tempo para mostrar a tendência do COCA.

Os períodos de tempo apropriados dependem do ciclo de vida de seu produto, que está diretamente relacionado com a quantidade de tempo necessária para seu cliente perceber a proposta de valor no produto. Um modo típico de definir os três primeiros períodos de tempo para um cálculo do COCA é pegando seu primeiro ano de vendas, seu segundo e terceiro anos, e seu quarto e quinto anos de vendas. Dependendo do novo empreendimento, esses períodos de tempo poderão ser diferentes. No caso de dúvida, use o ano 1, anos 2 e 3, anos 4 e 5 como seus três períodos de tempo.

Figura 19.2   Tenha cuidado com os cálculos do COCA de baixo para cima, pois eles tendem a ser significativamente subavaliados.

Ao agregar suas vendas e gastos com o marketing, inclua os custos de todos os itens principais em seu plano de vendas e marketing: representantes de vendas, automóveis, viagem e entretenimento, telefone, internet, unidades demo, suporte técnico de vendas, desenvolvimento de site, consultorias, feiras de negócios, imóvel, suporte administrativo, computadores etc. Também calcule o custo do tempo que os executivos na equipe gastam nas vendas, pois são custos muito reais e caros.

Esse cálculo requer que você entenda seu processo de vendas também. Não se preocupe se seu cálculo não for exato agora; mas tenha uma pessoa experiente para ajudar a desenvolver as projeções orçamentárias e entenda como o ajuste dos custos afeta o lucro de seu negócio.

Dividir o custo de suas vendas e despesas de marketing pelo período de tempo definido produzirá as Despesas Totais de Marketing e Vendas ao longo do Tempo, ou TMSE(*t*), em que *t* é o primeiro, segundo ou terceiro período de tempo. Se uma parte considerável de seu TMSE(*t*) for o custo de retenção dos clientes existentes, em vez da aquisição de novos, subtraia isso do TMSE(*t*). Faremos referência ao custo de retenção como a Despesa para Instalar Suporte de Base ao longo do Tempo, ou IBSE(*t*). Em seguida, determine o número de novos clientes que você fechará durante esse período de tempo (que significa entregar o produto e coletar o dinheiro), referido como Novos Clientes ao longo do Tempo, ou NC(*t*).

Dadas essas definições, podemos definir explicitamente o cálculo do COCA para qualquer determinado período de tempo como sendo o seguinte:

$$COCA(t) = \frac{TMSE(t) - IBSE(t)}{NC(t)}$$

$$\text{Custo de Aquisição do Cliente} = \frac{\text{Despesas Totais de Marketing e Vendas(t)} - \text{Despesa para Instalar Suporte de Base(t)}}{\text{Número de Novos Clientes(t)}}$$

Assim que você tiver números para cada um de seus três primeiros períodos de tempo, disponha-os em um gráfico no qual o eixo x indica o tempo e o eixo y é o COCA desse período. Você também pode desenhar uma curva ligando os pontos.

O gráfico na Figura 19.3 mostra um bom COCA, que diminui com o tempo. A linha horizontal X representa a condição estável do COCA assim que o volume de vendas aumenta, e o produto, a empresa e o mercado amadurecem, algo geralmente obtido durante o estágio de maior prazo de seu processo de vendas.

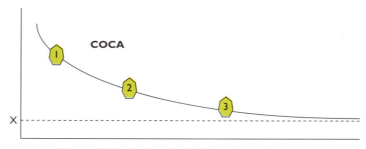

Figura 19.3   Gráfico do COCA ao longo do tempo.

COMO REDUZIR O COCA

Como se pode ver na Figura 19.3, o COCA quase sempre iniciará em um ponto muito alto (ou seja, bem acima do COCA final e provavelmente mais alto que o LTV), porque você precisa, primeiro, criar o mercado. Sua organização buscará modos de reduzir esses custos para tornar o negócio muito mais atraente. Eis algumas maneiras comuns de fazer isso:

1. **Embora Muito Poderosas, Use as Vendas Diretas com Critério, pois São Muito Caras:** Contratar uma equipe para fazer vendas diretas pode ser necessário no começo, mas é muito dispendioso. Uma alternativa é considerar investir em capacitadores tecnológicos, desde o telemarketing até ter uma presença web eficaz no engajamento com a mídia social para diminuir os custos o máximo possível.

2. **Automatize o Máximo Possível:** Sempre que viável, tente automatizar o processo de aquisição do cliente, mesmo que isso requeira investimentos significativos. Se puder, promova seu produto com sites nos quais existem grandes redes e oportunidades para tornar sua mensagem viral, desde os esforços de rede do Facebook e do LinkedIn até o mecanismo de preferência da Amazon.com; esses são ótimos canais através dos quais os detalhes sobre seu produto podem ser compartilhados. Você também pode automatizar seu marketing criando esquemas de incentivo para seus usuários parecidos com os tornados famosos pela Avon, ou o usado pelo Groupon para atingir uma valoração de muitos bilhões de dólares.

3. **Melhore as Taxas de Conversão em Vendas:** Sempre concentre-se em melhorar as taxas de conversão de suas perspectivas de vendas. Como se pode ver nos cálculos de baixo para cima, há um custo enorme associado a buscar contratos que você não fecha. Obter taxas de conversão mais altas nas perspectivas de venda alarga o funil para mais negócios passarem, aumentando sua renda e diminuindo o COCA.

4. **Diminua o Custo das Perspectivas de Venda e Melhore a Qualidade Delas:** Conseguir muitos cartões de visita em uma feira de negócios pode trazer para você muitas perspectivas de venda (menos custo por perspectiva), mas provavelmente são perspectivas de venda com baixa qualidade. Você pode reduzir o custo das perspectivas de venda sem sacrificar a qualidade delas com técnicas como a estratégia de marketing de entrada no HubSpot. Incorporar, em seu processo de vendas, ferramentas e técnicas que aumentam a qualidade de suas perspectivas de venda, e prestar atenção de onde suas perspectivas estão vindo, são providências que irão melhorar sua taxa de conversão.

5. **Agilize o Funil de Vendas:** Focando a velocidade com a qual as perspectivas estão passando pelo ciclo de vendas, você pode reduzir o ciclo, o que terá um efeito positivo drástico na redução do COCA.

6. **Escolha seu Modelo de Negócio com o COCA em Mente:** O design de seu Modelo de Negócio pode afetar muito o COCA, como Jim Dougherty aprendeu na IntraLinks, a empresa que fornece um espaço seguro online para banqueiros de investimento e advogados compartilharem documentos com seus clientes. Seu modelo de negócio foi baseado no uso, mas foi difícil vender para os clientes porque eles não podiam planejar com facilidade quanto gastariam no produto. Quando ele mudou para um tipo de modelo "celular", no qual os clientes pagam uma quantidade fixa a cada mês para um tipo de serviço acordado, com a flexibilidade de pagar um serviço extra segundo o uso, ficou muito mais fácil vender o produto para os clientes e a duração do ciclo de vendas diminuiu muito.
7. **Boca a Boca:** O maior determinante da redução do COCA é o boca a boca positivo sobre uma empresa e seu produto. Isso tende a diminuir muito o ciclo de vendas, diminuir o desejo do cliente de exigir descontos e produz clientes bem qualificados que já estão bem ajustados ao produto, portanto, os vendedores podem ser muito mais produtivos ao lidar com eles. Hoje, muitas empresas, grandes e pequenas, tentam conduzir isso através das mensurações do Net Promoter Score.[1] Esse sistema rastreia essa questão com cuidado e elabora um relatório de suas operações, reuniões de executivos e até da diretoria. Os bônus estão ligados com a crença, validada na vida real, de que é um bom "proxy" (ou seja, exerce o papel de procurador e interlocutor) do forte boca a boca de seus clientes.
8. **Fique Focado no Mercado-alvo:** Ficar focado no mercado de conquista nas etapas anteriores deste processo, e não ser distraído pelos clientes fora do mercado escolhido, ajudará a melhorar o boca a boca e também tornará seus representantes de vendas muito mais produtivos. Eles se tornarão especialistas no setor de atividade e a duração do ciclo de vendas diminuirá (a venda repetitiva para a mesma DMU e o Processo para Adquirir um Cliente Pagante tornam o representante de vendas muito mais produtivo), diminuindo, assim, o COCA.

EXEMPLOS

Associated Gas Energy: Usando um Modelo de Vendas Diretas

Em geral, a perfuração de petróleo produz "gás natural associado" e lidar com seu descarte é caro e problemático para o meio ambiente. Com frequência não há nenhuma infraestrutura no local de perfuração para transportar o gás para onde ele possa ser vendido. O Associated Gas Energy foi um novo plano de empreendimento desenvolvido por meus alunos para permitir que os produtores de petróleo transformem esse

---
[1] Descubra mais sobre o Net Promoter Score and System em www.netpromoter.com (conteúdo em inglês). É um modo sistemático de medir e orientar o Boca a Boca.

custo operacional em lucro. Usando a tecnologia GTL, o gás associado é convertido em petróleo bruto com um custo para o cliente de $70/barril. O cliente pode vender esse petróleo bruto pelo preço de mercado. Se os preços de mercado estiverem em torno de $100/barril, o cliente ganhará $30/barril. As economias do custo de reinjeção produzem aproximadamente $10/barril extras para o cliente.

Foi uma ideia muito inteligente, com demonstrações financeiras aparentemente convincentes, mas o COCA precisou ser considerado com cuidado. O cliente-alvo era um comprador muito conservador que tinha que ser abordado com métodos de vendas diretas antigos, especialmente no começo. O novo empreendimento requereria muito trabalho missionário para decolar.

Acreditava-se que o ciclo de vendas desse produto caro ($300 mil para a instalação inicial mais taxas de manutenção anuais) estaria em torno de um ano, mesmo que tivesse uma proposta de valor convincente. A empresa tinha boa tecnologia, mas precisava contratar um vendedor experiente, assim como uma pessoa de suporte técnico de vendas que tivesse credibilidade e entendesse a dinâmica das vendas. E eles iam contratar um consultor no primeiro ano para ajudar a quebrar a inércia inicial do cliente para ser o primeiro a ter esse sistema (lembre-se, é um mercado conservador!) e cuidar de todos os problemas regulatórios que vêm junto com produtos associados à energia e meio ambiente como esse. Eles anteciparam que haveria um período de reforço para o representante de vendas se tornar eficiente na venda do produto e, portanto, no primeiro ano eles estavam projetando com realismo que um sistema seria vendido. A primeira venda seria a mais difícil; depois dela, eles não precisariam do consultor novamente. Depois de ter aprendido, a equipe do novo empreendimento seria capaz de fazer sozinha a venda. Além disso, com uma instalação bem-sucedida como referência, o ciclo de vendas poderia ser muito reduzido.

Embora o COCA do primeiro ano fosse alto, se o produto funcionasse como eles anteciparam, eles teriam validado a proposta de valor, afastado um grande risco, ganhado um local de referência e colocado seu representante de vendas e processo a par das coisas.

No segundo ano, eles seriam capazes de contratar um segundo vendedor, assim como uma pessoa para dar suporte técnico para aumentar suas vendas. Na Tabela 19.1, podemos ver como eles levaram em conta o orçamento completo de marketing e vendas, e como ele se expande com o tempo. Por fim, o COCA cai para cerca de $150 mil, que ainda é alto, mas continuará a diminuir nos anos futuros.

FillBee

A equipe por trás da FillBee fez um excelente trabalho em seu cálculo do COCA. Seu plano mostrava como desenvolver uma estratégia de marketing criativa, completa e viável, que também permitia à equipe controlar o COCA de um modo quantificável. Isso foi muito bem-feito e representa um plano e cálculo que usam com eficácia as ferramentas e táticas disponíveis hoje para reduzir o COCA ao longo do tempo de um modo sistemático (Figura 19.4).

CALCULE O CUSTO DE AQUISIÇÃO DO CLIENTE (COCA) • 213

Tabela 19.1 Cálculo do COCA da Associated Gas Energy (um exemplo de vendas diretas)

Itens do Orçamento de Marketing e Vendas	Ano		
	1	2	3
Número de Vendedores = Número de Pessoas do Suporte Técnico	1	2	3
Salário das Vendas ($175 mil/ano com despesas gerais alocadas)	$175.000	$350.000	$525.000
Salário do Suporte Técnico ($125 mil/ano com despesas gerais alocadas)	$125.000	$250.000	$375.000
Viagem	$24.000	$40.000	$52.500
Entretenimento	$15.000	$24.000	$30.000
Eventos	$30.000	$35,000	$40.000
Custo do site	$10.000	$10.000	$10.000
Consultor	$15.000	$ —	$ —
Total	$394.000	$709.000	$1.032.500
Número de Clientes	1	3	7
COCA por Ano	$394.000	$236.333	$147.500

Exemplo de Uso de *Benchmarking*: Speakeasy

Eis outra técnica para determinar se seu COCA é razoável. O plano da Speakeasy era ensinar as pessoas a falarem de maneira mais eficaz por meio de tutoriais na internet. Não deveria haver nenhuma equipe de vendas diretas; eles contariam com o cliente-alvo descobrindo-os nas plataformas de mídia social. Eles tinham o seguinte cálculo do COCA, que achei excelente:

Custo da Aquisição do Cliente da Speakeasy

Ao determinar nosso custo de aquisição do cliente, fizemos o *benchmark* (uma análise comparativa) do custo em relação a outras empresas SaaS que empregam o marketing de entrada, principalmente a Zynga e o Groupon. Percebemos que nosso empreendimento não é tão maduro quanto essas empresas, no entanto, os números ainda fornecem um *benchmark* razoável.

Uma visualização detalhada da estratégia de marketing geral da Empresa — inclusive os custos estimados e as perspectivas de vendas geradas para o ano 1 — é mostrada abaixo:

A FillBee usa a estratégia de vendas baseada em tecnologia visando otimizar dinamicamente a experiência do usuário. A Empresa foca em entregar um conteúdo altamente direcionado e oferece a seus consumidores, assim, maximizando as conversões de compra dos designs de móveis e personalizados.

Uma visualização detalhada da estratégia de vendas da Empresa e um funil anexado é exibido abaixo:

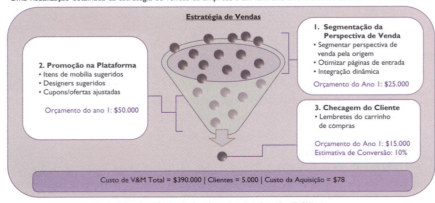

Figura 19.4: Cálculos do COCA da FillBee.

Tabela 19.2   Tabela do COCA do Groupon versus Zynga

Empresa	COCA (2012)
Groupon	$5.40
Zynga	$0,85

Tabela 19.3   COCA da SpeakEasy

Suposições do Custo de Marketing			
	A1	A2	A3
COCA/Usuário	$1.60	$0,85	$0.85

Como nossa estratégia de aquisição do cliente é mais parecida com a da Zynga do que com a do Groupon, usamos os valores da Zynga como base para nossas estimativas (Tabela 19.2). Nos últimos trimestres, o COCA da Zynga variou de $0,30 (a) $0,85. Para sermos conservadores, usamos a extremidade mais alta da faixa da Zynga. As estimativas do COCA da empresa nos anos anteriores são mais altas devido a uma confiança aumentada no marketing de saída, além do de entrada. Nos anos dois e três, utilizaremos uma estratégia de marketing puramente de entrada e o boca a boca. Por último, acreditamos que usar o COCA por unidade como um determinante para os custos totais do marketing é razoável, uma vez que nos permite fornecer uma comparação equânime com outras empresas SaaS (Tabela 19.3).

Exemplo de um Modo de Diminuir com Criatividade o COCA: Dollar Shave Club

Um de meus exemplos favoritos de como diminuir potencial e criativamente o COCA é da empresa Dollar Shave Club. O fundador e CEO, Mike Dubin, viu uma oportunidade significativa de ganhar uma fatia de mercado importante na indústria de barbear sendo um provedor de baixo custo. Com a eliminação dos intermediários, como lojas de varejo, e usando uma lâmina sem recursos especiais, ele pôde fornecê-la com baixo custo. Sua proposta de valor para os clientes não foi apenas o custo, mas que os clientes economizariam tempo recebendo as lâminas em casa, em vez de irem comprá-las. Essa proposta de valor foi reforçada por seu modelo de negócio inovador, que aplicou o modelo de assinatura e entrega pela primeira vez na indústria de barbear.

Tudo isso representou uma bela estratégia de novo produto do tipo Oceano Azul (conceito de negócios segundo o qual deve-se procurar mercados inexplorados), mas havia ainda um problema. Ele precisou fazer a divulgação para os clientes, e as empresas existentes no mercado tinham orçamentos de marketing enormes que poderiam afundá-lo e esmagá-lo. Como um novo empreendedor, ele não podia conseguir vendas diretas nem distribuidores, isso também não seria seu modelo. Com a propaganda, ele poderia tentar criar consciência, mas seria caro e provavelmente convidaria a uma resposta rápida dos participantes estabelecidos. O COCA de Mike seria alto demais. Ele precisava ser criativo.

Então, a Dollar Shave Club respondeu com os ativos que tinha. Mike tinha um conhecimento de comédia e criação de filmes, e tinha alguns amigos no negócio. Como uma startup, ele poderia criar um vídeo peculiar além dos limites do que uma empresa como a Procter & Gamble poderia fazer. Portanto, Mike alocou uma grande fatia de seus recursos para fazer um vídeo de 90 segundos chocante e bem-feito sobre a Dollar Shave Club (Figura 19.5). Mike começa descrevendo a finalidade da empresa ("por um dólar ao mês, enviamos lâminas de alta qualidade para seu endereço") com o slogan na tela "Corte o Tempo. Corte o Dinheiro". Tudo isso alinhado com sua proposta de valor.

Mas, então, ele começa a andar em direção à câmera para criar o momento que todos lembrarão. Ele pergunta: "Nossas lâminas são boas?" A câmera se movimenta até um cartaz que responde a pergunta e define o tom do restante do vídeo: "Não. Nossas lâminas são F***." Mike continua a usar humor e audácia para zombar dos revendedores de lâminas atuais, posicionando-se para seu cliente-alvo (homens urbanos jovens, com conhecimento digital e ocupados) como um adorável Davi enfrentando Golias.

Figura 19.5   Tela da Dollar Shave Club.

O vídeo viralizou imediatamente. O tempo e a energia que a Dollar Shave Club usou nesse vídeo provavelmente foram o melhor dinheiro que a empresa já gastou. Ainda que isso não tenha reduzido necessariamente o COCA (porque assistir ao vídeo não é igual a "adquirir o produto"), o vídeo produziu muitas perspectivas de venda de baixo custo e, agora, a pergunta é se a Dollar Shave Club pode finalmente convertê-las em clientes pagantes.

Para ver o produto final, você pode acessar www.dollarshaveclub.com (conteúdo em inglês) e usá-lo como inspiração para pensar em maneiras criativas de como pode reduzir a aquisição de seu COCA.

RESUMO

A essa altura, você concluiu as importantes etapas para determinar se as finanças de seu negócio funcionarão. A análise do LTV e do COCA pode acabar com muitos negócios novos identificando os problemas no início do processo; porém, em geral, destaca a importância de manter os olhos nos principais fatores para tornar o negócio bem-sucedido. Fornece um panorama mais simples do que as instruções financeiras e permite que você faça ajustes e aprimore seu negócio. Torna o caminho para o sucesso mais transparente. Não deixe que seu otimismo o cegue ao fazer os cálculos. Busque os números reais e não o que você deseja que eles sejam.

ETAPA 20

Identifique os Pressupostos-chave

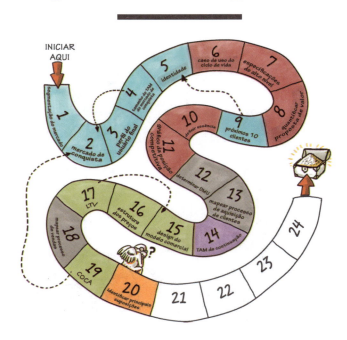

NESTA ETAPA, VOCÊ:

- Determinará quais pressupostos sobre seu negócio não foram totalmente testados;
- Classificará suas 5 a 10 principais suposições em ordem de importância.

Tudo parece bom, mas antes de continuar, volte e reveja com maior conhecimento — quais são os principais pressupostos que precisam dar certo para seu novo empreendimento funcionar?

Você agora tem uma compreensão de quem é o cliente, qual valor leva para ele, como ele adquirirá seu produto, quanto custa conseguir um cliente e quanto lucro ele lhe proporcionará. Porém, seu negócio é novo com um produto que não existia antes. Você está fazendo certas suposições com base em lógica e pesquisa, mas sem identificar e testar com rigor suas suposições, não saberá se são válidas. Inicialmente, você testou alguns desses pressupostos durante as etapas anteriores; mas nesta etapa, testará direta e rigorosamente os principais entre eles.

Sim, você conversou com os clientes, observou-os no trabalho, consultou-os em cada etapa no caminho, falando com eles e vendo se acham seu plano consistente com suas necessidades. Mas agora você voltará a pensar sobre suas grandes premissas e testará se são consistentes com o modo como o mundo funciona, não como você acha ou seu cliente diz que funciona.

Identificar e dividir suas principais suposições não é difícil, mas os empreendedores tendem a pular esta etapa, confiando na intuição ou na pesquisa para substituir o teste real do negócio e as hipóteses de comportamento do cliente. Mas até você ter testado suas suposições comerciais e ter mostrado que tomará uma ação específica, há uma dose de fé grande demais para nossa abordagem do empreendedorismo disciplinado. As ações falam mais que as palavras.

As pessoas familiarizadas com a metodologia da startup enxuta verão semelhanças com o conceito de "produto viável mínimo" ou MVP. Contudo, na estrutura das 24 Etapas, um "produto" sempre deve ser completo o bastante para que um cliente possa ganhar valor com ele. A estrutura MVP, por comparação, inclui em sua definição de "produtos" ações que apenas testam os pressupostos individuais sobre a nova ideia de empreendimento. Contudo, detalho o processo de identificar e testar as suposições nas Etapas 20 e 21, que serão continuadas na Etapa 22, estabelecendo o que chamo de "Produto Comercial Visível Mínimo" (MVBP, sigla em inglês) — um conceito diferente do MVP como usado na linguagem da startup enxuta. O processo de estabelecer um MVBP fornece um "teste dos sistemas" para saber se seu cliente pagará ou não por aquilo que você está oferecendo, e não é apenas um canal através do qual testar uma premissa. Assim como você não tem um negócio significativo até ter um cliente pagante, seu negócio não tem um produto até que alguém o compre, obtenha valor com ele e possa fornecer um feedback significativo para você sobre ele.

Nas próximas duas etapas você vai "desempacotar" seus pressupostos, dividindo-os em uma lista priorizada para testar empiricamente antes de lançar seu MVBP.

COMO IDENTIFICAR SEUS PRINCIPAIS PRESSUPOSTOS

Primeiro revise cada etapa da estrutura e faça uma lista das áreas nas quais você fez conclusões lógicas com base em sua pesquisa de mercado inicial. Você identificou corretamente as prioridades da Persona? Seu cliente achará a proposta de valor atraente quando chegar o momento de fazer uma compra? O cliente investirá tempo e esforço para integrar seu produto no fluxo de trabalho dele?

Uma área-chave na qual você deve questionar as suposições é sua margem bruta. Os custos-alvo são precisos? Caso seu produto seja um hardware, reveja a lista de materiais e analise com cuidado o custo dos itens mais importantes na lista de materiais. Se for um esforço de desenvolvimento de softwares, fará algo parecido, listando os principais desafios de desenvolvimento, suposições e itens do custo. Identificar e ver de perto essas hipóteses facilmente testadas fornecerá um nível extra de análise para as áreas mais importantes.

Duas outras áreas-chave para testar são a lista dos Próximos 10 Clientes e a Unidade de Tomada de Decisão. Dos clientes que você já identificou, alguns são clientes "farol", quando outros clientes comprarão se eles comprarem? Há algum cliente-chave, que se não comprar seu produto os outros também não o compram? Existem outros clientes-chave que você não identificou ainda? E o mais importante, tais clientes estão interessados em comprar seu produto?

EXEMPLO

Sasa

Iniciada por três empreendedoras jovens e dinâmicas — Ella Peinovich, Gwen Floyd e Catherine Mahugu —, a Sasa é um empreendimento social comercial que capacita mulheres na África permitindo-lhes vender sua arte no mundo inteiro usando celulares. Quando a equipe lançou e desenvolveu seu negócio em uma situação de capital limitado, teve muito cuidado em identificar suas premissas e testá-las para que não desperdiçasse nenhum dinheiro ou tempo precioso. Como um mercado bilateral, com os produtores sendo as artesãs africanas e os consumidores sendo clientes no mundo todo (com um mercado cabeça de praia nos Estados Unidos), ela identificou vários pressupostos-chave para cada lado do mercado (Figuras 20.1 e 20.2).

Suposições das Produtoras
1. As artesãs (ou seja, produtoras) desejam ser capacitadas economicamente.
2. As artesãs adotarão a plataforma Sasa em suas práticas de mercado.
3. Os vendedores ganharão uma renda sustentável.
4. Os vendedores confiarão na tecnologia Sasa e serviços.
5. As infraestruturas existentes serão consistentes e expandirão com a demanda.
6. Os vendedores ganharão mais usando a Sasa do que vendendo nos mercados ao ar livre.
7. Um vendedor consegue comprar um telefone simples, que tenha câmera.
8. Um vendedor está familiarizado com o uso do SMS.
9. Um vendedor é capaz de aproveitar seu conhecimento do SMS para adotar rapidamente o uso do MMS.

sasa Cliente — Suposições sobre os produtores

Figura 20.1   Suposições do cliente Sasa sobre as produtoras.

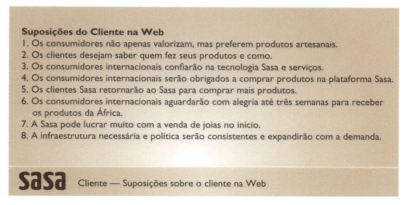

Suposições do Cliente na Web
1. Os consumidores não apenas valorizam, mas preferem produtos artesanais.
2. Os clientes desejam saber quem fez seus produtos e como.
3. Os consumidores internacionais confiarão na tecnologia Sasa e serviços.
4. Os consumidores internacionais serão obrigados a comprar produtos na plataforma Sasa.
5. Os clientes Sasa retornarão ao Sasa para comprar mais produtos.
6. Os consumidores internacionais aguardarão com alegria até três semanas para receber os produtos da África.
7. A Sasa pode lucrar muito com a venda de joias no início.
8. A infraestrutura necessária e política serão consistentes e expandirão com a demanda.

sasa Cliente — Suposições sobre o cliente na Web

Figura 20.2   Suposições do cliente Sasa sobre os consumidores na web.

Observe que algumas suposições para o cliente não são muito específicas e precisarão ser separadas em várias suposições.

RESUMO

Identificar os pressupostos-chave é a primeira parte do processo para validar sua pesquisa de mercado inicial pedindo aos clientes para tomarem ações específicas, o que acontecerá na próxima etapa. Antes de as suposições poderem ser testadas, elas precisam ser divididas em suas partes constituintes para que cada uma delas represente uma ideia limitada e específica que pode ser testada empiricamente na próxima etapa usando um design experimental único. Não se preocupe ainda sobre como você planejará o experimento. Concentre-se em dividir todas as principais premissas, porque se você pular uma com medo de que o teste seja difícil, negligenciará um fator potencialmente importante na saúde de seu negócio.

ETAPA 21

Teste os Pressupostos-chave

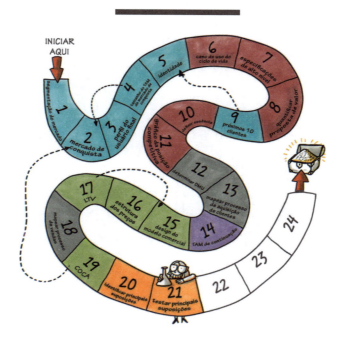

NESTA ETAPA, VOCÊ:

- Pegará sua lista de pressupostos-chave e planejará os testes empíricos para validá-los ou refutá-los;
- Fará testes empíricos, movendo-se com rapidez e eficiência para diminuir o risco inicial.

Agora que identificamos os pressupostos principais, iremos usar uma abordagem científica para testá-los individualmente antes de apenas juntá-los e ver se funcionam.

Com as principais suposições identificadas, agora iremos planejar os experimentos para testá-las da maneira mais barata, rápida e fácil possível. O objetivo é reunir dados empíricos que dão suporte ou refutam essas premissas. Tais experimentos não precisam de muito, se é que precisam, no sentido de construir produtos físicos ou escrever códigos, apenas de um pensamento lógico para planejar testes simples, porém eficazes. A rigorosa pesquisa de mercado inicial fez isso até então e o foco único em sua Persona o mantém concentrado para que quando fizer o teste das suposições, elas sejam altamente relevantes para seu negócio.

Com o valor da visão retrospectiva, alguns desses experimentos podem parecer bem simples ao ponto de poderem ter sido realizados antes neste processo. Mas não se preocupe com isso, porque o que você aprendeu até este momento indicará mais claramente os pressupostos-chave. Com todo o conhecimento que adquiriu e o foco no ajuste entre produto e mercado, você deverá conseguir planejar e executar experimentos eficientes.

E, além disso, se você fizer muitos experimentos com diferentes hipóteses em sua cabeça e alguns deles parecerem ter êxito, isso por si só não assegura o sucesso. Lembre-se, na pesquisa da Ciência Social você não prova as hipóteses tanto quanto as refuta; portanto, um experimento bem-sucedido apenas sugere um empreendimento bem-sucedido. A combinação de sua pesquisa de mercado inicial e os experimentos empíricos realizados nesta etapa irão levá-lo a entender mais completamente seu cliente e aumentarão sua probabilidade de ter sucesso.

AGORA QUE IDENTIFICAMOS OS PRESSUPOSTOS, IREMOS TESTÁ-LOS

Assim que identificamos as principais suposições, geralmente, não é difícil testá-las. Por exemplo, para testar os custos-alvo, envie uma solicitação informal de cotação (SDC) ou especificação para os revendedores para saber se suas projeções de custo são precisas no volume que irá comprar ou desenvolver. Você deve conseguir identificar rapidamente qualquer custo-alvo fora de linha.

Para testar o interesse dos clientes farol e dos clientes-chave, verifique se a resposta será uma das seguintes:

- Pagar antecipado por sua solução (melhor)
- Fazer um depósito (bom)
- Fornecer uma carta de intenção (ok)
- Concordar com um piloto (aceitável)
- Expressar um grande interesse em comprar, caso certas condições sejam atendidas (não é tranquilizador, mas pode ser aceitável)

Se você estiver atendendo aos clientes pessoalmente, leve um observador experiente para ajudar a determinar se o cliente está realmente entusiasmado com seu produto e irá comprá-lo ou está apenas sendo educado ou reunindo informações.

EMPREENDEDORISMO DISCIPLINADO

Para testar se certos clientes são farol ou chave, repita o processo acima, mas com outros clientes; veja se eles atribuirão algumas decisões de compra a outros clientes e procure padrões.

EXEMPLOS DE PRESSUPOSTOS FACILMENTE TESTÁVEIS: EQUIPES DE ALUNOS

Pressuposto: Usuários de Smartphone com Idade Entre 25 e 34 Anos que Acessam a Previsão do Tempo no Telefone para Decidir o que Vestir

Uma equipe propôs isso como uma suposição simples, mas dentro existem duas outras que devem ser separadas. A Suposição 1 é que as pessoas com smartphones os utilizam para obter previsões do tempo. A Suposição 2 é que as pessoas as consultam para decidir o que vestir.

Para testar a primeira premissa, a equipe abordou seus clientes-alvo (em uma academia ou restaurante, ou na calçada perto de onde o cliente-alvo trabalhava) e perguntou se eles tinham um aplicativo de previsão do tempo em seu telefone e se o usavam. Mais de 90% disseram sim, validando a primeira suposição. A equipe também analisou a pesquisa de mercado geral e descobriu que os aplicativos de tempo eram um dos mais populares para os smartphones, validando mais ainda essa suposição.

Os resultados foram variados ao testar o segundo pressuposto. Em um determinado grupo, menos de 30% consultavam as previsões do tempo em seus telefones com a finalidade de decidir o que vestir, ao passo que em outro grupo de amostra, mais de 70% o faziam. A equipe percebeu que o primeiro grupo tinha a característica distinta de ser composto de homens. O segundo grupo era de mulheres, mostrando que a equipe tinha identificado um fator de segmentação importante e que ela não havia segmentado bastante seu mercado anteriormente, dado que descobriu que os gêneros tinham prioridades muito diferentes. O experimento forneceu à equipe informações valiosas de que ela não dispunha, sendo rápido e barato de obter. Assim que ela terminou, validou sua suposição como sendo verdadeira, mas para um grupo de clientes-alvo muito mais bem definido.

Pressuposto: "Neohippies" com Idade Entre 25 e 35 Anos Usam Seus Smartphones para Ajudar a Fazer Compras de Mercado

Essa equipe queria oferecer um assistente de compras pessoal baseado no smartphone para jovens que compram em lojas de alimentos naturais, como o Whole Foods Market. Os alunos na equipe usavam seus smartphones ao comprar, então, supuseram que outras pessoas faziam isso também. Era uma suposição principal que precisava ser testada.

Para testá-la, a equipe foi para a Whole Foods e observou os compradores que se encaixavam na descrição de seu grupo demográfico. Na verdade nenhum comprador usava um smartphone na loja. A equipe ficou incrédula, mas confirmou o resultado em um local diferente da Whole Foods. A equipe entrevistou os compradores e descobriu que embora muitos tivessem iPhones (o experimento foi realizado na época em que o iPhone foi lançado pela primeira vez), eles não estavam interessados em usá-los nas compras porque já tinham um modo de comprar que funcionava bem e não queriam mudar. Como resultado, a equipe mudou completamente seu foco e trabalhou em um aplicativo móvel diferente para outro cliente-alvo. Talvez algum dia haja um mercado para tal aplicativo, mas o momento ainda não era o certo.

Pressuposto: Realizar Pesquisas de Opinião É Muito Melhor no Facebook do que com os Métodos via Telefone Tradicionais

Um aluno de Ciências Políticas estava preocupado com as pesquisas de opinião sobre política e com a possibilidade de que a precisão das pesquisas fosse afetada pelo número crescente de pessoas que estavam cancelando os telefones fixos em favor dos celulares. As leis norte-americanas proíbem contatar os usuários de celular com máquinas de discagem automática; assim, as pessoas que fazem pesquisa de opinião e desejam ligar para os celulares têm que discar individualmente cada número, tornando muito mais caro contatar os usuários de celular versus os de telefone fixo.

As pesquisas corriam o risco de ser tendenciosas porque certos grupos demográficos eram mais propensos a ser usuários de celular do que outros. O aluno supôs que como o Facebook permite direcionar anúncios para certos grupos demográficos e acessar os dados dos grupos para publicidade com cliques, ele poderia usar os anúncios do Facebook para realizar pesquisas com rapidez e de modo barato, sendo mais precisas e menos trabalhosas que as pesquisas por telefone.

O aluno conseguiu testar sua hipótese durante a noite com menos de $100 em publicidade no Facebook. Seu experimento inicial comparou suas taxas de clique em anúncios com a primária presidencial de New Hampshire de 2012 e o total das pesquisas profissionais feitas em cima da primária. Suas taxas de clique não previram com precisão o resultado da primária, portanto, ele supôs que se mudasse o design dos anúncios conseguiria resultados mais precisos. Menos de uma semana depois, com outros $50 em publicidade, ele experimentou um formato diferente para as manchetes dos anúncios (Figura 21.1).

Essa segunda tentativa foi comparada com uma primária presidencial de um estado diferente e conseguiu resultados parecidos com as pesquisas profissionais que custam $100 mil e vários dias para produzir. De modo interessante, ao validar sua hipótese, ele descobriu um uso ainda mais relevante para sua ideia — as pessoas que realizam pesquisas de opinião estavam interessadas em usar o direcionamento demográfico de anúncios do Facebook para organizar os grupos com foco hiperdirecionado, com uma aplicação muito mais ampla do que simplesmente prever os resultados de uma eleição.

Figura 21.1   Publicidade de Segunda Geração para Herman Cain.

Figura 21.2   Coffee truck Inspirado.

Pressuposto: As Pessoas Ficarão Inspiradas a Participar de Murais que as Estimulem a Escrever

Uma equipe de alunos propôs uma ideia que parecia ilógica e sem uma inovação real. A ideia era capitalizar as tendências de *food trucks* e cafés para iniciar um *coffee truck*, que ficaria na proximidade dos campi de faculdades, em que não havia nenhuma "boa" cafeteria próxima dos prédios acadêmicos.

Os alunos chamaram os *trucks* de "Inspirado" e acreditavam que para atrair seguidores fiéis poderiam cobrir as laterais do caminhão com quadros-negros para as pessoas escreverem (Figura 21.2). Haveria sugestões para encorajar as pessoas a escreverem e as mensagens resultantes inspirariam todos os clientes. Isso, em combinação com o café de alta qualidade que o caminhão serviria, atrairia os clientes. Assim, uma suposição principal, fundamental para seu modelo de negócio (mas não a única), foi que eles poderiam atrair as pessoas e engajar clientes em potencial fazendo-os escrever nos quadros-negros coletivos sobre temas inspiradores.

Então, a equipe começou a testar essa premissa simples, que as pessoas escreveriam coisas inspiradoras nos quadros-negros voluntariamente. Ela afixou um grande quadro-negro no Stata Center do MIT em um corredor muito movimentado de alunos (parecido com o ambiente onde queriam estacionar o *coffee truck*) e escreveram uma sugestão (Figura 21.3).

Como se pode ver, lá diz "_____ me faz sorrir (*makes me smile*)." A equipe esperou para ver se os alunos, sem nenhuma outra sugestão, preencheriam a lacuna. Ao meio-dia (quatro horas depois), o mural ficou como na Figura 21.4.

O mural inteiro tinha sido preenchido; claramente os alunos tinham sido engajados no processo e gostaram de se expressar, tendo por base as coisas que escreveram, que não eram apenas muito inteligentes, mas demonstravam que muitos colaboradores sentiram, também, um impulso de criatividade. De modo interessante, uma das entradas foi "Café me faz sorrir", que ajudou mais ainda no caso da equipe de alunos.

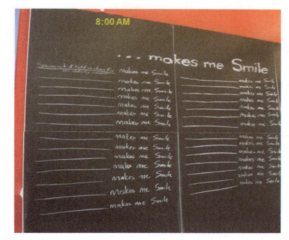

Figura 21.3   O quadro-negro com a sugestão "me faz sorrir" às 8h da manhã.

Figura 21.4   O quadro-negro com a sugestão "me faz sorrir" ao meio-dia.

A equipe fez o experimento novamente em um dia diferente, usando uma frase diferente (Figura 21.5).

A citação era "Antes de morrer, quero (*before I die*) _____" e, pasmem, ao meio-dia o quadro não só estava cheio, como se vê na Figura 21.6, como estava transbordando, com pessoas acrescentando comentários extras no espaço adjacente.

Desnecessário dizer, a equipe tinha validado uma importante suposição de um modo muito mais convincente do que fazer um argumento baseado na lógica, porque tinha dados reais para dar respaldo. Eu dei à equipe "A" pela tarefa. Testar essa suposição também foi muito mais divertido para a equipe do que propor um raciocínio abstrato — e mais poderoso.

Alguns desses pressupostos deveriam ter sido testados no estágio da Persona ao fazer a pesquisa inicial; mas incluí esta e a etapa anterior para que você possa se recordar agora com toda a sabedoria coletiva que conseguiu para avaliar melhor a situação antes de entrar em ação total. Com esse novo conhecimento, você deve conseguir identificar as principais suposições que pode ter examinado ou deixado escapar antes, e agora verificar se está realmente no caminho certo. Não é possível remover todos os riscos que envolvem uma startup, mas pode-se diminuí-lo o máximo possível ao manter o processo se movendo com rapidez e eficiência.

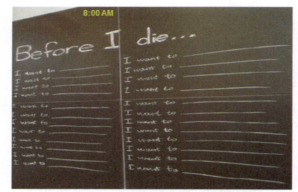

Figura 21.5   O quadro-negro com a sugestão "Antes de morrer" às 8h da manhã.

Figura 21.6   O quadro-negro com a sugestão "Antes de morrer" ao meio-dia.

RESUMO

Testar as principais suposições, particularmente as mais significativas, como os custos-alvo e o interesse dos clientes farol, prepara você para vender seu produto porque complementa a abordagem baseada na pequisa de mercado inicial já feita. A convergência de sua pesquisa de mercado com os resultados empíricos de seus experimentos prepara-o para reunir um produto inicial e vendê-lo para os clientes.

ETAPA 22

Defina o Produto Comercial Viável Mínimo (MVBP)

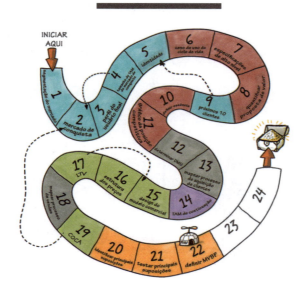

NESTA ETAPA, VOCÊ:

- Integrará seus pressupostos em um teste de sistemas, que consiste no produto mínimo pelo qual um cliente ainda pagará.

Agora, nos sentimos bem com nosso produto, mas devemos mostrar moderação; cruzaremos o Rubicão e lançaremos um produto minimamente viável pelo qual um cliente pagará, mas mantenha a funcionalidade o mais simples possível para que possamos minimizar os riscos e também continuar a testar as suposições de uma maneira científica.

As duas etapas anteriores focaram o teste das suposições individuais. Nesta etapa e na seguinte, desenvolveremos e testaremos o que estamos chamando de Produto Comercial Viável Mínimo (MVBP). O MVBP combina as suposições individuais-chave mais importantes em um produto integrado que possa ser vendido. O MVBP prepara você para testar a suposição abrangente mais importante que integra o restante — que os clientes pagarão por seu produto. Como mencionado na etapa anterior, a definição de startup enxuta do que é um Produto Viável Mínimo é limitada demais e não descreve com precisão um "produto". O produto criado nesta etapa atenderá às três condições de um MVBP.

TRÊS CONDIÇÕES DE UM PRODUTO COMERCIAL VIÁVEL MÍNIMO

Existem três elementos essenciais necessários para ter um Produto Comercial Viável Mínimo. Todos os três devem estar presentes para esta etapa ser concluída com sucesso. São eles:

1. O cliente consegue valor com o uso do produto;
2. O cliente paga pelo produto;
3. O produto é suficiente para iniciar o ciclo de feedback do cliente, no qual o cliente pode ajudar a iterar para que se obtenha um produto cada vez melhor.

Como mencionado na Etapa 1, Segmentação do Mercado, alguns modelos de negócio contam com o engajamento de um cliente primário que usa um produto abaixo do custo ou sem cobrança. Um cliente secundário paga pelo produto, geralmente com acesso ao cliente ou às suas informações. Em tal caso, você planejaria seu MVBP para que a primeira e terceira condições de um produto viável mínimo fossem atendidas para seu cliente primário e todas as três condições fossem atendidas para seu cliente secundário. Um exemplo de MVBP para um modelo de negócio do cliente primário/secundário é apresentado mais à frente nesta etapa.

Seu MVBP deve equilibrar simplicidade com suficiência. Como Einstein disse: "Tudo deve ser feito tão simples quanto possível, mas não mais simples." Suas chances de sucesso serão mais altas se você limitar o número de variáveis em seu produto inicial, tendo algo que funciona rapidamente nas mãos do cliente, mesmo que não tenha toda a funcionalidade que você gostaria de incluir.

O objetivo é simples — faça uma lista de todos os pressupostos principais, restrinja-os aos mais importantes, coloque-o(s) em um produto que o cliente possa usar e veja se ele o comprará.

EXEMPLOS

Terapia de Equipe em Casa

O aluno por trás da ideia, Tim Fu, fez fisioterapia depois de uma cirurgia reconstrutiva do ligamento cruzado anterior (LCA), e acreditava que havia muito espaço para melhorias em como era feita a fisioterapia durante a recuperação. Quando o sistema Kinect da Microsoft foi lançado, ele viu uma oportunidade para usá-lo e dar aos pacientes um retorno automatizado em tempo real quando eles fizessem os exercícios de fisioterapia em casa. Os médicos também poderiam ver as sessões em casa e fazer seus comentários. O sistema de hardware e software do Kinect foi projetado para permitir que os usuários interagissem com um console de videogame Xbox usando gestos, em vez de um teclado, voz ou tela de toque, e o Kinect poderia funcionar em computadores comuns também. Embora o produto original fosse feito para o mercado de jogos, Tim o previu como um capacitador fundamental para sua aplicação.

Ele achou a implementação de sua ideia complicada, em parte porque, como uma startup, tinha poucos recursos. Então, começou a definir seu Produto Comercial Viável Mínimo baseado na possibilidade de que os médicos e pacientes usariam e pagariam por seu sistema MVBP online, o que os ajudaria na fisioterapia.

Quando iniciou, Tim queria, por questões emocionais, incluir o sistema Kinect em seu produto. O dispositivo chamava realmente a atenção, portanto, suas primeiras considerações sobre um produto (note que é um pré-MVBP) pareciam com o que é mostrado na Figura 22.1

Refletindo, depois de se questionar sobre o que era necessário para minimamente iniciar o teste de suas suposições principais e entrar em um ciclo de retorno com o cliente, ele o simplificou para se parecer mais com a Figura 22.2.

Se você observar, os elementos do design antigo, que incluíam o sistema Kinect, não existiam mais, o que achei desconcertante a princípio, porque, no início, era a essência da visão de Tim. Contudo, ele estava certo de que poderia apenas usar um vídeo online para a fisioterapia e uma conexão muito simples com o fisioterapeuta em seu MVBP. Isso eliminou o risco tecnológico e muitos outros, como, por exemplo, de que maneira o paciente obteria o hardware, se ele seria compatível com um computador que o paciente já tinha, se o usuário ficaria confortável usando o Kinect e muitas outras questões.

Neste exemplo, determinar o Produto Comercial Viável Mínimo testou os pressupostos mais importantes possíveis para iniciar o ciclo iterativo de feedback da aprendizagem:

1. Podemos fazer com que os pacientes se registrem?
2. Eles usarão o sistema?

DEFINA O PRODUTO COMERCIAL VIÁVEL MÍNIMO (MVBP) • 237

3. Podemos fazer com que os médicos se registrem?

4. Podemos ser pagos por isso, em geral?

5. Fizemos a pesquisa do cliente, mas como podemos determinar se esses são os recursos que os clientes realmente desejam?

6. São esses os recursos pelos quais os clientes pagarão?

7. Esses são os recursos que os clientes sempre desejarão ou parece que suas preferências mudarão com o tempo?

Todas as coisas atraentes, como o sistema Kinect, poderiam ser adicionadas mais tarde; mas, por ora, Tim tinha escolhido seu Produto Comercial Viável Mínimo com sabedoria e não ficou distraído pela visão e tecnologia empolgantes. Ele tinha simplificado a definição de seu MVBP e agora podia testar suas principais suposições em um produto, começando com o ciclo iterativo de feedback do cliente que o tornaria bem-sucedido.

Tim testou essas suposições com amigos, família e, por fim, outros pacientes de fisioterapia. Acabou que os vídeos educativos foram mais úteis para os pacientes quando eles ainda estavam na fase de reunião de informações, mas estavam realmente procurando outros recursos mais valiosos a longo prazo. Ao desenvolver seu próprio MVBP, caberá a você determinar quais são esses recursos e como elaborar a oferta de seu produto para maximizar o valor para seus clientes e empresa.

StyleUp

Uma de minhas alunas, Kendall Herbst, tinha sido editora de moda nas revistas *Lucky* e *New York*, e notou uma lacuna entre os canais de conselhos de moda tradicionais e o que realmente ajudava uma mulher a decidir o que vestir ou comprar. Ela veio para a escola de negócios aprimorar sua ideia e, em seu primeiro ano, teve a ideia de enviar conselhos de moda feminina que fossem adaptados ao gosto de cada pessoa e ao clima local naquele dia. Ela achava que as mulheres adorariam uma dose de inspiração de moda quando mais precisassem — quando estão se vestindo — e que uma dose condensada e personalizada seria muito mais eficiente do que uma revista desajeitada de 600 páginas. Ela testou sua suposição enviando e-mails diários e individuais para muitas amigas com um traje que cada mulher poderia recriar, assim como a previsão do tempo do dia (Figura 22.3).

As mulheres adoraram a ideia. O grupo inicial logo aumentou para quase 40 pessoas. Muitas eram amigas de Kendall e ela podia conversar com elas sobre o que gostavam e o que poderia melhorar. Nesse estágio, ela aprendeu sobre alguns critérios-chave dos produtos. Por exemplo, algumas mulheres preferiam a inspiração na noite anterior e outras queriam receber os e-mails logo pela manhã.

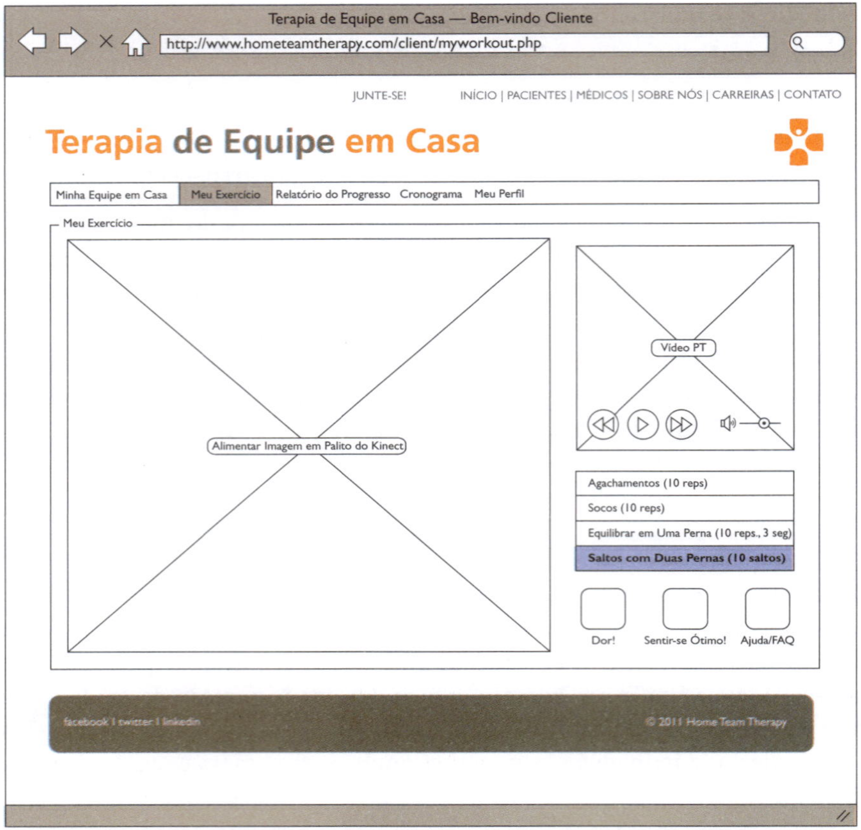

Figura 22.1   A estrutura em palitos da Terapia de Equipe em Casa.

DEFINA O PRODUTO COMERCIAL VIÁVEL MÍNIMO (MVBP) • 239

Figura 22.2   A estrutura do vídeo de fisioterapia da Terapia de Equipe em Casa.

Figura 22.3   E-mail da StyleUp.

Ela também aprendeu que as mulheres queriam comprar a produção completa, caso não tivessem itens parecidos. Talvez o mais importante tenha sido o fato de Kendall também ter incluído mulheres que não conhecia e que estas mulheres abriam os e-mails regularmente. Isso deu a ideia de que o negócio poderia se expandir, mas ela precisava claramente de uma ajuda técnica.

O colega Ryan Choi, que antes da graduação era engenheiro do Salesforce.com, criou um sistema para Kendall colocar as imagens em categorias e enviá-las a muitas mulheres ao mesmo tempo em vez de uma por uma. Ryan também incorporou muitas descobertas iniciais, como links para horários de entrega personalizados e de cliques para compra. Nessa ideia comercial, o cliente primário era a mulher que recebia o e-mail diário gratuito; o segundo cliente seria uma empresa relacionada à moda, como um revendedor, que desejaria acessar o cliente primário para que pudesse convencê-lo a comprar seus produtos (Figura 22.4).

Juntos, Kendall e Ryan criaram o Produto Comercial Viável Mínimo:

- Um sistema de back-end que poderia colocar em categorias as imagens com base no clima e no estilo;
- Um mecanismo de entrega fácil para distribuir essas imagens todo dia;
- Um banco de dados de belas imagens que o cliente-alvo (mulheres ocupadas e profissionais) seria inspirado a ver, que incluía um link da fonte (para os direitos autorais);
- Análise para medir a profundidade do engajamento das mulheres e o compartilhamento do serviço.

Figura 22.4 Página de registro da StyleUp.

Sem investir muito dinheiro, nem ter que ir muito longe em um único caminho, o objetivo de Kendall e Ryan foi mostrar que as mulheres gostariam da proposta de valor o bastante para se registrarem, abrirem os e-mails e contarem a suas amigas.

Eles ficaram muito confiantes de que poderiam adicionar mais recursos depois; mas queriam ter mais orientação após os recursos fundamentais originais serem implementados e usados para saber o que adicionar e em qual prioridade. Eles queriam iniciar o ciclo de feedback com seus clientes-alvo o mais breve possível.

Esse MVBP também os preparou bem para testar se o cliente secundário tinha obtido valor com o produto e estava disposto a pagar para ter acesso ao cliente primário, uma vez que o MVBP tem links que permitem às mulheres clicarem nos sites nos quais os itens de vestuário são vendidos.

ThriveHive

Dois alunos, Max Faingezicht e Adam Blake, com diferentes conhecimentos (Max tinha trabalhado na Intel e Amazon, já Adam, em pequenas empresas), se uniram em minha aula e saíram determinados a iniciar uma nova empresa, que forneceria ferramentas de marketing e suporte inovadoras para pequenas empresas, algo que anteriormente não era possível. Sua visão era uma plataforma que reuniria informações importantes para o admirável novo mundo do marketing de uma maneira eficiente quanto ao custo, reunindo inclusive análise de site, e-mail, mídia social e mala direta, tudo sob o mesmo teto. No centro de seu sistema estaria o relatório das perspectivas de vendas, que mostraria ao dono do negócio o que estava e o que não estava funcionando. Todo canal seria criado com integrações de back-end para provedores de terceiros, reduzindo, assim, os custos do desenvolvimento. Os clientes pagariam por uma assinatura mensal para usar a plataforma, começando em \$99/mês.

O primeiro desafio enfrentado foi descobrir como fazer um MVBP quando sua proposta de valor dependia de reunir todos os canais de um modo simplificado. No início, eles decidiram criar apenas as integrações necessárias, aquelas que requeriam uma resposta em tempo real: Facebook e Twitter para a mídia social. Estes eram os recursos básicos sem acessórios. Uma pessoa poderia vincular suas contas e agendar uma postagem, mas não poderia comentar nem mesmo monitorar seus feeds. Eles decidiram também desenvolver um construtor de e-mail para os clientes para enviar campanhas por e-mail. Ele utilizava um editor de e-mail básico, que fornecia uma funcionalidade de edição limitada. Sempre que os canais permitissem atrasos, eles simplesmente "simulariam antes". Um bom exemplo é o Construtor de Cartões-Postais. Quando um usuário pressiona o botão para enviar um cartão-postal, eles seriam capazes de transmitir um arquivo e uma lista. Veriam o custo adicional imediatamente e pressionariam "Enviar". Em vez de criar uma integração do sistema com um parceiro, na realidade, ele enviava um e-mail para a equipe com os detalhes do cartão-postal. Alguém faria o login no site do provedor de terceiros e configuraria o cartão para ser impresso, postado e enviado na data agendada. Ao simular isso, eles eram capazes de ver se as pessoas usariam e estariam dispostas a pagar por certos recursos antes de fazer investimentos maiores para criá-los.

RESUMO

Anteriormente, você testou os elementos individuais de seu negócio; porém, o Produto Comercial Viável Mínimo (MVBP) representa um teste de sistemas de um produto que realmente fornece valor para o cliente. O cliente pagante pode usar isso para iniciar um ciclo de feedback que ajuda a iterar versões melhores do produto.

ETAPA 23

Mostre que "Os Cães Comerão a Ração"

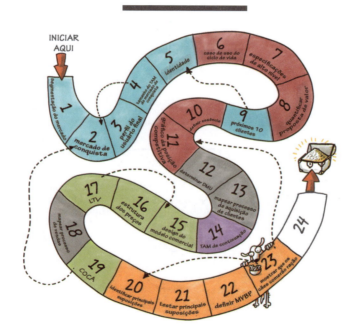

NESTA ETAPA, VOCÊ:

- Demonstrará quantitativamente que os clientes pagarão por seu Produto Comercial Viável Mínimo (MVBP);
- Desenvolverá uma métrica que indica o nível do boca a boca que seu MVBP está criando entre os clientes.

Agora que lançamos nosso produto, mostre uma prova mensurável de que os clientes o estão adotando; sem lentes cor-de-rosa — para isso são necessários dados.

Nesta etapa você pegará seu Produto Comercial Viável Mínimo, o colocará diante de seu cliente-alvo e testará se ele pagará por esse sistema de suposições integrado, mostrando, assim, que seus pressupostos individuais, quando reunidos de fato, funcionam no mundo real.

A história a seguir é fictícia, mas tem muitas semelhanças com empresas bastante reais:

Era uma vez, em uma terra chamada Torre de Marfim, não muito distante daqui, um químico que queria criar uma ração melhor. Ele estudou para ver qual tipo de alimento melhoraria a saúde, a alegria e o bem-estar emocional do cão.

Ele propôs uma fórmula revolucionária que era melhor para todos e custava 1/10 do preço da ração mais barata no mercado. Os cães dormiriam melhor à noite, teriam um comportamento melhor, perderiam menos pelos, teriam dentes mais brancos, seriam mais amigáveis com estranhos, obedeceriam mais a seus donos etc. Eles testaram em laboratório de um ponto de vista químico e disseram que o sabor seria ainda melhor. Tudo fazia um sentido lógico. Era uma oportunidade de negócio boa demais para ser verdade.

Ele entrou em ação, levantando uma grande soma de dinheiro e gastando $3 milhões para construir uma fábrica para produzir a ração. Contratou distribuidores e iniciou uma grande campanha de marketing. Para citar Jackie Gleason em The Honeymooners (série de televisão exibida nos EUA nos anos 1950): "Isto chegará à Lua, Alice!"

O produto foi enviado. Os donos colocaram a comida na frente dos cães. E eles se recusaram a comer a ração. A empresa quebrou e faliu de modo espetacular.

"Isso é loucura! Isso não aconteceria na vida real", você pode dizer. Mas acontece o tempo todo. Quando trabalhei na IBM durante os anos 1980 e início de 1990, vi que os "históricos médicos eletrônicos" faziam muito sentido lógico no mundo, portanto, muitas pessoas inteligentes gastaram muito tempo e dinheiro trabalhando para torná-los uma realidade. Mas, adivinha? Por décadas, mesmo que a tecnologia fosse suficiente e a lógica convincente, os médicos simplesmente não usavam os históricos médicos eletrônicos — eles não comiam a ração. Por fim, isso mudou, mas para centenas de startups, por mais de duas décadas, elas saíram do negócio porque o momento não era oportuno.

Com base em cada detalhe descoberto sobre seu produto e cliente, é possível entender se seu produto seria viável; mas, basicamente, uma pessoa terá que aceitar seu novo produto inovador e os seres humanos nem sempre são racionais. Alguns economistas comportamentais fizeram seu nome ao focarem sua pesquisa no comportamento humano irracional — o professor Dan Ariely, economista comportamental da Duke, provavelmente é o mais conhecido. Então, depois de ter feito seus planos lógicos com experimentos individuais ao longo do caminho, como em nossa grande fábula acima, e antes de investir grandes quantidades de tempo e dinheiro, verifique se os cães comerão a ração! E, claro, verifique se os donos dos cães (ou amigos, como a análise do cliente primário/secundário da Etapa 22 explica) *pagarão* pela ração também.

No que diz respeito a testar para saber se alguém pagará pela ração, o preço inicial do produto não é tão importante quanto mostrar que os clientes-alvo pagarão pela adoção de seu produto. É bom "fazer um teste beta na carteira dos clientes", como o cofundador da HubSpot, Dharmesh Shah, chama.

EMPREENDEDORISMO DISCIPLINADO

Mesmo que os cães não comam tanta ração quanto você pensava, agora é possível aprender muito, porque há dados reais sobre o MVBP. A essa altura você está no ciclo de feedback da aprendizagem iterativa com seu cliente, que é onde começará a explorar o ouro que o tornará rico — as preferências do cliente. Com as ferramentas de hoje, há muitos modos de medir se os cães estão comendo a ração, portanto, os empreendedores devem aproveitar totalmente essas ferramentas.

É fundamental ver primeiro se o cliente-alvo comprará e aceitará o produto, mas também é importante, agora, começar a medir quanto ele defenderá, para outras pessoas no TAM, as vantagens de seu produto. Qual é o tamanho do boca a boca positivo que seu produto está gerando? Isso geralmente é referido como coeficiente viral. Assim, nesta etapa, mensure o máximo possível se seus clientes contam para outros sobre seu produto, porque isso cria um boca a boca valioso que diminuirá seu Custo de Aquisição do Cliente.

EXEMPLOS

StyleUp

Assim que Kendall e Ryan lançaram seu MVBP, chegou o momento de medir primeiro o engajamento e a adoção de seu cliente-alvo. Eles precisavam saber se as mulheres responderiam ao serviço e encorajariam suas amigas a assinar. Um engajamento e crescimento consistentes foram as principais métricas para valorizar o progresso e validar uma oportunidade de negócio. O engajamento incluía se as mulheres abririam os e-mails e se clicariam nas páginas da web onde poderiam comprar a mercadoria que viram nos e-mails, o que era um modo em potencial de monetizar o produto.

A análise da StyleUp mostrou que as mulheres estavam abrindo os e-mails todo dia e algumas estavam abrindo cada e-mail em média cinco vezes — o que significa que o destinatário reabria a mensagem ou a encaminharia para suas amigas. A taxa de abertura do e-mail da empresa era de 70%, em comparação com uma média setorial de 14% (Figura 23.1.) A métrica mostrou que as mulheres estavam engajadas e aguardando ansiosas pelos e-mails.

Eles também receberam um apoio-chave incidental. A editora de compras do Google, Adelle McElveen, escreveu: "A StyleUp me inspira a pensar sobre o que usarei no dia seguinte e como não me vestir apenas de acordo com o tempo, mas com estilo e de acordo com o tempo."

Além do engajamento diário, Kendall e Ryan puderam ver que as mulheres também estavam falando para suas amigas assinarem a StyleUp. Foi fácil controlar isso quantitativamente via o link de referência, através do qual os membros se registravam. Apesar de não gastarem dinheiro com o marketing nos primeiros meses, a notícia se espalhou para 1.500 pessoas com base na pura progressão do boca a boca e cobertura mínima da imprensa. Mesmo quando eles atingiram quase 8.000, a StyleUp tinha comprometido capital e tempo mínimo com o marketing, e ainda continuava a ver um crescimento de 20% mês a mês. O objetivo de criar um produto que as mulheres adoram tanto que compartilham naturalmente estava funcionando e eles tinham dados para dar respaldo.

Figura 23.1   NOVAS taxas de abertura de e-mail da StyleUp.

Naturalmente, métricas adicionais da satisfação do cliente, como a Net Promoter Score®, seriam uma parte valiosa dos dados adicionais para estimar a viabilidade de longo prazo. Isso indica a força do boca a boca de seu produto, assim como a probabilidade de ser um cliente recorrente.

A segunda dimensão que mencionamos acima foi provar que os cães, alguém associado ou que queria ser associado aos cães, pagariam pela ração. Ou seja, nitidamente, as mulheres estavam simpatizando com o produto, mas agora as perguntas eram: "A StyleUp pode ser paga pelo engajamento do cliente? A StyleUp pode monetizar a situação criada?"

O TechCrunch relatou que a StyleUp estava usando um modelo de afiliação para a monetização.[1] Portanto, para mostrar que os clientes secundários — afiliados — encontrariam valor na StyleUp e estariam dispostos a pagar para alcançar os clientes primários da StyleUp, três métricas importantes para se medir seriam as taxas de clique nos e-mails abertos, a quantidade de dinheiro em vendas que os afiliados realizavam com os cliques e os pagamentos feitos para a StyleUp por essas vendas. Pode-se pensar que apenas o último desses três fatores importa; mas é muito valioso conhecer todos os três para fornecer um conjunto de dados robusto, caso o modelo de negócio precise de ajuste. Assim, eles serão capazes de entender melhor a natureza sustentável da economia do novo empreendimento.

Com essa combinação de métricas, a StyleUp terá desenvolvido primeiro para ela mesma um caso que deve ser extremamente convincente e, depois, para qualquer parceiro estratégico em potencial (como investidores). Embora não seja uma garantia de sucesso, indicaria que as chances de êxito são muito altas.

---

[1] Leena Rao, "YC-Backed StyleUp Recommends Daily Personalized Outfits Tailored To Your Style And Location". TechCrunch, 18 de março de 2013, http://techcrunch.com/2013/03/18/yc-backed-styleup-recommends-daily-personalized-outfits-tailored-to-your-styleand-location.

ThriveHive

Como apresentado na Etapa 22, a ThriveHive é uma plataforma de marketing para negócios pequenos, porém ambiciosos. Para testar seu MVBP, eles recrutaram um pequeno grupo de testadores beta e ofereceram a plataforma gratuitamente por um tempo limitado em troca de sessões de feedback.

Após alguns meses assim, reuniram feedback suficiente para descobrir quais recursos as pessoas estavam usando e quais novos recursos estavam solicitando. Embora fosse ótimo, o beta privado não tinha comprovado ainda se os cães comeriam e pagariam pela ração; isso ainda viria. Tudo que eles tinham feito era comer de graça até então, mas a hora da verdade estava chegando. Quando eles terminaram o beta privado e deram a cada provador beta um mês inteiro para decidir se iniciariam uma assinatura paga, eles começaram a oferecer simultaneamente o produto ao público com uma avaliação gratuita de 30 dias. A prova para saber se os cães realmente comeriam a ração e pagariam por ela (porque ela criou um valor real que excedia o preço) seria evidente em sua taxa de conversão de início. Essa foi a hora da verdade.

Felizmente para Max e Adam, dos testadores beta, 74% se converteram em assinantes pagos, mostrando à equipe que ela tinha um MVPB bem-sucedido — que os clientes obtiveram valor com o produto e estavam querendo continuar a usá-lo. Outra métrica que ajudaria o caso seriam as inscrições do público.

Com o impulso do sucesso, Max e Adam continuaram a desenvolver seu produto, e ainda que o teste acima tenha sido suficiente para as exigências básicas desta etapa, seu teste mais robusto para saber se os cães continuariam a comer a ração é valioso, assim como pensar além das 24 Etapas na execução e expansão.

Especificamente para tornar o negócio economicamente sustentável e escalável, Max e Adam focaram as três áreas principais para testar mais:

- Acesso do Mercado: Eles conseguem gerar perspectivas de venda em nosso mercado-alvo usando técnicas reproduzíveis?
- Processo de Vendas: Eles conseguem vender para os clientes com uma economia unitária que faça sentido?
- Valor de Entrega: Eles conseguem entregar mais valor do que capturam?

Acesso ao Mercado A ThriveHive decidiu objetivar negócios muito pequenos (< 20 funcionários), portanto, a pergunta se tornou: Quais são os modos mais escaláveis e eficazes de atingir esse mercado? Embora alguns negócios, como o SCVNGR, estejam usando a abordagem de vendas diretas para atingir esse mercado, a ThriveHive decidiu usar apenas os métodos online no começo devido à capacidade de começar pequeno e se expandir.

A ThriveHive iniciou um jogo de conteúdo orgânico para começar a criar uma presença na busca online e na mídia social, mas isso levaria tempo para decolar. Para começar a obter dados rapidamente, a equipe reforçou a campanha do Google AdWords que poderia direcionar o tráfego visado com rapidez.

Todo o trabalho foi feito com a ideia de gerar suficientes perspectivas de venda para alimentar um único vendedor para que a economia unitária pudesse ser comprovada.

Depois de seis meses de trabalho, a equipe havia construído um canal de perspectiva de vendas gerando centenas de vendas qualificadas por mês, com um custo por perspectiva que estava alinhado com o modelo da economia unitária, reunindo-se no lado das vendas. O mais importante é que a ThriveHive tinha mostrado a capacidade de expandir a perspectiva de venda rapidamente conforme o crescimento da empresa ia demandando.

Processo de Vendas   O processo de vendas foi um modelo desafiador de ser comprovado. Focando novamente a economia unitária, a ThriveHive trouxe para bordo um único representante de vendas interno para começar a vender, de modo que as perspectivas de venda fossem sendo geradas. Havia literalmente centenas de variáveis em jogo, desde o próprio vendedor e o processo usado para captar um cliente até o preço. O desafio foi descobrir, com quase nenhum dado, o que estava e o que não estava funcionando. O processo de vendas foi lento e os números eram tão pequenos que era difícil saber quando o processo precisava ser ajustado, quando as coisas estavam nos trilhos ou se apenas era necessário mais tempo.

De maneira similar ao acesso do mercado, após seis meses a economia unitária começou a funcionar. Foram três os ajustes maiores, que ajudaram a reunir tudo: equilibrar as concessões mútuas durante as vendas e o processo de ambientação (havia uma avaliação gratuita de 30 dias), criar a função do gerente de contas para ajudar a assegurar o sucesso do cliente durante a avaliação gratuita, e gerar bastante perspectivas de venda para alimentar um vendedor.

Valor de Entrega   A ThriveHive decidiu focar entregar mais valor do que capturava. Embora possa parecer óbvio, há muitas empresas bem-sucedidas baseadas exatamente na filosofia oposta. Pense nos infomerciais que vendem produtos que você compra e nunca usa; eles podem ser ótimos negócios, mas a ThriveHive sentia que o único caminho para o sucesso de longo prazo nesse mercado comercial muito pequeno era gerar mais valor do que capturava. O custo de aquisição de clientes iria ser alto demais para que pudessem sobreviver caso saíssem rápido demais.

Para medir o progresso na frente de entrega de valor, a ThriveHive monitorou três métricas críticas: rotatividade mensal, referências do cliente e métrica do sucesso qualitativo (o que os clientes estavam dizendo). Na questão da rotatividade, a ThriveHive decidiu iniciar sem nenhum contrato (mesmo que o processo fosse fundamentalmente um que entregasse valor com o tempo). Isso deixou a empresa o mais exposta possível ao feedback do cliente.

No momento em que o acesso do mercado e o processo de vendas foram verificados, a ThriveHive conseguiu mostrar resultados em todas as três frentes de entrega de valor, o que levou a equipe a acreditar que estavam obtendo êxito em entregar mais valor do que estava sendo capturado:

- A rotatividade já estava no segmento inferior em ramos de atividade comparáveis, mesmo com um produto muito prematuro;
- Mais de 15% da base de clientes estava sendo orientada consistentemente pelas recomendações do cliente existente (sem incentivos);
- Mais de 50% das empresas que haviam permanecido com a ThriveHive desde o lançamento do produto pago estavam expandindo seus negócios devido ao sucesso do marketing, que eles atribuíram em grande parte à ThriveHive.

Foi apenas quando todas as três áreas foram reunidas que a ThriveHive sentiu que os cães estavam comendo genuína e repetidamente a ração de maneira econômica e escalável.

RESUMO

Apresente o Produto Comercial Viável Mínimo para os clientes para ver se eles realmente usarão e pagarão pelo produto. Colete dados para saber se eles estão realmente usando e o quanto estão engajados como usuários. Determine se eles, ou alguém associado a eles, pagarão pelo produto e também se o estão defendendo com o boca a boca. Depois de coletar os dados ao longo do tempo, analise-os, procure especialmente por tendências e compreenda os elementos determinantes subjacentes. Verifique se você é honesto intelectualmente e conta com dados reais, não com uma lógica abstrata.

ETAPA 24

Desenvolva um Plano do Produto

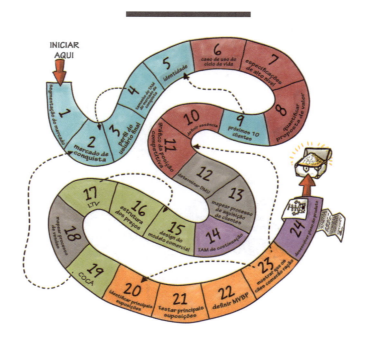

NESTA ETAPA, VOCÊ:

- Irá além do Produto Comercial Viável Mínimo (MVBP) para determinar quais funcionalidades incorporará para o mercado cabeça de praia;
- Determinará para quais mercados adjacentes você venderá depois de dominar o mercado cabeça de praia e como seu produto terá que mudar para cada mercado.

É hora de rever seu TAM do Mercado de Continuação e desenvolver um plano do produto para que seu produto não seja apenas uma ilha que não leva a nenhum lugar.

Uma vez tendo demonstrado que os cães comerão a ração, você deve, em seguida, mapear a estratégia de crescimento de seu produto. O Plano do Produto que você desenvolverá nesta etapa baseia-se no trabalho feito no TAM para os Mercados Subsequentes.

Quando você estabeleceu seu MVBP, muito provavelmente separou vários recursos e os colocou em espera para se concentrar no conjunto de recursos mínimo requerido. No Plano do Produto, você selecionará quais deles, com base nas necessidades de sua Persona, deve incorporar ao produto. Nesse processo, você pode se deparar com recursos que achou, de início, que a Persona queria, mas quando desenvolveu mais suas ideias do produto e do cliente, considerou serem muito menos importantes do que os outros recursos que não tinha considerado a princípio.

É importante instituir um protocolo no desenvolvimento de seu produto pelo qual você possa assegurar continuamente um alto nível de qualidade através de um processo e de uma mentalidade. Quando novos recursos ou funcionalidades são lançados, mesmo com a melhor das intenções, geralmente leva um tempo no mercado para eliminar os erros e aprimorar o produto. É bom implementar um processo para validar a qualidade dos lançamentos para que um foco na qualidade seja criado na estrutura e mentalidade da empresa. Se uma empresa planeja orientar o crescimento continuamente lançando novos recursos com rapidez sem assegurar e melhorar a qualidade, ela está destinada a ter problemas de qualidade.

Também é importante pensar sobre quando deve expandir seu mercado. Sua Persona é, para um mercado específico, seu mercado cabeça de praia, mas assim que você atinge uma forte posição nesse mercado, esse torna-se o padrão de fato e conquista uma fatia de mercado dominante para sua solução (em geral 20% e normalmente maior). Você tem um fluxo de caixa positivo, portanto, provavelmente é o momento de ir para o próximo mercado. Afinal, a cabeça de praia tem esse nome por representar meramente um ponto de partida para você.

Esse próximo mercado, ou "pino" na metáfora da pista de boliche, terá uma Persona diferente, mas ainda deve aproveitar sua Essência e ser uma próxima etapa lógica para seu negócio. O produto para esse próximo mercado pode ser totalmente diferente, muito modificado, o mesmo produto com nova embalagem ou simplesmente o mesmo produto, dependendo das necessidades da nova Persona e de sua estratégia de crescimento.

O Plano do Produto está sujeito a mudanças enquanto você avança, assim, não se preocupe com os detalhes e não gaste tempo demais nisso. Contudo, você deve ter uma visão geral de onde vê as coisas avançando para capturar um TAM mais amplo.

EXEMPLO

SensAble Technologies

Assim que nos tornamos o padrão na indústria de brinquedos e calçados, planejamos conquistar mercados adicionais fora do centro da curva em sino (Figura 24.1), como joias, animação, produtos de consumo, eletrônicos e automotivos.

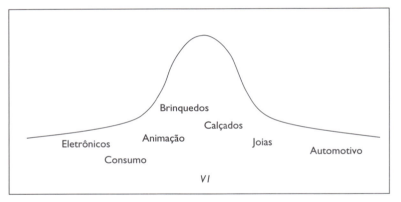

Figura 24.1   Plano do produto versão 1 da SensAble.

Quando pesquisamos com mais atenção esses outros setores para os quais queríamos expandir, percebemos que teríamos que expandir nossa funcionalidade em duas áreas maiores. Primeiro, precisaríamos fazer mais do que apenas formas esculpidas. Teríamos que expandir para outras formas menos estruturais ou irregulares que poderiam ser representadas mais facilmente de modo matemático, especificamente as formas geométricas ou regulares, e as formas altamente estilizadas. Segundo, para se adequar ao fluxo de trabalho desses novos mercados, precisaríamos ter suporte para mais formatos de arquivos de nossa saída digital final para os sistemas mais adiante na cadeia. Teríamos que continuar a dar suporte ao arquivo de protótipo rápido padrão (especificamente o formato de arquivo .stl), mas teríamos que adicionar o suporte NURBS, que é o formato de arquivo padrão dos pacotes CAD/CAM em todas as indústrias de produção, representando com maior precisão as formas geométricas geradas no processo de design. E, mais, na medida em que continuássemos a crescer, teríamos que adicionar o suporte de polígono, porque esse era o formato de arquivo aceito para vários mercados para os quais estávamos expandindo, mais especificamente o mercado DCC (Digital Content Creation) para os filmes de animação em 3D, em lugares como a Pixar.

A versão 1 de nosso produto focava o mercado cabeça de praia (Brinquedos e Calçados), então, planejamos diversificar para o mercado de Joias na versão 2 (Figura 24.2).

Além do sucesso nesses mercados iniciais, planejamos expandir nossos mercados para incluir joias e móveis adicionando suporte para a criação de formas geométricas ou regulares no produto e também suporte para a exportação de nossos arquivos no NURBS para um grupo maior de designers industriais. Para torná-lo atraente para esses novos mercados, planejamos a versão 3 do nosso produto, para conseguirmos criar formas esculpidas e regulares, como as usadas em joias e móveis. Também seria possível exportar para os pacotes CAD/CAM tradicionais, como o Pro/E, CATIA, SolidWorks ou UniGraphics, que eram fundamentais para nossas operações comerciais de expansão, especialmente quando se tratavam de setores com operações de produção mais sofisticadas. Essa versão 3 de nosso produto FreeForm é representada na Figura 24.3.

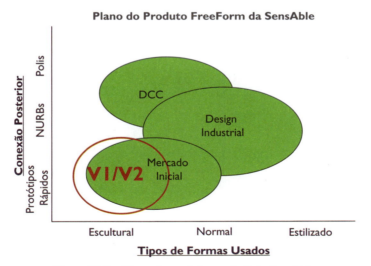

Figura 24.2   Plano do produto versão 2 da SensAble.

Você pode ver o aumento da funcionalidade do produto. Como estávamos vinculando muito isso a um mercado-alvo, ele também aumentaria a oportunidade de mercado de um modo muito sistemático.

No plano do FreeForm versão 4 essa tendência continuou e o mercado aumentou mais com melhorias funcionais específicas (Figura 24.4).

Finalmente, com o FreeForm versão 5 estávamos mirando muito alto, mas tínhamos uma ideia de como chegar lá. Estávamos visando conseguir presença no mercado de design industrial e ser uma ferramenta que todos os designers da indústria tinham que ter em sua caixa de ferramentas (Figura 24.5).

Não obstante esse plano nos tenha dado um bom ponto de partida, permitindo-nos capturar certos requisitos do mercado e agrupá-los em conteúdos no plano, soubemos desde o início que nossa progressão real do produto seria diferente do plano e que isso seria bom.

Como o famoso general, presidente e herói de guerra Dwigth D. Eisenhower disse: "Os planos não são nada. O planejamento é tudo." Ao preparar um plano, você se permite considerar novas possibilidades, prever obstáculos em potencial e geralmente pensar sobre o que está tentando conseguir. Então, o plano, embora importante, é apenas um meio para um fim. É um lugar para começar, mesmo que você saiba que terminará em outro lugar.

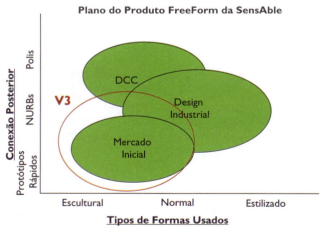

Figura 24.3   Plano do produto versão 3 da SensAble.

DESENVOLVA UM PLANO DO PRODUTO • 257

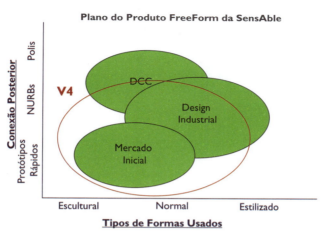

Figura 24.4   Plano do produto versão 4 da SensAble.

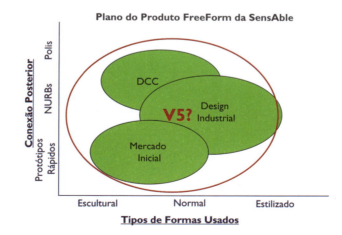

Figura 24.5   Plano do produto versão 5 da SensAble.

RESUMO

Estabelecer um plano do produto assemelha-se à etapa para calcular o TAM mais amplo. A ideia é pensar à frente para que você possa elevar sua amplitude de visão e não ficar preso em seu mercado cabeça de praia, que é apenas sua primeira etapa como negócio. Você deseja expandir a partir da cabeça de praia. Isso lhe dá uma visão de longo prazo que o mantém progredindo e pensando à frente, especialmente no design de seu produto e organização. Não gaste tempo demais aqui, pois você precisará fazer os cães comerem a ração hoje ou, do contrário, ficará sem dinheiro bem antes de entrar nos mercados adjacentes. Os planos mudarão quando você aprender mais sobre a cabeça de praia, mas não ter um plano é colocar-se nas mãos da sorte em vez de ter seu próprio processo metódico.

POSLÚDIO: UM NEGÓCIO É MAIS QUE 24 ETAPAS

PARABÉNS POR CONCLUIR este livro! As 24 Etapas estruturam-se para lhe proporcionar uma sólida adequação do produto ao mercado no lançamento inicial. Mas quando seu negócio se expandir para além de seu MVBP, você também precisará aprender sobre muitas outras coisas, incluindo:

- Criar uma Cultura da Empresa
- Selecionar uma Equipe Fundadora
- Ampliar e Estruturar a Equipe (Processos de RH)
- Desenvolver o Produto
- Vender e Executar as Vendas
- Atender ao Cliente e Criar Processos de Atendimento ao Cliente
- Criar Suas Demonstrações Financeiras e Gerenciar o Fluxo de Caixa
- Levantar Dinheiro para Expandir o Negócio
- Ter Liderança Empresarial e Expandir o Negócio
- Criar e Implementar um Bom Sistema de Governança da Empresa
- E muito mais

Isso tudo, entretanto, é tarefa para outro momento.

Espero que este livro forneça uma estrutura para iniciar e direcionar com mais inteligência e eficácia suas ações, melhorando suas chances de criar um novo empreendimento. Mas não deixe de agir, especialmente realizando uma pesquisa de mercado inicial e iterando continuamente até encontrar as soluções.

O empreendedorismo não é um esporte de apelo popular. É uma ação que coloca os empreendedores em movimento — ação inteligente e adaptável. Nós, empreendedores, queremos estar constantemente em movimento e fazendo progresso, testando nossas ideias e produtos com clientes reais e caminhando rumo ao sucesso.

A solução para quaisquer questões de ordem empresarial não está neste livro, mas por aí, no mercado, com um cliente que tem uma necessidade não atendida. Este livro inteiro é para ajudá-lo a identificar esta necessidade e pensar sobre como você pode produzir sistematicamente, a partir dessas informações, uma solução economicamente sustentável.

O mundo precisa de mais e melhores empreendedores porque os problemas estão ficando maiores, mais complexos e generalizados. Historicamente, foi o espírito intrépido e a habilidade do empreendedor que propuseram soluções melhores para os problemas do mundo, e tenho fé que assim será de novo, e de novo. Portanto, espero que esta estrutura o torne mais bem-sucedido quando você colocá-la em prática, pois esse foi meu objetivo.

Quanto ao livro, envie-nos seus comentários para que saibamos o que podemos melhorar, e faremos o que for preciso. Adoramos a ação. Visite-nos em www.disciplinedentrepreneurship.com.

GLOSSÁRIO

adequação do produto ao mercado   Quando seu produto corresponde ao que os clientes estão interessados em comprar em um mercado específico.

cliente-alvo   Um grupo de clientes em um mercado para o qual você pretende vender o mesmo produto. Eles compartilham muitas características e, em um sentido racional, comprariam um produto em particular.

comunicações de marketing   Fazer com que os clientes em potencial conheçam seu produto com a finalidade básica de aumentar a exposição e gerar perspectivas de venda. Não deve ser confundido com "marketing do produto".

empreendedorismo baseado em inovação   Iniciar um novo negócio com base em uma ideia nova ou invenção.

Essência   O elemento central do negócio que dá a você uma vantagem constante sobre seus concorrentes.

fluxo de caixa positivo   Quando as entradas de caixa da empresa excedem as saídas de caixa em um período de tempo em particular.

inovação   Uma ideia nova ou invenção que é comercializada por um negócio existente ou através do início de um novo. Pode ser tecnologia, processo, modelo de negócio, posicionamento no mercado ou outros. Em cada uma dessas áreas a inovação pode ser um elemento transformador, de ampliação ou lateral.

margem bruta   A diferença entre receita e custos marginais de seu produto. Expressa como porcentagem, uma margem bruta de 20% significa que a receita de cada unidade de produto é 20% maior que o custo de produzi-la.

marketing do produto   O processo de encontrar a adequação do produto ao mercado descobrindo aquilo que o cliente deseja e mapeando um produto para ele. A mensagem real para os clientes em potencial é chamada de "comunicações de marketing".

mercado   Um sistema no qual o comércio de produtos e serviços ocorre, caracterizado por três condições: os clientes compram produtos parecidos, têm ciclos de vendas e propostas de valor parecidos e há um boca a boca entre eles.

mercado adjacente   Um novo mercado em que você pode entrar com facilidade a partir do mercado no qual está atualmente; requer sua própria Persona.

Mercado Alcançável Total (TAM)   A quantidade de receita anual que seu negócio teria se você conseguisse 100% das fatias de um mercado. Expresso em termos monetários por ano.

mercado cabeça de praia   O primeiro mercado no qual seu negócio vende.

mercado subsequente   Um mercado no qual você entra depois de ganhar uma fatia significativa do mercado no qual está atualmente, que, para este livro, será o mercado cabeça de praia. Um mercado adjacente comprando a mesma oferta do mercado cabeça de praia ou uma oferta adicional para sua Persona atual.

negócio   Uma organização viável criada para conseguir um objetivo não dependente de contribuições beneficentes externas.

pesquisa inicial do mercado   Informações obtidas conversando, interagindo e observando diretamente os clientes e clientes em potencial.

pesquisa secundária do mercado   Informações obtidas com relatórios de pesquisa de mercado e com fontes indiretas, como internet ou relatórios de análise.

posição competitiva   Quão bem você atende às duas principais prioridades do cliente em comparação com qualquer concorrente existente ou provável, inclusive o *status quo* do cliente.

produto   Produtos físicos, serviço ou disponibilização de informações.

SOBRE O AUTOR

BILL AULET é diretor-gerente do Martin Trust Center for MIT Entrepreneurship, bem como palestrante sênior na Sloan School of Management do MIT.

Ele ensina Novas Empresas, Empreendimentos de Energia e Aplicações de Técnicas Empreendedoras Avançadas, além de administrar o Martin Trust Center, que dá suporte à educação de empreendedorismo dos alunos, dentro e fora da sala de aula, em cinco escolas no MIT. Desde que Bill se tornou diretor-gerente, em 2009, concebeu, projetou e inspecionou a implementação de vários programas inovadores, desde cursos novos (Empreendimentos de Dados Vinculados, Marketing e Desenvolvimento de Produtos Empreendedores, Empreendimentos de Energia, Aplicações de Técnicas Empreendedoras Avançadas) e iniciativas de alunos (Prêmio de Energia Limpa do MIT, Revisão do Empreendedorismo do MIT) até aceleradoras (Aceleradora de Habilidades dos Fundadores Globais, Cooperativa da Colmeia) e iniciativas de liderança consideradas (Programa de Aceleração do Empreendedorismo Regional ou REAP). Seu trabalho ganhou vários prêmios; mais recentemente, em abril de 2013, Bill ganhou o Prêmio Adolf F. Monosson por Aconselhamento Empreendedor no MIT.

Antes de entrar para o MIT, Bill tinha um histórico de sucesso de 25 anos em negócios, tendo levantado diretamente mais de $100 milhões em fundos para suas empresas e conduzido a criação de centenas de milhões de dólares em valor de mercado nessas empresas. Após trabalhar por 11 anos na IBM, foi nomeado Sloan Fellow no MIT, fazendo parte de um programa de mestrado acelerado de 1 ano em gerenciamento. Na graduação, ele se tornou um empreendedor serial, administrando duas subsidiárias do MIT como presidente/executivo principal (Cambridge Decision Dynamics e SensAble Technologies). A última se tornou duas vezes a Empresa Privada de Crescimento Mais Rápido da revista *Inc. 500*. Presente em mais de 20 países, a SensAble também conquistou mais de 24 prêmios e foi apresentada na revista *Fortune*, *BusinessWeek*, *Wall Street Journal* e em muitas outras publicações como resultado de seus produtos inovadores e forte base comercial.

Em 2003, Bill foi nomeado executivo financeiro para coliderar uma mudança na empresa de tecnologia de segurança Viisage Technology. Durante sua permanência de dois anos e meio, e em um ambiente com recursos limitados, a Viisage desenvolveu uma nova estratégia, reviu suas operações, fez três aquisições maiores e executou duas grandes rodadas de captação de recursos. Como resultado, seu valor de mercado aumentou de $50 milhões para mais de $500 milhões.

Seus escritos sobre o empreendedorismo foram publicados pelo *Boston Globe*, *The Huffington Post*, *Xconomy*, Fundação Kauffman, Especialistas do MIT Sloan e *MIT Enterpreneurship Review*. Ex-jogador de basquete profissional, Bill mora em Belmont, Massachusetts, com sua esposa, e eles têm quatro filhos já crescidos.

Bill tem bacharelado em Engenharia pela Universidade de Harvard e mestrado pela Sloan School of Management do MIT.

Mais informações estão disponíveis em www.disciplineentrepreneurship.com (conteúdo em inglês).

ÍNDICE

A

Academia de Artes Virtuais, 114
Acesso do Mercado, 248
Adam Blake, 242
Adelle McElveen, 246
adquirir
    o produto, 83
    um Cliente Pagante, 147, 150
AdWords, 9
África, 222
agregar suas vendas, 208
Akamai, 4
algoritmo eficaz, 199
Alias Wavefront, 39
Alta Books, 43
Altaeros Energies, 92
alta taxa de conservação de clientes, 119
Alto Nível do Produto, 91
alunos do MIT, xv, 65, 133
Amanda Phillips, 87
Amazon, 150, 170, 242
Ameresco, 169
Amie Street, 170
ampliar a Essência, 158
análise completa do FDA, 47
análise
    de baixo para cima, 59
    de cima para baixo, 59
    de dados, 37
    de site, 242
    de terceiros, 26
    rigorosa do mercado, 142

aplicativo móvel, 98
Apple, 8, 120, 123, 163
aprendizagem iterativa, 246
aprimorar o produto, 253
Aquisição do Cliente, 173
área
    de higiene pessoal, 98
    médica, 121
armadilha no caminho, 123
armazenamento de energia, 9
arte digitais, 28
ascensão da Engenharia do MIT, 123
Ásia, 62
Associated Gas Energy, 211
Atendimento ao Cliente, 119
Ativos financeiros, 19
autonomia orçamentária, 148

B

B2B business to business, 104
B2C, 137
back-end, 240
Bada, 67
Balsamiq(R) Mockups, 95
banqueiros de investimento, 168
batimento cardíaco, 106
Beisebol, 55
bem-sucedido, xiv
Bens Complementares Requeridos, 34
Berlim, 4
bilhetes de loteria, 165
Bill Gates, 2
biotecnologia, 121

Blockbuster, 169
Bob Langer, 47
Boca a Boca (BAB), 43, 211
bolsas de valores, 8
bom
    negócio, 25
    vendedor, 174
bordas finas, 46
braço robótico, 96
Brochura, 97
Brown University, 124
Bufê de Beisebol, 55
busca online, 249
business
    to business, 72
    to customer, 67

C

cabeça de praia, 142
CAD/CAM (Desenho Assistido por Computador/Manufatura Assistida por Computador), 132
CALCULAR O LTV, 182
calcular
    o TAM, 67
    o Valor do Ciclo de Vida de um Cliente Adquirido, 191
Caltech, 3
Cambridge, 168
    Decision Dynamics, 8
campanhas de marketing, 207
Campeão, 137
Capacidades, 18

capacidades críticas, 67
capital aberto, 8, 130
Captura de Metano, 114
cartões de crédito, 153
cash burn, 151
caso conceitual da empresa, 185
Caso de Uso do Ciclo de Vida Completo, 83, 92
categorias distintas, 17
Categorias Generalizadas, 165
    De Modelos De Negócio, 165
categoria vaga, 54
Catherine Mahugu, 222
cenários urbanos, 51
centros de processamento de dados, 150
CEO, 25
Chris Snyder, xvii
ciclo de feedback, 4
    da aprendizagem iterativa, 246
    positivo, 119
ciclo de vendas, 153
Ciência
    da Computação, 152
    Social, 227
    Políticas, 229
cliente-alvo, 31, 71, 157, 197
    a comprar o produto, 103
    bem definido, 56
Cliente da Speakeasy, 213
cliente
    alvo, 148
    existente, 185

inicial, 47
pagante, 25, 147
primário/secundário, 235
clientela-chave, 98
clientes
em potencial, 92, 111, 200
Farol, 176
iniciais, 196
Principais, 34
Cobrança Única Adiantada, 166
códigos
QR, 85
subjacente, 94
coffee truck, 230
cofundadores em potencial, 18
Colin Sidoti, 97
colocar seu produto nas mãos do cliente, 147
Commerce Bank, 120
Como
Calcular O Ltv, 185
Não Calcular O Coca, 206
companhias de capital aberto, 8
componente-chave do Perfil, 55
componente
da oferta, 92
da venda, 206
identificado, 148
comportamento humano irracional, 245
comprador econômico, 27
Comprador Econômico Primário, 138, 139, 140, 143, 153
compreensão clara de seu produto, 92
Comprometimento, 19
comunicações de marketing, 157
conceito do COCA, 195
concessões mútuas, 249
conclusões lógicas, 222

concorrência bem estabelecida, 44
condição
do mercado, 173
necessária, 25
conexão sem fio vinculada a um aplicativo iPhone, 142
Conexões, 19
confiança exagerada, 83
Conhecimento, 18
conquistar
logo o mercado, 77
mercados adicionais, 254
Construtor de Cartões-Postais, 242
consultas sobre retrofits, 151
consumidores em potencial, 25
Critério de Compra, 80
critérios-chave dos produtos, 237
Crossing the Chasm, 36, 157
Cultura da Empresa, 259
cultura de perfeição, 123
cursos do MIT, xiv
Custo das Perspectivas de Venda, 210
custo de aluguel, 207
Custo de Aquisição do Cliente, 147, 165, 246
custo de capital, 166, 188
custo do capital para determinar o LTV, 187
Custo mais baixo, 120
Custos Indiretos, 187

D
Dabdate, 67
dados bidimensionais, 37
Dados Coletados, 168
Dan Ariely, 165, 245
David Skok, 184
DCC (Digital Content Creation), 255
Dean Kamen, 113

Decisão do Modelo de Negócio, 187
definição
clara do produto, 95
de Robert, 8
formalizada de nossa Essência, 124
geral do produto, 91
definir a DMU, 182
Definir a Essência, 125
Definir Sua Essência, 121
Dentro do Tornado, 45
Departamento de Compras, 51
departamento
de TI, 138
específicos, 124
desconexão maior, 112
Desenhar Um Modelo De Negócio, 164
Desenho Industrial, 132
desenvolver uma Persona, 111
desenvolvimento do produto, 79
design
antigo, 236
da indústria, 256
de produtos, 37
industriais, 46, 255
Industrial, 37
Despesa para Instalar Suporte de Base, 209
despesas de marketing, 207
despesas gerais, 205
desvio de escopo, 166
determinar sua Essência, 121
diagrama de suporte, 104
diferença no valor, 104
diferentes hipóteses, 227
Diferentes Tipos de Clientes, 175
diretor de assuntos ambientais (CGO), 140
diretor de informações (CIO), 140

discagem automática, 229
dispositivo
PHANToM, 132
robótico, 123
distorção da realidade, 113
Dois Tipos de Empreendedorismo, 6
Dollar Shave Club, 216
dor do cliente, 18
Dr. Google, 106
Dr. Rafi Mohammed, 173
Dwigth D. Eisenhower, 256

E
early adopters, 34, 176
eBay, 76, 119, 168
Economias Compartilhadas, 169
economia unitária, 249
economizar energia, 150
editora de compras do Google, 246
Ed Roberts, xvii, 8
educação com tecnologia, 29
Efeito de Rede, 119
Einstein, 235
Elaine Chen, 95
elementos-chave, 123
Ella Peinovich, 222
embalagens diferentes, 157
empreendedor, xiv
bem-sucedido, 2
de primeira viagem, 43, 148
IDE, 6
recusem negócios, 76
Empreendedorismo
da Energia, 133
IDE, 7
para Empresas, 6
SME, 7
empreendimento social comercial, 222
empreiteiro responsável, 141

empresa de serviços (SaaS), 184
empresa para empresa, 104
energia limpa, 120
engenharia de software, 83
escala suficiente, 167
escola pública, 29
espaço de mercado recém-definido, 26
Especificação de Alto Nível do Produto, 97
especificação do produto, 92
ESPN, 55
esportes virtuais, 93
Essência da SensAble, 132
estabelecido um modelo de negócio, 170
estado negativo, 130
Estados Unidos, 62, 153
estágio da Persona, 232
estimativa de sua Estrutura de Preço, 173
estimativas de tempo, 149
Estratégia do Oceano Azul, 129
estrutura
   de captura de valor, 163
   inicial, 177
   Preço, 149, 173
estrutura MVP, 221
estúdios de argila, 46
Estudos Sociais, 29
Europa, 62, 64
Exemplo B2B, 139
expandir para, 26
experiência do usuário (UX), 120
experimento, 228

F
Facebook, 119, 165, 199, 210, 242
FarmVille, 199
fase pré-operacional da empresa, 151
fatores-chave essenciais, 33
feedback, 37, 85

do cliente, 95, 196, 249
   Negativo, 113
   obtido, 111
ferramenta visual, 95
ficha informativa, 72, 80
FillBee, 86
filtrar água, 77
Filtro Mecânico de Água, 140
Fiona Murray, xvii, 6
first-mover, 122
Fisher-Price, 62
fluxo de caixa
   com precisão, 147
   positivo, 151, 181, 253
fluxo de receita, 184
   Único, 182
   recorrente, 166
fluxograma simples, 159
Foco
   nos mercados globais, 7
   primário, 19
fonte de informação ruim, 113
food trucks, 230
Forças Aliadas, 43
Forças Armadas, 133
Franquia, 169
Freakonomics, 174
Frederic "Freddy" Kerrest, 152
FreeForm, 132, 256
freemium, 165
função da Persona, 72
funcionalidade do produto, 256
Fundação Kauffman, xviii, 19
futuros clientes, 195
futuros sócios, 111

G
Gary Dahl, 190
General Electric, 175

Geoffrey Moore, 36, 45, 157, 175
Geografia, 29
geometria
   NURBS, 39
   simples, 46
gerente de manutenção, 77
gerentes regionais, 84
Gillette, 167
Google, 8, 28
   AdWords, 249
   for Advertisers, 119
GoTo.com, 163
Groupon, 182
grupo-alvo, 26
grupo demográfico, 53, 168
grupo de vendas, 174
grupos com foco hiperdirecionados, 229
Gwen Floyd, 222

H
hardware
   PHANToM, 124
   único, 123
Harvard, 3, 133
Hasbro, 61
Helge Seetzen, 20
Helios, 177, 188
Hewlett-Packard, 8
História, 29
história inteira, 86
Howard Anderson, 166
HP, 167
HubSpot, 210, 245

I
IBM, 120
idade do usuário final, 53
Idealab, 163
ideias malucas, 28

identificar o perfil, 52
importância de LTV, 181
Inbound Marketing, xiii
indústria
   da hospitalidade, 84
   de calçados, 62
   de criação de gado, 106
Influenciadores, 51
   Primário, 138
informações úteis sobre a DMU, 139
iniciar um negócio, 29
Inovação Tecnológica, 17
Instagram, 165
Instituto de Tecnologia de Massachusetts, xiii
Intel, 242
interessado no empreendedorismo, 17
InTouch, 106
IntraLinks, 168
introspecção interna, 121
investidores em potencial, 147
iPhone, 71, 229
Israel, 4
iterações adicionais, 64
iTunes, 9, 28, 163

J
Jackie Gleason, 245
Jim Dougherty, 168
jogos de computador online, 169
John Ranta, 37
John Wiley & Sons, xvii
joias da coroa, 124
Joonmedia, 67
Julia Hu, 142

K
Kazaa, 65
Kendall Herbst, 237

268 • EMPREENDEDORISMO DISCIPLINADO

Ken Salisbury, 36
Kim Gordon, 28
Kinect, 236
Kinova, 174

L
laboratórios de P&D de universidades, 175
LARK Technologies, 142, 187, 199
Larry Ellison, 2
layout visual, 100
Leasing, 166
legalidade, 65
Lei de Metcalfe, 119
leis norte-americanas, 229
liberação temporizada, 47
licenciamento geralmente, 167
linha no preço do software, 176
LinkedIn, 119, 199, 210
lista uniforme, 112
livro Inbound Marketing, xiii
logística da compra, 138
lojas de varejo, 215
Londres, 4
LTV É Lucro, 187
lucro de seu negócio, 173

M
mania social, 191
manipulador final, 96
Mapear o processo, 149
    de vendas, 201
mapear um ambiente B2B, 150
Margaret Heffernan, 20
margem bruta, 184
margem de lucro aleatória, 164
margem muito alta, 167
Marius Ursache, xvii
marketing de

entrada, 196
    mídia social, 196
massa crítica, 67
    razoável, 199
Mattel, 62
Max Faingezicht, 242
Max Kanter, 97
McKinsey & Company, 173
Meater, 106
mecanismo de entrega fácil, 240
Mediuum, 28
melhorias funcionais específicas, 256
menos baseada em pesquisa, 121
mercado adjacente, 26
Mercado Alcançável Total, xiv, 51
Mercado-alvo, 211
mercado bilateral, 199, 222
    B2C, 114
Mercado Cabeça De Praia, 43, 157
mercado consumidor, 138
mercado
    de design industrial, 256
    é o juiz, 25
    inicial, 26, 40, 227
    lucrativo, 27
    maior, 160
    novo, 27
    recém-definido, 26
mercados
    adjacentes, 157
    globais, 7
    locais, 7
    Subsequentes, 157, 253
Microcirurgia, 39
Microsoft, 236
Microtransações, 169
mídia social, 115, 210, 242
Mike Dubin, 215

minimizar o "cash burn", 151
MIT, xiii
Mitch Kapor, 175
modelo
    baseado em uso, 168
    consumível, 167
Modelo de Negócio, 211
    do Groupon, 199
    eficaz, 164
modelos de negócio alavancados, 9
Modo Certo De Calcular O Coca, 207
modo rápido de validar seu produto, 134
Moore, Geoffrey, 157, 175
Moscou, 54
multas por atraso, 169
muralha externa, 124
música sob demanda, 170
MVPB bem-sucedido, 248
MySpace, 119

N
Napster, 65
necessidades do cliente, 56
negócio
    dimensionável, 76
    do cliente, 149
    lucrativo, 163
    real, 98
    pequenos, 248
Netflix, 9, 169
Net Promoter Score, 211
New Hampshire, 229
NeXT Computer, 113
Nordstrom, 120
Normandia, 43

O
objetivo
    de crescimento, 78

de Kendall, 241
oferta do produto, 100
Okta, 153
OnDemandKorea, 65, 67
opção de
    ações, 125
    modelos de negócio, 164
Operação e Manutenção, 169
operações militares, 43
oportunidade de mercado, 47
orçamento
    completo, 212
    de capital, 149
Ordem Priorizada, 80
organização inteira, 119
Overture, 9, 163

P
paralisia da análise, 35
Parametric Technologies, 174
parceiro estratégico em potencial, 247
participantes primários, 138, 141
particularidades da tecnologia, 91
passo em falso, 142
Paul Graham, 20
PayPal for Kids, 152
PC, 28
Pedra de Estimação, 190
Pedro Valencia, 47
Pejman Pour-Moezzi, 20
pensamento lógico, 227
perda de credibilidade, 104
perfil-alvo, 78
    da Persona, 20
    do Usuário Final, 51, 78, 163
perigo em potencial, 111
perímetro mágico de terreno, 3
período de tempo predeterminado, 166
período letivo, 19

Persona, 71
  Pedro Silva, 73
  SensAble, 104
Perspectiva De Cima Para Baixo, 207
perspectivas de vendas, 207
pesquisa
  de mercado inicial, 224
  do Google, 28, 163
  no MIT, 20
Pets.com, 181
PHANToM, 36, 123
PHANToM físico, 96
pista de boliche, 32
Pixar, 255
plano de empreendimento desenvolvido, 211
porcentagem do valor do cliente, 174
Posição Competitiva, 122, 129, 130, 133
processo e uma cultura, 121
Processo para Adquirir um Cliente Pagante, 138, 147
processo para validar sua pesquisa, 224
Procter & Gamble, 143
produção fixo, 205
produto
  arrojado, 2
  central, 167
  Comercial Viável Mínimo (MVBP), 235
Produto Comercial Visível Mínimo, 221
produto
  complementar, 167
  da FillBee, 86
  digital, 64
  final, 98
  impecável, 2
  inicial, 232
  inovador, 26

inTouch, 106
  químico, 47
produtos
  existentes, 167
  físicos, 64
programadores empreendedores, 97
proporção de LTV:COCA, 191
proposta de valor convincente, 212
Proposta de Valor Quantificado, 103, 106, 112, 173
propriedade intelectual, 124
protetor solar, 47
protótipo
  físico, 100
  virtual, 39
próximo mercado, 253

Q

qualidade do serviço ao cliente, 84
qualidade dos lançamentos, 253
Quebec, 174
Quick Response, 85

R

rebanho bovino típico, 107
receita proporcionada, 151
Reconhecimento do nome, 19
recrutando vendedores, 25
recursos
  especiais, 215
  limitados, 20
redes de creches, 142
região geográfica, 44
relatório das perspectivas de vendas, 242
relatórios de análise do mercado, 68
Renée Mauborgne, 129
reorganizações corporativas, 196
Resposta Rápida, 85

resultados empíricos de seus experimentos, 232
retrofits, 150
Rhode Island, 170
Rhonda Massie, 32, 123
Richard Branson, 2
risco B2C, 67
risco IDE, 8
risco tecnológico, 236
Rodney Brooks, 36
Ryan Choi, 240

S

sabedoria coletiva, 232
Salesforce.com, 9
saúde de seu negócio, 224
Scott Stern, 6
segmentação do mercado, 37
  inicial, 157
Segway, 113
SensAble, 35, 132
SensAble Technologies, 8, 32, 36, 104, 123
serviço
  da creche, 142
  de Eficiência de Energia (ESCOs), 169
  de nuvem da Amazon, 168
  extra, 211
setores econômicos, 29
  com potencial, 29
Shambhavi Kadam, 28
Silicon Graphics Incorporated, 39
simuladores de voo, 37
Síndrome da China, 27
sistema
  de back-end, 240
  Kinect da Microsoft, 236
sistemas de um produto, 242
smartphones, 55

SME, 6
Sociedade de Design Industrial da América, 46
software por trás do PHANToM, 124
SolidWorks, 255
solução
  completa, 35
  valiosa, 119
sono da Persona, 72
Sony, 129
Stanford, 152
  University, 124
startup, 26, 51, 183
  enxuta, 221
  novinha, 130
Stata Center do MIT, 230
status quo, 129
  da argila, 132
  do cliente, 134
Steve Jobs, 2, 113
Steve Walske, 174
Steven Dubner, 174
Steven Levitt, 174
StyleUp, 246
Sua Essência, 122
subcategorias, 30
subconjunto definido, 52
sucesso do marketing, 250
Super Bowl, 181
supervisor do usuário final, 148
suporte
  administrativo, 208
  NURBS, 254
  tecnológico, 207
suposições identificadas, 227
Suprimento Vitalício, 97
  de qualquer produto oferecido, 97
  real, 98

T

taxa
básica previsível, 168
da próxima compra do produto, 184
de Capital do Negócio, 183
de conservação de clientes, 119
de Conversão em Vendas, 210
de Crescimento Anual Composta, 61
de retenção do cliente, 185
de royalties, 167
de Transação, 168
periódica, 166
Tech City, 4
técnicas baseadas na web, 196
telemarketing, 196, 197
tempo imprevisível, 124
ter um feedback, 131
Testadores Iniciais, 176
testar a viabilidade de algumas ideias, 96
teste
dos sistemas, 221
simples, 227
The Honeymooners, 245
Thomas Massie, 36, 123
ThriveHive, 248
tipos comuns de modelos de negócio, 165
tomada de decisão, 138
toque tridimensional, 124
Torre de Marfim, 245
Toy Story, 37
trabalhar a mentalidade, 56
trabalho
da Persona, 132
difícil, 28
não negociáveil, 7
tradicionalistas, 91
transporte pessoal, 30
Três Mitos Comuns, 2

U

TVs, 28
Twitter, 242

U

unidade
comercial, 78
de Tomada de Decisão, 51, 138, 142
funcional, 83
demo, 207
UniGraphics, 255
upsell, 188
com Produtos de Alta Margem, 167
upselling, 157
Uptime Institute, 140
Urban Daddy, 143
Use a DMU, 174
Uso de Benchmarking, 213
usuário final, 29, 83, 142
definitivo, 167
para a SensAble, 53
finais em potencial, 31

V

vacas doentes, 106
Vale do Silício, 4
validar a Persona, 113
valor, 247
da Persona, 83
de Entrega, 248, 249
de recursos específicos, 79
de seu novo negócio, 125
do Ciclo de Vida de seu cliente, 187
do Ciclo de Vida de um Cliente Adquirido (LTV), 170
dos downloads, 170
no produto, 208
valor substancial, 137
vantagem
competitiva, 123

do pioneiro, 122
varejista de eletrônicos, 167
veículo de baixo custo, 30
Vendas Diretas com Critério, 210
Vendedores diretos, 196
vias de internet, 197
Vida Útil do Produto, 183
videogame Xbox, 236
vírus empreendedor, 4
Visualização Médica, 39

W

walkman, 129
Walmart, 120
Warby Parker, 120
W. Chan Kim, 129
Whole Foods Market, 228
widget, 185

X

Xbox, 236
Xerox PARC, 9

Y

Yankee Group, 166

Z

Zappos, 120
Zipcar, 9
Zynga, 199, 213